당신의 가격은 틀렸습니다

아주 특별한 선물을 준비했습니다.

당신의 가격은 틀렸습니다

1판 1쇄 발행 2021년 05월 01일
1판 15쇄 발행 2024년 12월 31일

지은이 김유진

펴낸이 김도형
책임편집 한지현
교정교열 김혜영
디자인 유어텍스트
펴낸곳 ㈜도서담 **등록** 제2021-000053호(2021년 2월 10일)
주소 서울특별시 강남구 테헤란로87길 36, 24층
이메일 dsd@doseodam.com

ISBN 979-11-974263-7-7 (03320)

도서담(DOSEODAM)은 독자 여러분의 소중한 아이디어와 원고 투고를 두근거리는 마음으로 기다리고 있습니다. 세상에 소개하고 싶은 아이디어가 있으신 분은 dsd@doseodam.com로 간단한 개요와 취지, 연락처 등을 보내주세요.

글을 담다, 내일을 담다
도서담

당신의 가격은 틀렸습니다

김유진 지음

PRICE

도서:담

PROLOGUE

얼마든지 더 올릴 수 있습니다

당나라 송청의 구불약, 우리의 구불가격

최고의 가격을 만드는 아홉 가지 비법

저에겐 스승이 몇 분 계십니다. 그중 한 분이 바로 당나라 출신의 한의사 송청 선생이십니다. 직접 뵌 적은 없지만, 늘 존경하는 마음으로 그분의 가르침을 되새기곤 합니다. 송청 선생의 삶 속에는 후대 학자들이 심리학, 뇌 과학, 행동경제학 등을 통해 밝혀낸 가격에 관한 철학이 모두 담겨 있습니다. 지금부터 여러분과 함께 1400년 전 중국 당나라 장안으로 잠시 시간 여행을 떠나볼까 합니다. 자, 준비되셨나요?

엄청나게 많은 환자를 치료해 전설이 된 송청 선생에게 후배 한의

사가 물었습니다.

"이토록 많은 환자가 선생님을 찾아오는 비결이 무엇입니까?"

"구불약(九不藥) 덕분이라고 생각합니다."

"구불약이라, 그게 무엇인가요?"

"환자가 가지고 있는 아홉 가지 '불(不)'을 치료하는 비법입니다."

"좀 더 자세히 설명해 주실 수 있을까요?"

"아주 값진 비법이니 잘 들어보시지요.

첫째, 상대방이 나를 의심하지 않게 해주고(不信)

둘째, 불안한 마음을 없애주며(不安)

셋째, 나에게 앙심을 품지 않게 해주고(不怏)

넷째, 내 마음이 곧다는 사실을 알려주며(不勾)

다섯째, 내가 약값을 속이지 않음을 믿게 해주고(不値)

여섯째, 나와 상대방의 거리감을 없애주며(不倚)

일곱째, 성의가 없다고 느끼지 않게 해주고(不衷)

여덟째, 공경하는 마음이 없다고 느끼지 않게 해주며(不敬)

아홉째, 내 언행이 원칙에 어긋난다고 느끼지 않도록 해주는 것입니다(不規)."

한 줄 한 줄 글을 읽어 내리는 동안 소름이 돋았습니다. 송청 선생이 지은 건 약이 아니라 '해법'이었으니까요. 이 세상 모든 관계를 만들어주는 해법. 관계가 없으면 신뢰도 없고, 신뢰가 없으면 거래도 없습니다. 저는 이 일화를 읽자마자 찰나의 망설임도 없이 이것을 '가격'에 적용해 보았습니다. 전 세계 어느 석학도 이루지 못한 연구결과가 이 아홉 문장 안에 다 들어 있었기에 '구불가격'이라는 이름을 붙였습니다. '구불가격'은 어느 시장의 어떤 고객도 반론을 제기하지 못할 최고의 가격을 만드는 아홉 가지 비법입니다.

"첫째, 고객이 '나와 내 제품 그리고 서비스를' 의심하지 않게 해주고(不信)

둘째, '제품과 서비스에 대한' 불안한 마음을 없애주며(不安)

셋째, '구매 후' 나에게 앙심을 품지 않게 해주고(不快)

넷째, '판매하는' 내 마음이 곧다는 사실을 알려주며(不勾)

다섯째, 내가 '제품의 가격을' 속이지 않음을 믿게 해주고(不値)

여섯째, 나와 고객 간에 '생각의' 거리감을 없애 주며(不倚)

일곱째, 내가 '제품이나 서비스를 준비함에 있어' 성의가 없다고 느끼지 않게 해 주고(不衷)

여덟째, 나에게 '고객을 공경하는 마음이' 없다고 느끼지 않게 해주고(不敬)

아홉째, 내 '판매나 설득의' 언행이 원칙에 어긋난다고 느끼지 않도록 해주는 것입니다(不規)."

한 줄 한 줄 적어 내려가며 이런 생각을 했습니다.

"고객에게 가격이란 약을 처방하면 되겠구나."

- 고객이 의심하지 않도록 구체적 정보를 제공하고,
- 후회하지 않는 선택이 될 것이라는 단서를 제공해 확신을 심어 주고,
- 구매 후 잘한 선택이라고 느낄 수 있게 사후 관리를 해주고,
- 장삿속을 차리지 않으며,
- 속이지 않고,
- 최대한 고객의 생각에 맞추어,
- 제품이나 서비스를 준비하는 프로세스를 공개하고,
- 이 모두가 오로지 고객의 행복과 만족을 위해서라는 사실을 적극적으로 드러내고,
- 약속은 반드시 지킨다는 신뢰를 주는 것.

오늘부터 가격이란 단순히 거래의 수단인 숫자가 아니라 고객을 안심시키는 '약'이 되어야 한다고 마음속에 새기세요. 이 아홉 가지 원칙만 지킨다면 여러분이 제시하는 가격은 고객에게 고통이 아니라, 마음과 생활 속 고통을 치유해주는 '약'이 될 것입니다. 그리하여 고객은 여러분이 제시하는 가격을 그 누구의 것보다 훨씬 믿음직스럽고, 든든하게 여기며, 오래도록 믿게 될 것입니다. 자, 어떠신가요? 저와 함께 송청 선생의 가르침을 온 세상에 전파하지 않으시겠습니까?

더 많이 남길 수 있는 가격 이야기가 시작됩니다.

CONTENTS

PART5 | 비주얼 전략 | 가격에 날개 달린 옷 입히기

PART6 | 가격 전략2 | 끊임없이 격을 올린다

PART7 | 고객 전략 | 필요하면 산다

PART8 얼마나 더 벌고 싶으세요?

PART1

가격 하나로 인생이 바뀝니다

가격 = 가치 + 격
가치에 '격'을 더하라

'가격' 하면 제일 먼저 어떤 생각이 드시나요?

좀 더 구체적으로 말해 보겠습니다.

'가격' 하면 어떤 이미지가 떠오르세요?

돈? 숫자? 가격표?

사람마다 다르겠지만 대부분 위 3가지를 제일 먼저 떠올리지 않으실까 싶습니다. 자, 그럼 사전적 정의부터 알아볼까요?

가격 [명사]

물건이 지니고 있는 가치를 돈으로 나타낸 것

사전에는 이렇게 적혀 있습니다. 그런데 전 조금 다르게 해석하고 싶습니다. 가치만으로는 '가격'을 이해하기에 부족하다고 생각하거든요. 물건이 가지고 있는 가치를 고객이 최대한으로 누리는 데 필요한 게 무엇일까요? 바로 '격(格)'입니다. 단순한 교환가치, 행복가치가 아니라 그 가치를 더욱 돋보이게 해서 소유자를 극한까지 만족시키기 위해 필요한 것이 바로 격이지요. 이렇게 정의를 내리고 나니 모든 게 하나둘 풀리기 시작합니다.

가격(價格). 가치와 격. 이 격이야말로 제품이 가져야 할 격, 품격입니다. 식당에도 가치와 격이 필요하고, 호텔에도 헤어숍에도 병원에도 상조회사에도 가치와 격이 필요합니다. **가격이 완벽해지려면 가치와 격을 동시에 갖춰야 합니다. 좀 더 정확히 표현하자면, 가치에 격을 더하면 지금보다 더 당당하게 가격을 요구할 수 있습니다.**

가격은 두 가지로 구성됩니다. 제품과 서비스가 가지고 있는 가치, 그리고 정말 중요한 '격'. 그래서 앞으로는 **가격 = 가치 + 격**으로 정의할 작정입니다. 그러니 지금부터 가격 공식을 다음과 같이 규정하겠습니다. 여러분도 오래도록 기억하시리라 믿습니다.

가격 = 가치(價値) + 격(格)

가치와 격은 엄연히 다릅니다. 가치는 사물이 지닌 '쓸모'입니다. 다시 말해 그 가격만큼 쓸모가 있느냐 없느냐, 고객이 내는 금액만큼 혜택을 돌려받을 수 있느냐 없느냐를 가늠하는 기준이 바로 가치, 즉 값어치입니다. 만약 지불한 학원비만큼 교육이나 관리를 받지 못한다면 수강생은 분명 그 학원이 제 값어치를 못 한다고 생각할 것입니다. 고객에게 '쓸모없는' 학원인 셈입니다. 헤어숍, 병원, 숙박업체…. 모두 마찬가지입니다. 어렵사리 마련한 소중한 돈을 심사숙고 끝에 지불했는데 그에 상응하는 대접을 받지 못한다면, 고객은 실망해서 다시는 거래하려 들지 않을 겁니다. 반면에 자신이 지불한 금액보다 더 큰 혜택을 받았다고 느끼면, 고객은 가치를 인정하고 단순한 소비자에서 단골이 될 가능성이 커집니다. 가치에 대한 이야기는 여기에서 마치고 지금부터는 '격'에 관해 이야기해 보겠습니다.

가격을 설명하면서 왜 하필 '격'이란 말을 꺼냈을까요? 이는 전략적 차별화와 밀접한 관계가 있습니다. 차별화는 경쟁자와 나의 레벨, 즉 차원을 달리하는 것을 말합니다. 같은 수준에서 수평적으로 비교하는 것은 구별, 수직적으로 비교하는 것은 차별입니다. 그러니 전략적으로 차별화한다는 것은 경쟁자들에 비해 레벨, 차원, 등급이 다르다는, 다시 말해 격이 높다는 것을 의미합니다.

"이 차는 격이 다르네."
"세상에, 이 레스토랑은 서비스의 격이 달라."
"사돈어른 모시는데 격이 좀 있어야 하지 않겠니?"

'격'은 일상에서도 참 많이 사용됩니다. 명확한 숫자로 표현하기는 어렵지만 조금이라도 더 높은 격은 인간을 단 1%라도 더 행복하게 만들어줍니다. 대부분의 사람이 어려운 시기를 지나 점차 소득이 늘면 이렇게 생각합니다.

"그래, 밥을 한 끼 먹더라도 **이왕이면** 깨끗한 데가 낫지."
"어차피 일 년에 한 번 가는 휴가인데, **이왕이면** 바다가 보이면 좋겠어."

"여보, 차 한번 사면 10년 타잖아. **이왕이면** B 브랜드 어때?"

저는 여기서 말하는 '이왕이면'이 '격'이라고 생각합니다. 이 '이왕이면'이라는 단어에는 인간의 욕망이 숨어 있습니다. 구매 조건과 행위에 추가되는 유무형의 가치. 이왕 구매할 거라면 생리적, 사회적, 지적, 예술적 욕구까지 챙기고 싶은 인간의 본능. 그래서 저는 '격'에 초점을 맞췄습니다. 가치를 기본으로 전제하고 여기에 격을 더한다면 얼마든지 차별화가 가능하다고 판단했거든요. 예를 하나 들어볼까요?

신제품 헤어드라이어를 하나 샀습니다. 이 물건의 원래 쓰임새는 머리를 말리는 것입니다. 그런데 이 신제품은 차원이 다릅니다. 즉 '격'이 다릅니다. 머리를 말리는 건 기본이고, 사용하고 나면 머리숱이 많아 보이는 볼륨효과까지 얻을 수 있습니다. 그냥 헤어드라이어가 아닙니다. 차원이 다른 (참 많은 광고에서 이 표현을 사용합니다) 헤어드라이어입니다. 이럴 때 우리는 이렇게 말합니다.

"건조는 기본이고 **이왕이면** 볼륨효과까지 얻을 수 있는"

그래서 저는 이렇게 정의하고 싶습니다. **가치 바로 뒤에 붙어서 가격을 완성해주는 '격'이라는 녀석은 바로 '이왕이면'이라고 말입니다.** 여러분이 파는 제품과 서비스에 '이왕이면'이라는 단어가 붙을 수 있도록 일차원적인 기본 기능에 이차원적인 기능을 덧씌우면 어떻게 될까요? 먼저 소비자와 고객이 여러분의 제품을 선택하는 데 망설임이 없어집니다. 제품 선택이 심리적인 편안함으로 자연스럽게 이어지고, 고객은 이 또한 자신이 받는 혜택의 하나로 인식하게 됩니다. 격도 살리고, 고민도 없애고, 편안함이라는 혜택까지 더 누리게 되니, 고객들은 절대로 여러분 곁을 떠날 수 없습니다. 가치에 더해 격까지 제공하는 건 여러분밖에 없으니까요.

지금 앉아 있는 여러분의 매장 주위를 한 번 둘러보세요. 여러분의 브랜드와 매장을 구성하는 모든 요소가 다 '격'의 대상이 됩니다.

간판, 손잡이, 쇼윈도, 초인종 소리, 바닥 깔개, 카운터, 조명, 벽지, 테이블, 운동기구, 엘리베이터, 거울, 자판기, 수저, 휴지, 스피커, 비누, 수건, 소독제, 러닝머신, 가위, 의자, 등받이, 가운, 이불보, 세면대, 욕조, 모니터, 에어컨….

이제껏 너무 익숙해서 흘려버렸던 이 요소들을 하나씩 곱씹어 보세요. 과연 나는 어떤 방법으로 '이왕이면'이라는 단어에 걸맞게 격을 높일 수 있을 것인가? 각각의 분자들 격이 1%씩 높아지면 그만큼 여러분의 브랜드와 제품의 격도 높아지고, 이는 결국 가격에 반영됩니다. 가격은 가치와 격에 정비례하니까요. 이것은 초고가 상품에만 해당하는 것이 아닙니다. 스트리트 푸드도 격을 올리면 더 높은 가격을 받을 수 있습니다. 구매 저항은 단순히 가격 때문에 생기지 않습니다. 비슷한 레벨의 제품을 근거도 없이 남들보다 높은 가격으로 팔려고 하다 보니 생기는 겁니다. 격이 달라지면 고객이 달라집니다. 여러분이 창조한 격을 인정하고 이에 동조하는 고객은 어디에든 있으

니까요

"여보, 미안한데 퇴근길에 핫도그 2개만 사다줘. **이왕이면** 치즈 토핑 되고 하나씩 낱개로 포장해주는 그 집 알지?"

가격을 올리고 싶다면? 높인 가격으로 고객의 마음을 훔치고 싶다면? 이 두 단어만 기억하세요.

격,

그리고

이왕이면.

지금 당장 격을 높일 수 있는 다섯 가지 노하우 CLASS

얼마 전 박서준 씨가 주연했던 드라마 〈이태원 클라쓰〉를 참 재미있게 봤습니다. 보기 좋게 완성된 이 성장+성공 드라마의 주제곡인 '시작'을 몇 번이나 들었는지 모릅니다. 길을 걸을 때나 운전할 때나 이 노래를 흥얼거리며 흥분하곤 했지요. 그럼 이제부터 저와 함께 다시 '시작'하고 싶은 분들을 위해 좀 더 쉽게 따라 할 수 있는 '격 올리기'의 다섯 가지 노하우를 털어놓을까 합니다. 단, 앞에서 이야기한 '이왕이면'은 머릿속에 꼭 넣고 계셔야 합니다.

이 책을 기획하면서 제가 가장 깊게 고민한 포인트는 "격을 어떻게 풀까?"였습니다. 그리고 고민을 거듭한 결과 요사이 많이 회자되는 CLASS라는 단어를 저와 독자 여러분의 것으로 만들었습니다.

CLASS

Calm(고요함) Longevity(수명) Awesome(와우!) Satisfy(만족) Supreme(슈프림)

지도가 없는 길을 가기란 쉽지 않습니다. 그래서 길을 떠나기 전 여러분에게 다섯 명의 가이드를 붙여드리고자 합니다. 자, 첫 번째 친구부터 소개하겠습니다. 바로 C입니다.

■ **Calm(고요함)**

격을 만들기 위해서는 고요해야 합니다. 소란하고 어지럽고 혼돈으로 가득하면 절대 격을 만들 수 없습니다. 생각해 보세요. 왁자지껄한 목로주점과 격이 있는 오마카세를. "원래 우리 업종은 시끄러워요."라고 이야기하고 싶은 분들에게 더욱 강조하고 싶은 내용입니다. 에너지가 넘치는 것과 소란스러움은 다릅니다. 고객들이 만들어내는 '어쩔 수 없는 소음'도 방음 벽지, 방음판, 흡음 필름 등을 통해 얼마든지 통제할 수 있습니다. 고객이 원 없이 소리를 내더라도 다른 고객들에게 돌아갈 피해를 최소화하면 됩니다. 칸막이, 발, 스크린 어떤 것이든 좋습니다. 고객은 소란스러움을 통제하는 공간일수록 '격'이 있다고 믿습니다. 시장 vs 백화점, 공사장 vs 공방, 포장마차 vs 레스토랑, 의류 매대 vs 의상실, 야전병원 vs VIP 병동…. 이왕이면 고요한 곳이 격을 만듭니다. 그러니 이 순간부터는 직원들, 고객들에게 멀리 떨어진 곳에서 소리 지르지 말고 가까이 다가가서 조용히 말해 보세요. 고요함이 바로 격의 시작입니다.

■ **Longevity(수명)**

어느 사이엔가 우리는 차별성을 잃어가고 있습니다. 모두가 비슷하게 닮아가다 보면 고객들이 굳이 내 브랜드를 선택할 이유는 사라지고 말 것입니다. 다 거기서 거기니까요. 소위 격이 다른 명품들은 같은 길을 가는 걸 아주 싫어합니다. 같은 가죽을 쓰기 싫어하고, 같은 부속을 사용하지 않으려 하며, 같은 공정을 멀리하는 등 자기만의

스타일을 고집합니다. 이렇게 해야 수명이 길어집니다. 우리는 이미 시장 안의 일용품화에 익숙해져 있습니다. 어느 날 반짝 떠서 전국을 제패하는가 싶더니 2~3년 사이에 시나브로 사라지고 만 브랜드를 그간 너무 많이 봐왔습니다. 비슷한 경쟁자들이 우후죽순 출몰해 시장을 나누고 혼탁하게 만든 결과였죠.

여기에서 벗어나는 방법은 현재 시장 내에서 대부분의 판매자가 하는 것들만을 골라서 하지 않는 원칙을 세우는 것입니다. 즉, 하지 않을 일을 정하는 전략을 세우는 것이지요. 할 일을 정하면 그냥 사장이고, 하지 않을 일을 냉정하게 정하면 전략적인 사장입니다. 상품, 서비스, 가격 다 마찬가지입니다.

"이왕이면 경쟁자 대부분이 하는 것은 절대로 하지 않겠다."

이것을 정해야 격이 높아지고 수명이 길어집니다.

■ Awesome(와우!)

제가 정말 좋아하는 단어입니다. 고객이 여러분의 상품과 서비스를 보는 순간 "와우!", "대박!", "세상에….", "나 지금 닭살 돋았어!" 이런 감탄사를 쏟아내야 합니다. 어떨 때 이런 반응이 나올까요?

1. 이제껏 한 번도 본 적이 없거나
2. 지금껏 봤던 것보다 훨씬 디테일하거나
3. 규모가 상상할 수 없을 정도로 크거나
4. 모르고 있었던 사실을 드디어 알게 되었을 때

이 중에서 여러분이 가장 쉽게 응용할 수 있는 게 4번입니다. 하도 여러 번 접해서 나 그게 그거인 줄 알았는데, 여러분이 제공한 상품과 서비스는 이런 점이 다르다는 사실. 고객에게 이것을 가르쳐 주어야 놀라움을 선사할 수 있습니다.

"네? 순댓국 육수에 한우를 쓴다고요?"
"양복을 사면 드라이클리닝 10회 사용권을 준다고요?"
"설마요, 제가 찬 이 시계를 톰 크루즈도 차고 있다고요?"

사실 고객은 모르는 게 참 많습니다. 그러니 친절하고 상세하게 알려주세요. 이왕이면 고객이 놀랄 만한 정보를 담아서요.

■ Satisfy(만족)

우리는 늘 만족이라는 단어를 입에 달고 삽니다. 그런데 정작 만족이 뭐냐고 누군가 물어보면 대답을 잘 못 합니다. 이럴 때 필요한 게 바로 '뒤집어 보기'입니다. 반대어를 찾아보는 것이지요. 만족이라는 단어가 잡힐 듯 잡히지 않는 개념이라면 반대어인 불만족은 늘 솔루션을 가지고 있습니다.

만족 ⟷ 불만족

저는 이렇게 정의합니다.

"만족은 고객이 가진 불만족을 모조리 없애주는 것이다."

식당에서, 헤어숍에서, 호텔과 모텔에서, 옷가게에서, 마트에서, 통신사에서, 병·의원에서, 화장품 판매처에서, 동·식물원에서 고객들이 느끼는 불만족이 무엇인지 모조리 수배해 보는 겁니다. 가장 간단한 방법은 해시태그를 검색하는 것입니다. # 뒤에 여러분의 브랜드나 동종 업종 혹은 경쟁업체의 브랜드를 붙여 검색해 보면 온갖 불만족들을 만날 수 있습니다. 가만히 앉아 있으면 절대로 격을 올릴 수 없습니다. 격이 높은 브랜드들이 왜 고객이 원하는 것을 미리 알아서 제공하는지 아시나요? 바로 고객의 불만족을 없애야 만족도가 오르고 자연스럽게 격도 오른다는 사실을 잘 알기 때문입니다. 저는 여러분의 브랜드에 대한 불만족들이 모두 사라져서, 고객들이 여러분이라면 사족을 못 쓰게 만들고 싶습니다. 여러분의 경쟁업체들과 비교하는 시간이 아까워지도록 말입니다.

■ **Supreme(슈프림)**

아마도 이 로고를 모르는 분들은 거의 없으리라 생각됩니다. 그럼 격을 만드는 노하우를 공개하겠다고 해놓고 왜 슈프림이라는 브랜드를 가져왔는지부터 설명하겠습니다. 의류 브랜드인 슈프림은 1994년 4월 맨해튼 시내의 오래된 사무실을 개조해서 첫 번째 매장을 열었습니다. 가장자리에 옷을 진열하고 중앙의 빈 곳은 스케이트보드를 탈 수 있게 비워뒀지요. 이런 생각은 아무나 할 수 있는 게 아닙니다. 세상에, 상업 공간 일부를 놀이 공간으로 만들다니! 삽시간에 소문이 퍼져 슈프림은 곧 마니아들의 성지가 되었고, 매스컴이 주목하자 유명인들이 드나들기 시작했습니다. 인플루언서들이 모여들면서 대중이 그 행렬에 동참했고, 이후 슈프림보다 훨씬 더 격이 높은 명품 브랜드들의 러브콜이 이어졌습니다.

자, 이제 결론을 말씀드리겠습니다. 슈프림처럼 고객층을 협소하게 잡아보세요. 여러분의 브랜드를 칭송할 마니아들이 필요합니다. 충성 고객이 없으면 격은 만들어지지 않습니다. 시장과 타깃을 좁히고 또 좁혀 보세요. 여러분의 브랜드를 실어 나르고 싶어 안달이 난 '브랜드 전도사'들이 없으면 격을 만들기란 요원합니다. 마니아의 숫자와 격은 정비례합니다. 마니아가 많으면 많을수록 격이 오르고, 대중이 좋아하면 좋아할수록 격은 떨어집니다. 충성 고객들 먼저 미친 듯이 챙기시고, 탄력을 받으면 여러분보다 더 유명하고 격이 높은 브랜드들과 무슨 일이 있어도 컬래버를 시도하세요.

"격은 가지고 태어나는 게 아닙니다. 만들어지는 겁니다."

가치 = 혜택 ÷ 비용
혜택은 늘리고 비용은 낮춰라

먼저 간단한 공식 하나 소개해 드리겠습니다.

$$\text{가치} = \frac{\text{혜택}}{\text{비용}}$$

우리는 일상생활에서 매 순간 가치를 따집니다.

"그 고깃집 부모님 모시고 갈 만해? (그럴 가치가 있어?)"
"아파트 앞 미용실 괜찮아? (갈 만한 가치가 있어?)"

가치는 우리가 지불하는 비용에 대해 누릴 수 있는 혜택입니다. 그러니 가치를 올리는 공식은 간단합니다. 분자인 혜택이 커지거나 분모인 비용이 줄어들면 되지요. 고객은 자신이 지불하는 금액보다 많은 혜택을 돌려받으면 가치가 높다고 생각하고, 그만큼 돌려받지 못하면 가치가 덜 하거나 없다고 판단합니다. 구매를 결정하는 데 혜택과 비용은 이렇게 중요한 역할을 합니다.

여기 의사 선생님 두 분이 계십니다. 두 분 다 의술은 뛰어납니다. 김 선생님은 치료를 하는 동안 정말 열심이고, 최 선생님은 진료 시간은 물론이고 치료를 마치고 돌아간 '계약 외' 시간에도 환자를 돌봅니다. '거래가 끝난' 환자에게 문자 메시지나 동영상으로 안부를 묻고 주의 사항도 자세하게 안내합니다.

"아버님, 오늘 정말 고생 많으셨어요. 마취 풀리기 시작하면 통증이 시작될 텐데요. 쇼핑백에 넣어드린 냉동팩으로 아래에서 위로 살살 쓸어 올리시면 통증이 많이 가실 거예요. 참, 주무실 때 피가 섞인 침이 흐를지도 모르니까 방수포 꼭 깔고 주무시고요. 아프시더라도 식사는 꼭 챙기셔야 합니다."

여러분은 두 의사 선생님 중 누구를 선택하실 건가요? 저라면 망설이지 않고 최 선생님을 찾아갈 겁니다. 일반적인 치료를 해준 김 선생님보다 최 선생님에게 받은 혜택이 더 많고 따뜻하니까요. 단, 이때 비용, 즉 치료비는 같다는 전제하에요. 비용이 다르면 상대적으로 혜택의 크기와 온도가 다르다는 점은 다 아시죠?

이번에는 머리를 하러 헤어숍에 가볼까요? '뭐, 다 거기서 거기 아니겠어?' 하고 생각하지만 보통은 미리 검색을 합니다. 저의 경우에는 딱히 기준이 있는 건 아니지만 먼저 다녀간 '선배 고객'들의 의견을 살핍니다. 흔히 말하는 리뷰를 보는 것이지요. 이건 본능입니다. 검증본능. 구매를 결정하기 전 나와 비슷한 처지의 다른 고객들이 만족했는지 확인하고 싶은 고객의 본능. 그런데 만족이란 "정확하게 무엇이다!"라고 말하기 어려운 단어입니다. 어디서부터 어디까지 또 얼마나 행복해져야 만족인지 헤아리기가 참 어렵습니다. 그 덕에 만족의 기준은 상대를 만날 때마다 조금씩 달라집니다. 아무튼 검색과 비교를 통해 단서를 찾고, 분석하고, 확신이 서면 그제야 본격적으로 구매할 채비를 갖춥니다.

다음은 제가 최근 석 달 동안 다닌 두 군데의 헤어숍에서 받은 서비스입니다.

A 헤어숍

- **발렛 주차 서비스**
- **웰컴 드링크**
- **남녀 구분 가운**
- **대기 안마 의자**
- **디자이너 커트**
- **샴푸**
- **마일리지 누적**

B 헤어숍

- **주차장 주차**
- **셀프 커피, 주스**
- **남녀 구분 가운**
- **소파**
- **디자이너 커트**
- **탄산 샴푸**
- **증명사진 여권사진 촬영**

여러분은 어느 쪽 손을 들어주고 싶으신가요? 어느 쪽의 혜택이 더 좋은지는 사실 우열을 가리기 어렵습니다. 여러분이 10대냐 20대냐 30대냐 40대냐 연령대에 따라 선호가 다르고, 직업에 따라서도 다를 것이기 때문입니다. 그럼 여기서 세 번째 헤어숍의 서비스를 소개하셨습니다.

A 헤어숍	B 헤어숍	C 헤어숍
• 발렛 주차 서비스	• 주차장 주차	• 공영주차장
• 웰컴 드링크	• 셀프 커피, 주스	• 자판기 커피
• 남녀 구분 가운	• 남녀 구분 가운	• 공용 가운
• 대기 안마 의자	• 소파	• 소파
• 디자이너 커트	• 디자이너 커트	• 디자이너 커트
• 샴푸	• 탄산 샴푸	• 샴푸
• 마일리지 누적	• 증명사진 여권사진 촬영	• 그냥 계산

이렇게 비교하면 이야기가 달라집니다. 가격이 같다는 전제라면 C를 선택하실 분은 거의 없겠지요? 지불한 금액에 비해 돌려받는 혜택이 적으니까요. 대부분은 이렇게 판단합니다.

"C는 A, B에 비해 확실히 가치가 떨어져. 두 번은 가고 싶지 않아."

그런데 가치는 저절로 생기는 게 아닙니다. 대표의 생각과 전략 그리고 용기에서 탄생합니다. 남들과 비슷한 생각으로는 절대 더 나은 혜택을 고객에게 제공할 수 없습니다. 고객의 지불 고통을 완화해 줄 수도 없고, 안심보다는 의심만 쌓이게 될 겁니다. 제가 가장 싫어하는 것이 경쟁 상황에서 무조건 가격을 낮추는 '가격 측면의 차별화 전략'입니다. 고객 만족을 위해 디테일을 더 채워넣고, 치밀한 분석을 통해 차별적 우위를 점할 능력이 되지 않는 오너들이 이 '가격을 싸게 받는 전략'(이라고 부르기도 민망한 방법)의 유혹에 쉽게 빠져듭니다. 고객을 내 편으로 만들고 싶다면, 그래서 고객이 경쟁자의 제품에는 눈도 주지 않게 만들려면 그들이 느끼고 누릴 혜택(여러분이 느끼고 판단하는 혜택이 아닙니다)이 커야 합니다. 위의 등식을 다시 한번 곱씹어 보면 이런 생각이 드실 겁니다.

'가치를 높이려면 고객이 낼 비용을 줄이거나, 돌려받을 혜택을 늘려야겠구나….'

혜택에 대한 이해도 마치셨으니, 이제 앞 장에서 배운 '격'만 잘 컨트롤하시면 원하는 가격을 받을 수 있는 가격 조정자가 될 수 있습니다.

KICK!

고객이 내 브랜드, 내 매장에서 혜택이라고 느낄 만한 요소를 전부 적어보세요.

-
-
-
-
-
-
-
-
-

단, 경쟁자들도 다 같이 제공하는 건 혜택이 아닙니다. 지불 금액에 대한 혜택 정도로는 받아줄지 모르지만, 가치로는 인정하려 들지 않을 것입니다. 처음에는 대여섯 개 적기도 어려울지 모릅니다. 내가 제공하는 것이 혜택인지 아닌지도 혼란스러울 테고요. 하지만 괜찮습니다. 두 번만 해보면 '혜택의 귀신' 소리를 들을 수 있습니다. 위에 예로 든 헤어숍 세 군데처럼 내가 제공하는 혜택 이외에 경쟁자들이 제공하는 혜택도 함께 적어보세요. 그럼 "아!" 소리가 절로 나올 것입니다. 확연히 비교되니까요. 아마 그간 눈여겨보지 않고 무심하게 지나쳤던 구성 요소들이 여러분을 보고 속삭일 것입니다.

"고객님들 계실 때 잘해 드리세요. 저 좀 업그레이드해 주시고요!"

고객의 소유욕을 자극하세요

진정한 의미에서 가격 아티스트, 가격 창조자가 되고 싶다면 숫자가 아닌 고객의 욕구를 먼저 연구하고 분석해야 합니다. 대다수가 숫자에 연연합니다. 9자를 쓰는 게 나을지, 5자를 쓰는 게 나을지? 그러다가 10만 원대는 부담스러울 테니 90,000원대로 가격을 낮추는 아주 큰 실수를 저지릅니다. 가격의 비밀은 '간절함'에서 나오지만, 만만해 보이는 숫자를 찾는다고 간절함이 해결되지는 않습니다.

'간절하게 가지고 싶다.'라는 생각이 드는 제품이나 서비스에는 공통점이 있습니다.

"내게 지금 없거나, 있었는데 없어진 것."

가지고 싶다는 것은 욕구입니다. 오늘은 이 소유욕에 관한 이야기를 하려고 합니다. 5,000만 국민에게 척척 알아서 가지고 싶은 걸 제공하면 좋겠지만 이는 최첨단 AI 기술로도 쉽지 않은 일입니다. 그래서 우리는 소유욕을 가진 사람을 찾거나, 숨어있는 소유욕을 자극해야 합니다.

소유욕을 가진 사람을 찾으려면 상당한 기술과 노력이 필요합니다. 그러니 가지고 싶어 하는 사람을 찾아 나서는 것보다는 주위에 있는 사람들이 그 물건을 가지고 싶도록 만드는 게 훨씬 빠르고 효과적이지요. 여러분의 매장 앞에 돈을 싸들고 매일 2~3시간씩 기다리며 팔아달라고 부탁하는 사람들이 없다면 여러분의 상품은 그리 소유욕을 불러일으키는 것이 아닙니다. 매력적이지도 간절하지도 않은 상품과 서비스일 가능성이 아주 큽니다.

1 고객이 여러분의 제품을
2 가지고 싶은지 모른다면
3 가지고 싶도록 가르쳐주면 됩니다.

우리는 매일 광고에서 다음과 같은 장면을 만납니다.

뎅, 뎅.

유럽을 여행 중인 여성 관광객이 어디선가 들려오는 교회 종소리를 따라 스마트폰 방향을 맞추고 카메라 줌을 조정합니다. 이제껏 상식으로 알고 있던 10배 줌 근처에서 잠시 멈추는가 싶더니 이내 줌을 조정하는 데 속도를 냅니다. 그리고 아래에 자막이 뜹니다.

"10배를 넘어 100배 줌"

찰칵찰칵 셔터음 뒤로 강한 비트의 음악이 깔리고 화면은 사이클 대회를 따라갑니다. 형형색색의 라이더들 사이로 객석에 앉은 모델이 보입니다. 모델은 스마트폰 카메라로 동영상을 찍고 있습니다. 또 한 번 자막이 시청자의 가슴을 뛰게 만듭니다.

"4K를 넘어 8K 동영상"

광고를 보는 동안 점점 더 화면에 몰입하게 됩니다. 이다음엔 또 뭐가 있지?

광고는 마지막으로 아예 쐐기를 박습니다.

"1,000만을 넘어 1억 800만 화소"

광고가 끝나자 이내 시선은 상처투성이인 내 스마트폰 액정으로 향합니다. 스마트폰을 만드는 대기업들은 이처럼 천문학적인 광고비를 들여 업그레이드된 기능과 성능을 앞세워 소유욕을 자극합니다. 갑자기 유럽도 가고 싶고, 투르 드 프랑스 사이클 대회도 관람하고 싶어집니다. 그런데 그냥 가면 안 되고 반드시, 꼭, 광고 속 최신형 스마트폰을 들고 가야 할 것만 같습니다.

고객이 가지고 싶게 만들려면 설계가 예리해야 합니다. 고객에게 없는 것, 이제껏 누려보지 못한 것, 상상하지 못한 것, 정말 소중했는데 지금은 사라진 것. 이런 것을 제안해야만 고객이 당신의 제품을 가지고 싶게 만들 수 있고, 그 강도가 세면 셀수록 더 높은 가격을 책정할 수 있습니다. 앞의 광고에서 한 가지 더 주목할 점은 바로 '넘어'

입니다. 지금까지의 수준이 아닌, 이제껏 존재한 수준을 훌쩍 뛰어넘는 기능과 성능은 소유욕을 더욱 강하게 자극합니다. 관찰력이 좋은 분들은 아시겠지만 기업이 신제품을 출시할 때마다 강조하는 포인트가 있지요? 네, 맞습니다.

"차원이 다릅니다."
"한계를 뛰어넘었습니다."

가격에 관해 말하지 않고 격을 들이밉니다. 왜 제가 '가격 = 가치 + 격'이라고 규정했는지 이제 이해가 되시나요?

1 **'간절히 가지고 싶게' 소유욕을 자극하고**
2 **'이전의 수준을 넘어서는, 격이 다른 제품과 서비스'여야만**

내가 가격을 결정할 수 있습니다.

가공할 힘을 지닌 가격 아티스트가 되고 싶다면 숫자를 건드리기 전에 욕구를 먼저 건드리세요. 숫자는 가면에 불과합니다.

소유욕을 자극하는 8원칙

1. 시중에 깔린 제품이나 서비스보다 희귀하다.
2. 많은 혜택을 제공한다.
3. 격을 올린다.
4. 불편을 없애준다.
5. 의심을 안심으로 바꿔준다.
6. 안전함을 입증해준다.
7. 주위 사람들에게 자랑할 수 있게 해준다.
8. 우월해 보이게 해준다.

포기해야 삽니다!
고객군 재편하기

"고객을 포기하세요."

이것은 돌 맞을 각오하고 드리는 말씀입니다. 고객을 포기하라니 무슨 말이냐고요? 그래야 살 수 있습니다. 인간은 욕심이라는 본능 때문에 버리는 것이 아주 어렵습니다. 오죽하면 자기 생각을 버리는 데도 책이 필요하고, 스승이 필요할까요? 비우고 버리는 이야기는 늘 매대 한쪽을 차지하고 있는 스테디셀러입니다. 그만큼 비우고 버리기가 어렵다는 뜻이겠지요. 그런 의미에서 버리는 노하우를 하나 전해드리겠습니다. 지금 당장 내 매장의 격을 올리기 위해서 적어 놓은 리스트를 꺼내 보세요. 그 속에 담긴 항목들을 정리하고, 포기하고, 버리고, 선택하고, 집중해야 고객이 내 편, 아니 팬이 됩니다.

내가 지금 플라워숍을 운영 중인데, 다음과 같이 한껏 욕심내어 리스트를 작성했다고 치고 이야기를 이어가겠습니다. 한 줄에 두 개씩 무작위로 내려 적습니다.

- **쇼윈도 대형 모니터**
- **장미 모양 손잡이**
- **대형 해바라기 조형물**
- **왼손잡이용 가위**

- 셀프 티 코너
- 클래식 음악
- 습온도계
- 유니폼
- 포토존
- 샹들리에
- 화훼 전용 저장고
- 꽃을 그린 화가들의 그림
- 공기 청정기
- 매장 내 작은 연못
- 아마추어 클래스
- 매장 내 세면대

무작위로 적은 16개의 아이디어입니다. 무작위라고는 해도 이 정도 디테일이면 아마 대한민국에서 손꼽히는 플라워숍이 되리라 믿어 의심치 않습니다. 머릿속으로는 일단 일반적인 플라워숍을 떠올렸지만, 어떻게 하면 기존의 매장과 달라 보이게 만들까 하는 제 무의식이 만들어낸 결과입니다.

지금부터 버리고 비우기를 해보겠습니다. 왼쪽과 오른쪽 단어 중 단 1%라도 가치가 떨어진다 싶은 것을 지웁니다. 영원히 버리는 것은 아니고 잘 보관해두었다가 가을 개편이나 겨울 개편 때 다시 꺼내서 쓸 겁니다. 마치 남은 녀석들의 토너먼트 경기처럼요.

- 쇼윈도 대형 모니터
- 대형 해바라기 조형물
- 셀프 티 코너
- ~~클래식 음악~~
- ~~습온도계~~
- ~~장미 모양 손잡이~~
- ~~왼손잡이용 가위~~
- ~~화훼 전용 저장고~~
- 꽃을 그린 화가들의 그림
- 공기 청정기

- ~~유니폼~~
- ~~포토존~~
- ~~샹들리에~~
- 매장 내 작은 연못
- ~~아마추어 클래스~~
- 매장 내 세면대

이렇게 둘 중 하나를 지우면서 선택을 합니다. 둘 중 마음에 드는 사람을 고르면서 한 단계 한 단계 올라가는 이상형 월드컵 게임 아시죠? 창의력을 가르치는 전문가들도 이 방법을 가장 많이 추천합니다. 이 방식을 고스란히 적용하면 됩니다. 누구에게? 우리 고객에게요. 고객을 포기하면 큰일 나는 줄 아는 분들에게 제 경험담을 하나 전해드릴게요.

처음 책을 쓰고 강의를 할 때만 해도 저는 600만 자영업자분들은 물론이고 예비 창업자까지 제 팬으로 만들고 싶었습니다. 그런데 이것은 욕심이었습니다. 대상이 커지면 커질수록 전문성이 떨어졌으니까요. 제 길이 아니다 싶어 그때부터 고객을 나누고 포기하기 시작했습니다. 추상적이고 애매모호한 이야기를 좋아할 만한 분들은 제외하고 당장 매출을 올리기 위한 전략이 필요한 분들, 콘텐츠를 만들어 지속적으로 성장할 분들만 모시기 시작했습니다. 그 덕에 긴 시간 동안 아카데미를 운영할 수 있었습니다.

버리고 포기하면 전문성이 강해집니다. 그러니 망설이지 마세요. 시장의 2.5%만 내 편으로 만들어도 전설이 될 수 있습니다. 여러분이 원하는, 모시고 싶은 고객만 챙겨도 얼마든지 시장 점유율을 높이고 브랜드 파워를 강화할 수 있습니다.

매출 = 객단가×객 수

매출을 올리려면 객 단가를 올리든지 객 수를 늘려야 합니다. 그런데 이미 고객을 포기하고 버리자고 했으니 객단가를 올려야겠네요. 사진을 하나 보여 드리겠습니다.

10,000원

11,000원

두 곰탕 중 어느 쪽을 선택하시겠습니까? 아마도 로또에 세 번 당첨된 사람이라고 해도 오른쪽을 선택하지는 않을 것입니다. 구성, 모양, 혜택, 가치가 동일하니 사진을 보는 순간 비교가 끝납니다.

그럼 다음 사진을 한번 보실까요?

10,000원

14,000원

어느 쪽을 선택했는지는 잠시 머릿속에 남겨두고, 제가 주로 활용하는 가격 전략부터 한번 들어 보세요.

저는 기존에 인기 있던 상품은 그대로 둔 채 (기존 제품을 확 포기하고 싶지만, 일시에 고객이 빠져나가면 제 의뢰인이 스트레스로 병원에 갈 일이 생길까봐 일단 그냥 둠) 더 지불할 능력이 있는 고객들을 위해 근사한 상품을 하나 새로 만들었습니다. 신상품은 하루에 한 그릇이 팔려도 좋고, 두 그릇이 팔려도 좋습니다. 여기에서 기억할 것은 고객이 항상 싼 상품만을 고집하는 것은 아니라는 점입니다.

업장을 마감하면서 보니 14,000원짜리 스페셜 곰탕이 10그릇이나 팔렸습니다. 이 말은 10,000원짜리 일반 곰탕 고객이 14,000원짜리 곰탕으로 넘어왔다는 뜻일 수도 있고, 프리미엄 메뉴가 나왔다는 소문을 듣고 새로운 고객이 유입되었다는 뜻일 수도 있습니다. 어쨌든 저는 10,000원짜리 고객의 일부를 포기했습니다. 네, 버렸습니다. 누굴 위해? 14,000원 매출을 올려주는 고객들과 내 가족을 위해서요. 그런데 하루 평균 판매 개수가 200그릇이었다고 치면…

10,000원 × 200인 × 310일 (주 1회 휴무) = 620,000,000원

14,000원 메뉴를 추가해 하루에 10,000원짜리 고객이 10명 줄고, 14,000원짜리 고객이 10명 생기면

	14,000원	×	10인	×	310일	= 43,400,000원
+	10,000원	×	190인	×	310일	= 589,000,000원

632,400,000원

− 기존 매출 620,000,000원

12,400,000원

10,000원짜리 고객을 포기했더니 오히려 매출이 늘었습니다. 하루 10그릇이 아니고 50그릇이었다면 연매출 차이는 약 6,000만 원 정도가 되겠지요.

매출을 올리기 위해, 객 단가를 높이기 위해 무조건 가격을 올리자는 소리가 아닙니다. 상품에 차등을 두어 자유롭게 고가와 저가를 고르게 하자는 것입니다. 여러분이 파는 상품 전체의 가격을 내일부터 당장 올리자는 이야기도 아닙니다. 날라지는 것 없이 가격만 올리면 어떻게 될지는 첫 번째 사진을 한 번 더 보시면 알게 됩니다.

이제 더 나은 수익을 위해 고객군을 개편하는 가격 전략이 어떤 것인지 충분히 이해가 가시나요? 우리는 좀 더 지불할 의사가 있는 고객들이 매출과 이익을 올려준다는 사실을 알면서도 쉽게 간과하곤 합니다. 특히 그런 고객들이 여러분과 생각이 비슷하다면, 여러분의 노고를 누구보다 더 높게 인정해준다면, 입소문이 점점 더 빨리 퍼지겠지요? 이제껏 가격을 한꺼번에, 일괄 올리는 것으로 알고 계셨다면 오늘부터 좀 약아지셨으면 좋겠습니다. 엄연히 10,000원짜리 곰탕이 버티고 있는데 14,000원짜리 메뉴만 보고 "이 집은 비싼 집이니 앞으로 오지 말아야겠구나."라고 하는 고객은 많지 않습니다. 앞서 나온 간단한 수식에서 보셨듯이 매출을 올리는 데는 객 수만 있는 것이 아닙니다. 객단가도 있다는 사실 꼭 염두에 두시고 지금 당장 퀄리티를 높이고, 그만큼 가격도 인상하셨으면 좋겠습니다. 버린 만큼 더 얻을 수 있다는 사실도 반드시 기억하시고요.

네? 20,000원짜리 곰탕을 만들고 싶으시다고요? 오늘 가격 공부 처음 하셨잖아요. 지나치게 욕심내면 다 도망갑니다. 고객이 눈치채지 못하게, 은밀하게, 위대하게 가격 전략을 짜보시죠. 저와 함께.

"주장의 차이가
가격의 차이를 만든다."

PART2

고객은 행복한 만큼 냅니다

비싸도 사야 할 이유를 만들면 된다

옛날이야기 하나 들려드릴까요? 등급 하면 제일 먼저 떠오르는 스토리가 있습니다. 마차가 주요 교통수단이던 시절의 일입니다. 평지는 괜찮은데 오르막이라도 있으면 일반석 승객들은 내려서 마차를 밀어야 했습니다. 이보다 상석인 이등석 승객들은 마차를 밀지는 않아도 되지만 내려서 걸었습니다. 무게를 줄여야 하니까요. 이에 비해 일등석 승객은 내리지도, 마차를 밀지도 않았습니다. 그만큼 더 많이 지불한 대가로 누리는 혜택이었죠. 여유로운 계층이라면 이런 좌석 등급에 대한 주장을 합리적인 혜택으로 보고 표를 구매했을 것이고, 혜택에 비해 가격이 비싸다고 생각한 승객들은 불편함을 무릅쓰고 기꺼이 마차에서 내렸을 것입니다.

이렇듯 가격에는 확실한 기준이 있습니다. 또 시각의 차이도 있습니다. 가격은 분명히 눈으로 볼 수 없는 추상적인 것인데 제게는 살아 꿈틀대는 생물처럼 느껴집니다. 저에게 말을 걸어오기도 하고, 비웃기도 하고, 읍소를 하기도 하니 말입니다. 그런데 이 가격이란 녀석들은 회사를 먹여 살리기도 하고 또 죽이기도 합니다.

무슨 말인지 궁금하시죠? 지금부터 갈 길은 좀 험합니다. 제 뒤를 바짝 붙어 따라오세요.

마차에서 내려 뒤를 밀던 승객들의 대부분은 바퀴에서 튀는 흙먼지 때문에 꼴이 말이 아니었습니다. 모자를 벗어 툭툭 터는 모습, 영화 속에서 많이들 보셨을 겁니다. 1950년대까지만 해도 가격과 혜택의 차이는 이 정도였지만 이후로는 정말 엄격하게 등급 통제가 이루어졌습니다. 운행 시기와 기종 그리고 환율에 따라 1년 365일 가격이 다르지만 대체로 미주 왕복항공권의 시세는 다음과 같습니다.

비싼 가격의 일등석 표를 구매한 승객은 줄 설 필요 없이 전용 카운터에서 바로 절차를 밟습니다. 수화물도 포장해주고, 길고 편안한 좌석과 커다란 모니터를 사용할 수 있습니다. 의자 가격만도 2억 원이 넘는다는 넓은 좌석에 앉아 최고급 와인과 코스 요리를 식사 시간과 상관없이 주문할 수도 있지요. 음식 단가는 일등석 6 : 비즈니스석 3 : 일반석 1 수준입니다. 잠옷도 주고, 고급 베개와 이불, 유명 브랜드의 화장품이 든 파우치와 기념품도 제공됩니다. 반면 '최저가' 일반석은 말씀 안 드려도 다들 잘 아시죠? 저는 가끔 강의 시간에 이런 상황을 묘사합니다.

"가족과 함께 비행기 타는 가장들 마음이 가장 아픈 순간이 언제인

줄 아세요? 바로 탑승과 동시에 마주하는 비즈니스석을 지날 때입니다. 걸음이 쏜살같이 빨라집니다. 지나치면서 이렇게 각오하곤 하죠. '두고 봐라. 내가 돈 많이 벌어서 우리 가족 비즈니스 태우고 만다.' 반대로 내릴 때는 걸음걸이가 아주 느려집니다. 비행으로 지쳤지만 신경을 곤두세우고 아주 꼼꼼하게 관찰합니다. 비즈니스석에서는 어떤 것들을 서비스로 제공받는지…."

여기서 '어떤 것들'에 해당하는 것이 바로 항공권 가격으로부터 돌려받는 혜택들입니다. 항공권을 구입할 때 이 혜택이 충분히 이해되면 구입하고, 과하다 싶으면 구매를 거절합니다. 중요한 것은 좌석 수는 이코노미석이 훨씬 많지만, 일등석과 비즈니스석 승객들의 운임이 항공사 전체 운항 매출의 80% 이상을 차지한다는 점입니다. 흔히 볼 수 있는 20:80의 법칙이죠.

우리도 이 법칙을 한번 적용해 볼까요? 프리미엄급 고객들을 위한 특별한 혜택을 마련하는 겁니다. 그러면 그들이 적극적으로 구매에 나서지 않을까요? 그렇게 여유 있는 사람들은 우리 매장에 오지 않고 5성급 특급 호텔, 청담동 헤어숍, 대치동 학원가를 찾는다고요? 일리는 있습니다만 100% 맞는 이야기는 아닙니다. 그 어느 상권에도 소득 차이는 존재합니다. 한 건물에 근무하는 샐러리맨들의 급여도 수십 배씩 차이가 나고, 같은 상권의 유동인구 중에서도 소득 차이가 어마어마한 경우는 많습니다. 또 돈이 많다고 해서 반드시 초고가 제품과 서비스만 찾지는 않습니다. 그만큼 큰 혜택을 돌려받을 수 있으니까, 가격에 상응하는 만족감을 얻을 수 있으니까 비싼 가격임에도 불구하고 과감하게 지불하는 것이죠.

사야 할 이유(=편익)가 많으면 많을수록
그만큼 가격을 더 받을 수 있고,
사지 말아야 할 이유(=불편)가 많으면 많을수록
그만큼 가격을 덜 받을 수밖에 없다.

그렇다고 고객들에게 끌려다니라는 소리가 아닙니다. 고객, 고객 하다 보니 내가 없어져서 지치고, 그러다 결국 포기하게 됩니다. 사야 할 이유를 만드는 고생은 고객을 위해서 하는 게 아닙니다. 그들이 지불할 가격을 위해서, 즉 내가 받을 가격을 위해서 하는 것입니다.

여러분도 에르메스, 샤넬이 될 수 있습니다. 투자금이 많다고 이런 근사한 브랜드가 될 수 있는 건 결코 아닙니다. 이제껏 단념하고 포기했던 고객층을 끌어들이기 위해 무엇을 준비해야 할까? 그들이 만족스러워할 디테일은 뭘까? 지금 상황에서 그 고객들의 요구를 만족시킬 나의 능력은 어떤 것일까? 곰곰이 따져보며 그들이 사야만 할 이유를 꽉꽉 채워 넣었으면 좋겠습니다.

이런 상상은 어떠세요?

영화 한 편에 출연료를 5억 원씩 받는 여배우가 내 펜션에 들어왔다면
미식가로 유명한 재벌 2세가 우리 삼겹살집에 들어왔다면

메이저리그로 스카우트된 프로야구 선수가 우리 헤어숍에 들어왔다면

제가 왜 일등석, 비즈니스석 운운했는지 이제 확실히 감을 잡으실 겁니다. 진짜 제대로 된 가격을 만들고 싶다면 지불하는 고객들이 단 1%도 아까워하지 않을 이유와 혜택을 여러분의 메뉴, 상품, 패키지, 서비스에 담으세요. 언제 어디서나 더 지불할 의사가 있는 사람들이 여러분을 지켜보고 있다는 사실을 절대 잊지 마시고요.

가격에도 유전자가 있다

가격은 단순한 숫자가 아닙니다. 살아있는 생물입니다. 이 가격은 지금도 여러분 곁에서 살아 숨 쉬고 있습니다. 얼마나 생동감이 넘치는지 미쳤다는 소리도 듣고, 여러분을 화나게도 하며, 때로는 착하다는 소리도 듣습니다. 이렇게 살아 숨 쉬는 생물인 만큼 가격에도 유전자가 있습니다. 바로 **'가격유전자'**입니다.

유전자의 정의는 다음과 같습니다.

> 유전자(영어: gene)
>
> **유전의 기본단위이다. 지구상의 모든 생물은 유전자를 지니고 있다. 유전자에는 생물의 세포를 구성하고 유지하고, 이것들이 유기적인 관계를 이루는 데 필요한 정보가 담겨있으며 생식을 통해 자손에게 유전된다. (출처: 위키피디아)**

서처럼 고교 시절 생물 시간이 죽기보다 싫었던 분들에게는 참 죄송합니다. 하지만 잘 뜯어보면 말장난하듯 어려운 단어가 많이 나올 뿐 사실은 그다지 어렵지 않습니다. 사실 유전자는 아주 오랫동안 우리와 친밀하게 지내왔습니다. 교실 밖에서는요.

"넌 누구를 닮아 이렇게 공부를 안 하니?"

"아빠 유전자가 아주 센 모양이야. 쏙 빼닮았네."

"나 참…. 누구 앤지 유전자 검사를 해야겠군."

"DNA 검사 결과, 범인은 당신이네."

우리 몸은 세포로 구성되어 있고, 그 세포 안에는 핵이 있고, 이 핵 속에 유전 정보를 담은 염색체가 있고, 이걸 감싸고 있는 긴 끈이 DNA이고…. 굳이 이렇게 설명하지 않아도 일상생활 속에서 유전자와 DNA를 완벽하게 이해하고들 계시잖아요.

제가 왜 가격유전자라는 단어를 만들었는지 궁금하시죠? 가격 인상의 아주 합당한 근거를 제시하기 위해 유전자 개념을 모셔왔습니다. 주위에 보면 가격을 올리고 싶은데 어디서부터 어떻게 올려야 하는지 답답해하는 분들이 많기에 이 고민을 해결해 드리고 싶었습니다. 용어가 어려워서 그렇지 적용하는 건 아주 간단합니다. 가격유전자와 이를 활용하는 노하우만 알면 굉장히 파워풀해집니다. 그리고 경쟁자들과 달리 뻔하지 않게 가격을 인상할 수 있습니다.

가격의 본질을 이해하는 데 사실 이 '유전자'라는 개념만큼 잘 들어맞는 것도 없습니다. 그리고 이 개념을 인식해야 기존 제품과 서비스를 해체하고, 조립하고, 재결합할 수 있습니다.

"가격이 유전자로서 인정받으려면 그 속에 정보를 담아야 합니다."

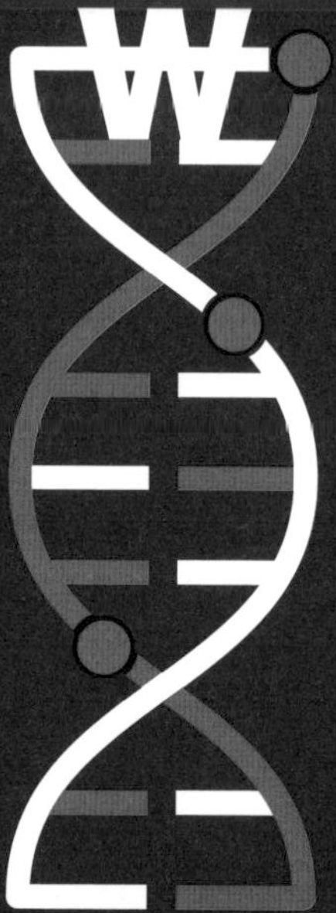

가격유전자는

세포가 몸을 구성하듯,

상품과 서비스를 구성하고

유지하며 유전 정보를

나타낼 수 있는

세트다.

각 기본 구성

요소들이 유기적인

관계를 유지하는 데

필요한 정보가 담겨 있다.

유전된다.

가격표에 괜히 정보를 담자고 당부한 것이 아닙니다. 척 보면, 한 번만 들으면 누구나 알 만한 정보가 담겨 있어야 유전자로서 자격이 있습니다. 지역에 따라 상권에 따라 다르지만 볼링장, 당구장, PC방, 목욕탕, 헬스클럽 이용료를 비롯해 짜장면, 김치찌개 값처럼 고객의 뇌리에 깊숙이 박혀 있는 가격과 이 가격을 구성하는 정보들이 유전자인 셈입니다. 동네 사람들은 다 같이 공감하는, 그래서 약간만 튀는 돌연변이 가격이 나타나도 당황스러워하는 것이 다 가격유전자 때문입니다.

50,000원이라는 가격을 예로 들어볼까요? 이 돈으로 살 수 있는 음식에는 무엇이 있을까요? 제주도 통갈치구이는 어림없겠지만 치즈라면을 먹기에는 큰돈입니다. 50,000원이라…. 여러분과 제 머릿속에 떠오른 메뉴들은 아마도 비슷할 겁니다. 스테이크 코스, 한정식 저녁 B 세트, 칠레 와인 한 병….

고객의 뇌는 생각보다 단순한 구석이 있습니다. 50,000원이라는 가격과 음식이라는 두 가지 단서를 제공하면 스스로 이 둘을 매칭하고 완성하려는 습성을 가지고 있습니다. 약간만 시간을 제공하면 머릿속에 이미지가 쭉 펼쳐집니다. 그렇게 나열된 구성 요소들이 바로 가격유전자가 가지고 있는 정보입니다. 만약 스테이크 코스가 떠올랐다면? 식전 빵, 수프, 샐러드, 스테이크, 디저트, 커피의 이미지들이 줄을 섭니다. 우리 몸의 세포처럼 하나의 상품을 구성하고, 유지하고, 완성체가 되도록 유기적인 관계를 이루는 가격유전자에 대한 정보를 우리는 단박에 수집할 수 있습니다. 여러 차례의 경험을 통해 직간접적으로 입력된 정보 덕분이죠.

이 가격들은 특정한 준거집단 속에서 자연스럽게 유전됩니다. 시골 5일장에서 유전된 가격과 대도시 A급 상권에서 유전된 가격은 다릅니다. 김치찌개는 7,000원, 모텔은 60,000원, 스크린 골프장은 15,000~20,000원. 소득 수준과 지불 의사가 다르기에 상권마다 다르게 형성되죠. 하지만 지역마다 통용되는 가격유전자가 존재합니다.

"우리 동네에서는 6,000원이면 김치찌개를 먹는데…. 강남이라 그런지 확실히 많이 비싸네."

대도시로 갈수록 또 중심 상권으로 갈수록 가격이 비싸진다는 사실을 고객들도 잘 압니다. 어느 날 갑자기 돌연변이 가격이 등장해 시장을 흔들어 놓기도 하지만 가격은 그 지역 고객들에 의해 대부분 유전됩니다. 매년 조금씩 인상되지만 동시대에 사는 이상 이 가격유전자에 대한 인식은 비슷합니다. 만약 상품과 서비스가 비슷한데 난데없는 가격을 요구당하면 당황스러워하게 마련이죠. 이내 당하지 않겠다는 각오로 검색과 비교 작업에 들어가 가격이 담고 있는 정보를 뒤집니다. 해당 가격에 그만한 가치가 있다면 본격적으로 거래 의사를 드러냅니다. 반대로 비싼 가격임에도 불구하고 그 가치를 인정할 만큼 합당한 정보가 존재하지 않는다면, 제안받은 가격을 외면하고 구매를 거절합니다. 이 때문에 가격유전자에 대한 이해가 절대적으로 필요합니다.

내 고객이 될 가능성이 있는 사람들이 가지고 있는 가격유전자는 얼마일까요? 만약 내가 판매하고 싶은 메뉴가 김치찌개라면 가격유전자는 전국 평균 약 7,000원이며, 구성은 이렇습니다.

김치찌개 = 김치 + 냄비 + 불 + 고기 + 공깃밥 + 찬

이렇게 누구나 상식적으로 아는 구성 요소들을 변형하거나, 추가 혹은 업그레이드해야 정보가 바뀌고 가격유전자가 변형됩니다. 그리고 변형된 형태로 고객들의 뇌에서 유전됩니다.

■ 가격유전자 변형하기

만약 이런 가격유전자를 벗어나 최대 지불 가격을 만들고 싶다면 과감하게 유전자를 수술해야 합니다.

은주정 김치찌개 = 김치 + 냄비 + 불 + 고기 + 대접 밥 + 찬 + 쌈

〈수요미식회〉에 나와서 유명해진 은주정의 김치찌개는 그냥 김치찌개가 아니라 쌈 싸먹는 김치찌개입니다. 구성 요소가 바뀌면 어떤 효과가 있다? 그렇습니다, 이제껏 당연하다고 생각했던 김치찌개의 가격유전자가 바뀝니다. 더 비싸게 받을 수 있죠. 추가 서비스가 있으니 당연히 더 받아야 하는 거 아니냐고 받아들이실 수도 있지만, 여기에서 중요한 것은 가격을 구성하는 정보를 자유자재로 변형할 수 있어야 가격에서 자유로워질 수 있다는 점입니다. 마구 퍼주던 시절은 이미 지나갔습니다. 이제는 퍼주더라도 반드시 '저항감 없는 가격 인상'과 동반해야 하는 시대입니다.

음식점 = 고기 + 불 + 판 + 장 + 밥 + 술

슈퍼마켓 = 과일 + 고기 + 카트 + 주차장

숙박 = 침대 + 욕실 + 스타일러 + 컴퓨터

제과점 = 밀가루 + 설탕 + 소금 + 버터 + 패키지 + 치즈

이용업/미용업 = 가위 + 의자 + 샴푸 + 가운 + 커피

세탁소 = 세탁기 + 세제 + 재봉틀 + 단추 + 실

욕탕업 = 물 + 욕조 + 사우나 + 비누 + 샴푸 + 헤어드라이어

노래방 = 마이크 + 모니터 + 책 + 탬버린 + 에어컨

피시방 = 컴퓨터 + 의자 + 헤드셋 + 라면 + 흡연실

어렵게 생각하실 필요 없습니다. 위에 언급한 것처럼 각 가격이 담고 있는 정보를 바꿔주면 됩니다. 이제껏 조용히 유전되어 오던 가격을 인상하기 위해서는 구성 정보의 업그레이드가 필수입니다. 이런 가격유전자의 수술 없이 진행되는 '물가상승률에 동반한 어쩔 수 없는 가격 인상' 은 더 이상 존재하지 못해 멸종 수순을 밟게 됩니다. 덜 지불하고 싶은 인간의 본능을 누르고, 지금까지 유전되어 온 가격을 자유자재로 인상하고 싶다면 유전자 변형에 집중하세요.

1 DNA의 절단 : 제한 효소는 DNA 염기서열의 특정한 위치에서 작용하여 DNA를 잘라낸다.
2 DNA의 분리 : 잘라낸 DNA는 분리할 수 있다.
3 DNA의 접합: 대상이 되는 DNA를 선별하여 대장균과 같은 숙주의 DNA에 DNA 연결 효소를 이용하여 접합시킨다.
4 숙주를 이용한 복제: 새로운 DNA가 삽입된 대장균을 증식시키면 연결된 DNA 역시 함께 복제된다.
5 재조합 DNA의 생성: 선별된 유전자로 구성된 DNA를 다른 생물의 DNA에 결합해 재조합 DNA를 만든다. 이렇게 옮겨진 유전형질은 전혀 다른 종에서도 작동한다.

이 머리 아프고 복잡한 내용을 최대한 단순화하여 가격에 적용해 보겠습니다.

1 소비자에게 가치로 인정받지 못하는 요소는 과감히 절단한다.
2 가격을 구성하고 있는 요소들을 낱낱이 분리한다.
3 이종 간 결합 등을 통해 유전자와 유전자를 접합한다.
4 숙주(팬, 서포터즈, VIP 회원, 마일리지 수혜자)를 이용해 복제한다.
5 접합을 위해 끌어들인 카테고리로 이전한다.

이 다섯 가지를 적용하면 가격유전자를 완벽하게 변형하여 새로운 상품과 서비스 그리고 가격을 만들어 낼 수 있습니다. 그동안에는 남들과 유사한 상품을 내놓았으니 그들이 주장하는 가격밖에 받을 수 없었던 것이죠. 먼저 시장의 경쟁자들도 다 내놓는 공통분모는 망설이지 말고 잘라 버립니다. 굳이 주장할 이유가 없으니까요.

다음은 분자 분리입니다. 구성 요소 해체 작업을 통해 이미 연습해보셨죠? 다음은 이종(異種) 간 결합입니다. 이종 간 결합은 종이 다른 분자들을 결합하는 것을 말합니다. 모텔에 노래방 결합, PC방에 요리 결합, 꽈배기 매장에 패션 결합 등이 이종 간 결합이고, 이를 통해 이제껏 접해보지 못했던 새로운 제품이 탄생합니다. 이 '신상'에 만족한 팬들은 이 새로운 제품을 널리 널리 알립니다.

"이제껏 이런 맛은 없었다. 이것은 갈비인가, 치킨인가?"

얼마 전 크게 유행한 영화에 나온 대사입니다. 영화에서는 치킨 가격을 혁명적으로 바꿔보려고 절단 + 분리 + 접합 + 복제 그리고 이전을 수행합니다. 어디로? 갈비 카테고리로. 치킨에서 가치로 크게 인정받지 못했던 소금, 튀김옷, 무, 샐러드(물론 이 포인트를 제대로 구사하는 경우에는 고객에게 가치로 충분히 인정받고 있습니다만)를 절단해서 버립니다. 그리고 치킨을 구성하는 필수 분자들을 닭 + 튀김옷 + 기름 + 염지 등으로 분리하고, 종이 다른 소갈비 양념을 가지고 와서 닭과 접합합니다. 이렇게 탄생한 게 수원왕갈비 통닭입니다. 숙주들을 활용해 전투적으로 복제하고 치킨 카테고리가 아닌 갈비 카테고리로 넘어가 그에 준하는 가격을 받는 것이죠. 비슷비슷한 일반 통닭이 18,000원 정도를 받는다면 왕갈비 통닭은 물론 일반 통닭의 판매가보다는 더 받을 수 있을 것입니다.

절단, 분리, 접합, 복제, 이전

왜 이렇게 복잡하게 노력하느냐고요? 이유야 간단합니다. 고객들로 하여금 상식적인 가격유전자를 잊게 만들어 더 비싼 가치와 격으로 대접받기 위해서입니다. 데칼코마니 같은 경쟁업체들과 비교당하기 싫어서이기도 하고요. 결국, 가격유전자 변형에 나선 용기 있는 선구자가 새로운 시장을 창조합니다.

“

새로운
정보가
새로운
가격유전자를
만듭니다.

”

가격유전자 변형 응용편

불경기에 코로나 여파까지 겹쳐 피트니스 클럽들이 어려움을 겪고 있습니다. 수년 전 헬스클럽을 재규정해 피트니스 클럽이라는 새로운 카테고리를 만들어낸 것은 정말 대단한 아이디어였습니다. 그런데 문제는 복사가 너무 쉽다는 점입니다. 누가 원조였는지 기억도 안 날뿐더러 이제는 누구나 피트니스 클럽이란 명칭을 사용하고 있습니다. 살아날 길을 모색해야 합니다.

"1년에 한 번뿐인 특별할인!"
"1주년 이벤트 3개월 13만 원, 6개월 25만 원!"
"회원권 할인 행사, PT 할인 1회 3만 원대!"
"여름방학 이벤트 학생 할인 60%!"

무한 할인 경쟁에 도입한 피트니스, 성형외과, 레저 클럽 등이 1년 365일 내거는 이벤트입니다. 어느 곳 하나 달라 보이지 않습니다. 그래서 가격유전자가 자꾸만 무너집니다. 자고 일어나면 가격이 낮아집니다. 제가 항상 강조하는 내용이 있습니다. 바로 가격에 담은 정보와 주장이 비슷하다면 결국 가격으로 싸울 수밖에 없다는 것입니다. 하지만 여러분은 다릅니다. 당당히 제값을 받을 자격이 있습니다. 가격유전자 변형만 잘하면 피 튀기는 경쟁 중인 피트니스 카테고리에서 벗어날 수 있고, 가격도 얼마든지 스스로 결정할 수 있습니다.

절단, 분리, 접합, 목제, 이전

자, 가격유전자 변형 수술을 시작합니다. 고객이 가치로 크게 느끼지 못하는 평균적 주장들은 절단합니다. 헬스 기구, 샤워 시설, 보일러, 운동화, 수건, 다 절단해 버립니다. 물론 고객의 불편을 없애주는 친절이라는 차원에서는 정말 중요하지만 요새 다들 건드리는 건 뻽니다. 서비스 자체를 없애자는 게 아닙니다. 굳이 애써서 내세울 필요가 없다는 소리입니다. 아무리 외쳐봐야 경쟁자들의 주장과 함께 묻혀버리니까요.

다음은 피트니스의 가격을 구성하는 정보들을 분리합니다. 인테리어 + 트레이너 + 반신욕 + 마사지기…. 분리가 끝이 아닙니다. 여러분이 보유한 브랜드 자산에 어떤 이종을 접합해 색다른 결합을 만들어 낼 건지가 중요합니다. 가격은 여기에서 결정이 납니다. 고객의 예상과 너무 동떨어지면 안 됩니다. 결합을 통한 재미를 충분히 예측할 수 있어야 하고, 고객이 혜택이라고 느껴 가치로 인정할 수 있어야 합니다. 저는 샐러드를 가져오겠습니다. 하필 왜 샐러드냐 물으신다면 가격유전자가 아주 좋기 때문입니다. 샐러드 가격은 어지간하면 5,000~6,000원입니다. 한 달에 5만~6만 원 하는 피트니스 클럽에 적용하기 딱 좋은 이종이죠. 여성에게는 운동 전, 남성에게는 운동 후 한 팩씩 샐러드를 제공합니다. 가뜩이나 공복감에 시달리는 회원들에게는 오아시스 같은 선물입니다. 게다가 트레이너 선생님이 직접 고안한 레시피니 얼마나 신뢰가 가겠습니까? 이 정도로 그치면 단순한 서비스로 간주될 가능성이 큽니다. 그래서 좀 더 깊이 고민해서 피트니스의 가격유전자를 더 뜯어고칩니다. 바로 피트니스 바입니다. 피트니스와 샐러드 바가 결합한 형태죠.

"지금까지 이런 서비스는 없었다(해외에는 사례가 좀 있습니다). 이곳은 피트니스 클럽인가, 샐러드 바인가?"

1인당 한 달에 20개의 샐러드를 제공합니다. 고객은 샐러드를 받기 위해서라도 피트니스 클럽에 갑니다. 매일매일 가고 싶어 안달이 날 정도의 공간과 문화를 만들어야 합니다. 회원이 아닌 분들에게 숍인숍(shop-in-shop) 형태로 판매도 합니다. 배민에 등록하고 라이더들을 통해 배달 서비스도 하고요. 일파만파 퍼진 소문 덕분에 (이런 유전자 변형은 정말 빨리 소문이 납니다) 따라 하는 곳도 많이 생기겠지만, 노하우를 전수 받거나 가맹점이 되고 싶다는 문의가 이어질 겁니다. 새로운 건 일단 먹힙니다. 이걸 지속적으로 끌고 가기 위한 전략이 필요한데 이때 가장 큰 무기가 되는 것이 바로 가격과 정보입니다.

전문 피트니스 트레이너가 제작한 바디 피팅용 샐러드	VS	신선한 샐러드
7,000원		**5,000원**

가격유전자를 구성하는 정보 중 가장 으뜸은 누가 만들었는가입니다. 권위와 인지도가 받쳐 준다면 시중에서 판매되는 일반 샐러드와 확실히 선을 그을 수 있습니다. 누가 봐도 섭취 후 효능, 효과, 편익이 달라질 게 뻔히 보이니까요. 플라시보 효과 다들 아시죠? 비싼 약이 더 효과가 있다, 비싼 와인이 더 맛있게 느껴진다…. 더 중요한 건 가격유전자 변형으로 베이스캠프가 단단해진다는 겁니다. 자, 이런저런 호감과 정보로 내 매장과 브랜드를 채웠으니 당연히 가격을 바꿔야겠죠?

"1주년 이벤트 3개월 13만 원, 6개월 25만 원!"

↓

"3개월 샐러드 60인분 **포함 22만 원!"**

고객의 뇌 속에서는 아주 간단한 계산이 시작됩니다. 어차피 샐러드도 가격유전자를 가지고 있으니까요.

'음, 피트니스 3개월 13만 원에다 샐러드 하나에 5,000원만 잡아도

60개면 30만 원이니까…. 오, 거래조건 좋은데!'

당연히 원가는 더 들어가겠죠. 제로섬 게임에서 생존하려면 일부 투자는 필요합니다. 일단 단 한 명이라도 여러분의 새로운 상품과 서비스를 경험할 수 있도록 긴급 처방을 하는 게 중요합니다. 더 이상 가격으로 고통 받기 전에 가격유전자 변형 수술에 들어가시죠. 그리고 더 받으세요, 경쟁자보다.

즐거운 가격은 예고가 없다

가격이 살아 숨 쉬는 생물이며 유전자를 가지고 있다는 가격 인격론에 적지 않게 놀라셨죠? 저도 이 책을 준비하면서 가격과 참 많은 대화를 나눴습니다. 가격은 생물이고 인격이 있다고 주장했으니 입증해야 했으니까요. 그래서 여러 차례 질문했습니다.

"가격, 너희도 늙니?"

"그럼요. 저희가 제일 빨리 늙을걸요. 그런데 희한한 건 고객들은 나이 먹은 가격만 좋아해요."

그래서일까요? 오래된 가격, 즉 '옛날 가격 그대로'라고 하면 구름처럼 몰려드는 경향이 있습니다. 단순히 가격이 싸서가 아닙니다. 불경기에 복고 열풍이 불 듯 가격으로 당시를 회상하기 때문이죠. 그러고 보면 가격은 참 대단합니다. 인간의 잠재의식을 건드려 추억까지 불러오니 말입니다. 그런데 가끔 옛날 가격에 옷을 잘못 입혀 곤욕을 치르는 분들이 있습니다. 옛날 가격은 옛날 옷을 입어야 그 맛이 삽니다. 〈응답하라 1997〉 같은 드라마가 히트를 치면 그 인기에 편승하여 관련 상품과 가격으로 이벤트를 하는 일이 잦죠. 특히 프랜차이즈에서 이런 행사를 자주 하는 편입니다.

"20년 전 가격 그대로 드립니다."

옷을 제대로 입으면 가격은 더욱 근사해집니다. 당시 유행하던 폰트를 찾을 수만 있다면 금상첨화입니다. 인간은 시각 정보에 약합니다. 80년대 가격이라면 80년대, 2000년대 가격이라면 2000년대가 찰나에 연상이 되도록 시각 정보를 세팅해야 합니다. 그런데 늙기도 전에 병드는 가격도 꽤 많습니다. 병에는 종류가 많지만, 일상생활에서 자주 언급되는 '미치는' 병이 가장 먼저 떠오릅니다. 가격이 이렇게 미치는 경우는 꽤 흔합니다. 매스컴에서도 거의 빠지지 않고 등장하는 가격이 바로 미친 가격입니다. 상상도 할 수 없을 정도로 빠르고 무섭게 오르는 가격을 보면 이렇게 말하게 됩니다.

"세상에, 아파트 한 채에 60억? 아이고 요새 아파트 가격이 정말 미쳤구나."

반대로 할인 폭이 상식을 넘을 때도 미친 가격이라는 소리를 듣습니다.

"파격 특가! 최대 99% 가격 할인이 4일간 진행됩니다."

고객들은 아주 기쁘고 행복하게 만들어주는 가격도 있습니다

"만 원의 행복."

만 원이라는 가격은 고객에게 세상 더할 나위 없는 행복을 선사합니다. 사실 '만 원의 행복'이라는 표현은 이미지 지향적입니다. 문구를 듣자마자 만 원짜리 지폐와 아주 행복해하는 사람들의 표정이 오버랩됩니다. 고객의 뇌 속에 행복을 연상시키면서 비용은 만 원밖에 들지 않는다는 주장을 펼치다 보니 이 행복한 가격은 상당히 잘 먹힙니다. 이와는 반대로 소비자들을 분노하게 만드는 가격도 많습니다.

"파라솔 임대가격 11만 원."

오랜만에 떠난 피서지에서 만난 화나는 가격. 온 가족을 분노하게 만드는 가격. 이 녀석은 욕이 나오게 하는 재주가 있습니다. 좀 더 들어가 볼까요? 눈물이 줄줄 흐를 정도로 슬프디슬픈 가격도 있습니다.

"눈물의 땡처리 가격."

불경기가 심화될수록 자주 만나게 되는 녀석입니다. 좌석을 비운 채로 비행기를 띄울 수도 없고, 어떻게든 한 자리라도 채워보려는 노력을 이렇게 표현하기도 합니다. 원래 가격으로 티켓을 구입할 탑승

객을 찾지 못할 때 없는 수요라도 끌어모으기 위해 투입되는 녀석이 바로 눈물의 가격입니다. 슬픈 가격은 판매자를 울립니다. 그리고 이내 입맛을 아주 쓰게 만들죠. '울며 겨자 먹기'로 팔았으니까요.

마지막은 아주 신나고 즐거운 가격입니다.

"짜장면이 오늘 하루만 100원!"

"일주일간 가입비 10만 원 면제!"

즐거운 가격은 예고가 없어야 합니다. 서프라이즈 선물과 비슷합니다. 예측할 수 없이 훅 들어오는 가격이 소비자의 입을 벌어지게 만듭니다. 말씀드렸죠? 놀라운 즐거움이 바로 재미라고. 가격이 고객에게 재미를 선사하면서 도파민이 뿜뿜 분비되게 만들려면 기습 작전이 필요합니다. 가격으로 고객을 즐겁게 만들 수 있다니 놀랍지 않으세요? 자, 지금까지 가격의 의식주, 생로병사, 희로애락을 설명해 드렸습니다.

"2년 전 올릴 때 보고는 사실 가격에 별 신경을 안 썼어요. 그냥 가격은 가격이지 뭐…. 이렇게 생각했거든요. 가격이 고객에게 매 순간 말을 걸고 있다는 생각은 해본 적이 없어요."

이 사실을 꼭 알려드리고 싶었습니다. 가격이 만나는 건 죽은 사물이 아니라 고객이라는 생물입니다. 생기가 있어야 합니다. 분위기에도 맞아야 하고요. 가격은 보기만 해도 기분이 좋아지고 행복해져야 고객은 다시 여러분을 찾습니다. 가격이 박제처럼 꼼짝 않고 고객을 대하면 고객들은 별 감흥을 느끼지 않습니다.

이 가격이라는 녀석이 살아 숨 쉬며 내 집을 찾은 고객들을 즐겁게도 만들고, 슬프게도 만들고, 아프거나 신나게 만들 수 있다는 사실, 그리고 내 가격도 늙고 병에 걸릴지도 모른다는 생각을 하루에 한 번만이라도 떠올려야 남과 다른 내 브랜드, 상품 그리고 가격을 만들 수 있습니다. 가격을 바라보는 시각이 바뀌면 고객의 구매 행동에도 관여할 수 있습니다.

그저 숫자라고만 생각했던 가격이 이런 상황을 만들어 낸다니, 생각만 해도 흥분되지 않으세요? 이왕이면 기쁘고, 즐겁고, 재미있고, 사랑스러운 가격을 만들어 보세요. 크기도 폰트도 색깔도 순서도 또 담고 있는 내용도 경쟁자와는 비교도 되지 않는 그런 가격이 있다면 여러분을 찾는 고객의 수준이 달라질 겁니다. 이렇게 치밀하게 고민하는 여러분의 노력에 한 표를 던질 고객들이 와줘야 여러분의 생각을 오롯이 전할 수 있습니다. 고객의 생각을 한 수만 앞서 읽어보세요. 그들이 어떤 가격을 원하고 기꺼이 지불할지. 이렇게 고민하게 만드는 걸 보니 가격은 참 오묘한 생물입니다.

가격을 잡아야 고객도 잡을 수 있습니다.

가격(價格)으로 고객을 가격(加擊)하자

가격으로 한두 사람을 행복하게 만들어서는 답이 없습니다. 여러분의 가격(價格)으로 최대한 많은 수의 고객을 '가격(加擊)'할 수 있어야 합니다. 고통스럽게 가격하는 게 아니라 여러분이 제안한 가격에 기분 좋게 얻어맞고 웃을 수 있어야 합니다. "오호, 이 양반 펀치 봐라. 못 잊겠는데…." 가능한 한 여러 사람에게 행복한 가격을 선보여서 행복을 끌어모아야 합니다. 한 사람, 한 사람에게 최고의 반응을 얻어내는 것도 중요하지만 이보다 더 신중하게 고려해야 할 것이 바로 '고객 총행복gross customer happiness'입니다. 최대 다수가 최대의 행복을 느끼는 총합을 '고객 총행복'으로 정의하겠습니다.

1. **연봉이 10억 원인 대기업 임원**
2. **하루 매출이 500만 원인 자영업 오너**
3. **초봉이 4,000만 원인 신입사원**
4. **1년간 열심히 저축하면 1,000만 원 정도는 저축할 수 있는 중소기업 대리**
5. **취준생**
6. **아르바이트와 학업을 병행하는 대학생**

이분들 모두가 행복해질 수 있는 가격, 재미있고 강력한 가격. 어느 업종, 어느 업태에서든 여러분이 제시하는 가격이 이분들을 다 행복하게 해드린다면 정말 좋겠습니다. 이게 가능하려면 일단 이 다양한 고객들에게 같은 가격을 제시해서는 안 됩니다. 가격이 낮을수록 이분들 모두가 행복해할 것이라는 오해도 최대한 빨리 버리시는 게 좋습니다. 저렴해야 진입장벽이 낮아져 고객이 쉽게 들어올 거라는 말도 안 되는 판단은 지금 당장 버리세요. 여러분이 스스로 쳐놓은 '가격 바리케이드' 때문에 그동안 포기한 이익이 얼마인 줄 아시나요? 조금이라도 더 여유 있는 고객은 그만큼 더 여유 있는 대접을 받고 싶어 합니다. 그럴 수만 있다면 더 지불하는 데 망설임이 없죠. 안타깝게도 우리는 그동안 이 점을 생각하지 못했습니다.

생활 속에서 흔히 접하는 '대·중·소'를 예로 들어보겠습니다. 보통 대는 4~5인분, 중은 3~4인분 그리고 소는 2~3인분용입니다. 이제 기준을 바꿔보겠습니다.

상	**상당히 여유 있는 고객들이 선택하는 옵션**
중	**중산층이 선택하는 옵션**
하	**일반 대중이 가장 선호하는 옵션**

누구나 평범하게 주문하고 소비하는 기준 말고, 한 사람 한 사람의 고객이 자신의 경제적 여유와 선호에 따라 차등적으로 지불할 가격이 있어야 다수가 행복해질 수 있습니다. 그저 양의 차이로만 기준을

나누면 누릴 수 있는 혜택이 양박에는 없습니다. 그러면 양보다 질이 더 소중한 고객들은 굳이 이 브랜드를 찾아야 할 이유가 없는 거죠. 밍밍합니다. 심심합니다. 매력적인 요소가 단 한 가지도 없습니다. 고객을 차별하느냐고요? 네, 차별합니다. 최선을 다해 '하'를 주문한 고객을 모실 거고, 중 그리고 상을 선택한 고객은 더욱더 깐깐하고 근사하게 모실 겁니다. 지불한 금액이 아깝지 않도록 더욱더 집중하고 까다롭게 디테일을 녹여 넣을 겁니다.

상, 중, 하가 부담스러우면 슈퍼 프리미엄, 프리미엄, 레귤러로 등급을 나누어도 좋습니다. 사실 용어는 그다지 중요하지 않습니다. '나'의 생각이 중요합니다. 내 생각의 결과물인 격, 질, 급에 차등을 두어 고객을 모셔야 최고의 총행복을 끌어낼 수 있습니다. 얼마든지 지불할 능력이 있는 고객들에게도 그저 그런 평범하고 소박해 보이는 대접을 하면, 그들은 더 이상의 거래를 거절합니다. "1,000원 2,000원 더 지급해도 좋으니 좀 폼나게 줘 보세요."와 같은 니즈는 얼마든지 있습니다. 만약 여러분이 숙박업에 종사하고 있다면 앞으로는 방 크기 차이로 가격을 만들 필요가 없다는 소리입니다.

ROOM 1 = 침대 + 컴퓨터 + TV + 샤워부스

ROOM 2 = 침대 + 컴퓨터 + TV + 샤워부스 + 스타일러

ROOM 3 = 침대 + 컴퓨터 + TV + 샤워부스 + 스타일러 + 월풀 버블 욕조

ROOM 3 = 침대 + 컴퓨터 + TV + 샤워부스 + 스타일러 + 월풀 버블 욕조 + 아침 뷔페

혜택이 클수록 가격도 높아집니다. 이렇게만 적어줘도 충분히 친절한 가격표입니다. 하지만 고객을 가격하기 위한 가격표는 수평적 혜택의 증가 말고 수직적 혜택의 증가가 따라와야 합니다. 그래야 고객 총행복이 커집니다. 단순하게 수적인 증가가 아니라 질적인 증가가 절실합니다.

여러분처럼 수준 있는 고객들을 위해서 준비해봤습니다.

삼중 가열 헤어드라이어 + 음료 전용 냉장고 + 대리석 온돌 + UV차단 모니터 + 듀얼 컴퓨터 + 방음 천장재 + 친환경 원목 타일 + 구스 필로우 + 100% 코튼 이불 + 시력 보호용 독서등 + 산소발생기 + 보스 스피커

이 정도 수준을 원하는 예비 투숙객에게 제시할 최고가를 책정해 놓고, 이 정도 지불 능력이 안 되는 고객들에게는 이보다 상대적으로 낮은 수준과 질의 구성 요소들을 제시하는 겁니다. 그러다가 주머니가 가벼운 고객들 다 놓치면 어떻게 하느냐고요? 오히려 제가 여쭙고 싶습니다. 가능하면 단 한 명의 고객이라도 좀 더 낼 의사가 있는 분이 여러분에게 도움이 되지 않을까요? 여러분의 생각에 동조하고 제품과 서비스에 반할 고객들도 많을 텐데, 왜 그들의 의견은 물어보지도 않은 채 최저 가격만 받으려고 애쓰는지 이해 불가입니다. 당당히 더 받으세요. 이분들이 만족할 만한 서비스가 무엇인지 고민하고, 경쟁자는 도저히 넘지 못하는 선도 좀 넘으세요. 여러분이 고객에게 칭찬 받으면서, 찬사 받으면서 사업을 한다면 정말 좋겠습니다.

가끔 이런 생각이 듭니다. 오너가 싫어서 안 하는 게 아니라 능력이 되지 않아서 최저 가격, 평균 퀄리티만 제안하고 있는 건가? 그래서 단순하게 양만 늘리고 가격을 높이는 건가? 만약 그렇다면 가격을 더 받겠다는 희망은 얼른 버리는 게 좋습니다. 수준만큼 더 받을 수 있는 게 자본주의 시장이니까요. 하지만 그게 아니라면? 충분히 그럴 만한 능력이 있는데도 몰라서 못 한 거라면 지금 당장 메모지를 꺼내 적어보세요.

"내 매장을 찾아온 고객 중 더 지불할 능력이 있는 분들은 어떤 혜택과 행복을 누리고 싶어 할까?"

가끔은 이런 고객도 있을 겁니다.

"아니, 무슨 배짱으로 앞집보다 20%나 더 받으세요?"

그럼 이런 고객에게는 딱 그만큼의 제품과 서비스를 권하세요. 반대로 최선을 다해 준비한 상품에 20% 더 지불할 의사가 있는 고객이 계신다면 정말 최고의 대접을 해드리세요. 스테인리스 숟가락 대신 은 숟가락을 내드리고, 러닝머신도 제일 안쪽 방해받지 않는 칸막이 있는 자리로 안내해 드리고, 방도 층간소음 없는 제일 위층으로 준비해 드리고, 헤어숍이라면 실크 가운과 양털 슬리퍼를 내드리세요. 이 집에서만큼은 지불한 만큼 톡톡히 대접받는다는 인상을 심어줘야 합니다. 최고 수준의 보상을 돌려받을 수 있는 집. 그래서 언제든 귀한 분을 모시고 가고 싶은 집. 뭔가 특별한 이벤트가 필요할 때 꼭 찾아가는 집. 이러면 자연스럽게 '용도'가 생깁니다.

바빠 죽겠는데 언제 이 모든 것을 신경 쓰느냐고요? 그러면 차별한다고 난리가 난다고요? 혼자 매장을 지켜야 하니 적당히 평균적으로 하겠다고요? 이런 방식이라면 1년이 지나도 10년이 지나도 달라지지 않습니다. 더 이상 진화도 없습니다. 발전하고 싶다면 경쟁자들도 다 아는 상식의 선을 넘어야 합니다. 지나치다 싶을 정도로 해야 망설였던 고객들이 찾아옵니다.

'돈 많은 부자'들이 왜 매일매일 여러분의 매장을 찾지 않는지 아세요? 더 누리고 싶은데 그럴 만한 혜택이 없으니까요. 사회주의나 공산주의도 아닌데 너나 할 것 없이 다 비슷한 가격만 제안하고 딱 그만큼의 혜택만 제공하니 아니다 싶어서죠. 50%, 100%를 더 내더라도 더 알아봐주고, 더 대접해주고, 더 아껴줄 곳을 찾지 누가 자신과 연 소득이 100배 가까이 차이 나는 고객과 동등하게 대접하는 매장을 찾고 싶을까요? 차별하세요. 가격도 혜택도 대접도. 어차피 상위 20%의 고객이 전체 매출의 80%를 커버합니다.

"예비 사위가 인사차 온답니다."

"아이의 학원 선생님과 저녁 약속이 있습니다."

"평생 신세를 진 선배의 생일입니다."

"큰돈 벌게 해준 부동산 중개인에게 선물하고 싶습니다."

이런 상황에서도 양으로만 가격 차이를 만드는 평균적인 집을 찾을까요? 아니죠. 그러니까 이왕이면 상대의 총행복을 끌어 올려줄 브랜드를 만드세요. 여러분은 충분히 그럴 자격이 있습니다. 잊지 마세요. 고객은 가지고 싶을수록 더 냅니다. 누릴 게 많으면 당연히 더 내야 한다고 생각합니다. 보이지 않는 가치만 주장하면 더 높은 가격을 절대로 요구할 수 없습니다. 눈에 보이게, 만지고 확인할 수 있게, 누리며 행복해질 수 있게 만들어주면 더 높은 가격을 주장할 수 있고, 가격으로 고객을 가격할 수 있습니다.

당신의 몸값은 얼마입니까?

제 수업 중 '사장의 전략'이라는 시간이 있습니다. 어쩌다 어른이 되듯 어쩌다 사장님이 되어 뭘 어떻게 해야 하는지 잘 모르는 사장님들에게 내비게이션을 선물하는 시간입니다. 경영? 관리? 홍보? 제휴? 어느 것 하나 제대로 진행하고 있지 못한 사장님들에게 구체적으로 이런저런 일을 해야 한다고 설명하는 시간이지요. 600만 자영업 오너들이 가장 힘들어하는 게 뭔지 아세요? 사람? 임대료? 아이템? 땡! 정답은 외로움입니다. 외로운 것을 가장 견디기 힘들어합니다. 모든 것을 혼자 기획하고, 혼자 분석하고, 혼자 판단해서 결정 내리고, 책임도 혼자 져야 하니 외로울 수밖에요. 이런 분들에게 여러분은 몇 점짜리 사장님이냐고 물으면 단박에 울상이 돼버립니다.

하지만 가격에서 사장님의 점수는 정말 중요합니다. 자신감과도 깊은 연관이 있고, 차별화하고도 밀접한 관련이 있기 때문이죠.

"음…. 저는 한 80점?"

"아이고, 저는 65점요."

이렇게 대답하는 사장님의 눈을 지그시 바라보다가 "80점? 65점?

그런데 100점짜리 사장님이랑 같은 가격을 받으세요? 양심도 없이. 고객들은 사장님이 몇 점짜리인지 척 보면 압니다."라고 하면 다들 시선을 떨어뜨리곤 합니다. 스스로 한번 물어보세요. 나는 몇 점인지? 100점이라고 대답할 분들은 그리 많지 않을 겁니다. 고객만큼이나 사장님들도 자신에게 무엇이 부족한지 아주 잘 알고 있습니다. 크리에이티브? 지구력? 인간관계? 리더십? 경영 능력? 부족함이 있는 걸 뻔히 알면서도 남들 다 받는 가격을 그대로 받습니다. 그러니 고객은 여러분이 제시하는 가격을 보며 갸우뚱합니다.

그럼 어떻게 해야 하느냐고요? 간단합니다. 70점짜리 사장님은 70점짜리 가격을 받고, 90점짜리 사장님은 90점짜리 가격을 받으면 됩니다. 여기 두 그릇의 비빔국수가 있습니다. 겉으로 봤을 때 거의 비슷하고 가격은 둘 다 7,000원입니다. 어느 쪽을 먹겠느냐고 소비자들에게 물으면 고민합니다. '비슷하게 생겼는데…. 별 차이 없어 보이는데….' 그런데 왼쪽은 해외 유학까지 다녀온 유명 셰프가 만든 국수이고 오른쪽은 그냥 평범한 국숫집 사장님의 국수라고 이야기하면 열에 아홉은 셰프의 국수를 선택합니다. 그렇지 않아도 힘든 시국에 왜 힘 빠지는 이야기를 하느냐고요?

"모자라면 채워야 합니다. 채우면 선택 받습니다."

가격을 구성하는 요소들이 대동소이할 경우, 고객의 판단 기준은 그중에서도 뭔가 특출난 것 하나가 될 수밖에 없습니다. 상을 받았다든지, 장인에게 전수 받았다든지, 정말 미친 듯이 연구한다든지…. 눈에 띄는 것이 하나는 있어야 선택받을 수 있습니다. 그런데 대부분이 오늘도 내일도 '나'를 채울 생각보다는 맛, 위생, 실력, 학문, 미용, 감각…. 이런 자잘한 포인트에만 집중합니다. '열심히 하다 보면 소문이 나겠지? 열심히 하니 인정해 줄 거야.' 그런 일은 아주 소수에게만 일어납니다. 여러분에게 이렇게 질문해 보겠습니다.

"여러분은 연봉을 얼마나 받아야 마땅하다고 생각하시나요?"

'벌면 다 내 거지, 연봉이고 뭐고가 어디 있어?' 퍼뜩 이런 생각이 드실 겁니다. 그런데 연봉을 책정해야 가격에도 이를 반영할 수 있습니다. 일반적인 헤드헌팅 업체에서는 받고 싶은 연봉의 최소 5배는 매출로 올릴 수 있어야 한다고 합니다. 만약 여러분의 매장이나 브랜드의 매니저가 "대표님, 저 연봉 1억 받고 싶습니다."라고 한다면 계산기를 두드려보세요. 과연 저 직원이 연간 5억 원 정도의 매출을 올릴 수 있는지. 단골 일식집에서 셰프와 이런 이야기를 나눈 적이 있습니다.

"이렇게 '다찌'가 있는 중고가 일식집에서 스시를 쥐는 수준이라면 연봉이 대략 4,000만 원 정도는 되지 않나요?"

테이블 없이 '다찌' 12석이 전부이고, 스시를 쥐는 2명 이외에 두 사람이 더 근무하고 있는 상황을 파악한 뒤에 나온 계산으로 물었습니다.

"그걸 어떻게 아세요? 혹시 일식 하세요?"

업계의 기준은 묻지 않고 이 집의 상황만을 근거로 한 계산이었습니다. 자, 하나씩 따져볼까요? 이곳은 주인장이 알아서 코스로 내주는 오마카세 스타일 일식집입니다.

12석을 점심 한 차례, 저녁 두 차례 돌리면 12 × 3 = 36명

평균 객단가 70,000원

일주일에 하루를 휴일로 잡으면 연간 영업일수 310일

연간 총 매출 7억 8,120만 원

직원 수는 4명

그렇다면 각자 1억 9,530만 원의 매출을 올려야 하는 상황

연봉의 5배는 연간 총매출로 올려야 한다는 기준에 따르면

1인당 적정 연봉은 3,906만 원

업계 평균 정도는 받아야 한다는 억지는 이제 먹히지 않습니다. 직원도 사장님도 몇 점짜리인지 또 얼마짜리인지 정확하게 계산해야 합니다. 부족하면 채워야 합니다. 그런데 얼마를 투자하고 얼마를 벌어야 하는지도 모르는 자영업 오너가 80%가량은 됩니다. 1억 원을 투자했을 때는 얼마? 3억 원을 투자했을 때는 얼마? 이렇게 구체적으로 매출 목표를 세워야 급여도 가격도 산출할 수 있습니다.[1] 투자수익률 분석이 안 되니 고객과 경쟁자들 눈치만 보다 결국 비슷한 가격을 받는 겁니다. '사장이니 남으면 다 내 거다.' 이런 얼토당토않은 생각은 버리시고, 지금 당장 연봉부터 책정한 뒤 매출 목표를 뽑아보세요. 이를 위해 1년 365일 구체적으로 어떤 노력을 기울여야 하는지를 적는 게 바로 사장의 임무입니다.

원가 → 가격 → 매출 → 이익

유기적으로 돌아가기 위해서 그리고 이익을 극대화하기 위해서는 몸값이 중요합니다. 가격을 더 받고 싶으세요? 그럼 제일 먼저 내 아이디어와 영업력 그리고 조직 운영력으로 내 몸값의 5배를 매출로 올릴 수 있는지를 따져보세요.

'나는 더 받아야 하는데.' 하고 생각하지만 능력이 따라주지 않는다면, 나와 내 브랜드 그리고 가격을 어떻게 끌어올릴 것인지 곰곰이 따져야 할 때입니다. 그간 나 자신의 몸값도 모르면서 남들과 비슷하게 받으려고 한 탓에 여러분이 주장하는 가격이 잘 안 먹혔는지도 모르겠습니다. 일단 여러분 연봉 먼저 계산하고, 직원들 몸값 따져보고, 가격은 맨 나중에 건드리시기를 간절히 부탁드립니다.

1 목표 매출 설정에 관한 자세한 설명은 전작 《장사는 전략이다》에서 자세히 다루었습니다.

우리의 가격은 너무 많이 틀. 려. 있. 습. 니. 다.

KICK!

사장님의 인건비는 반드시 가격에 반영되어야 합니다. 이제껏 많은 사장님들이 자신의 인건비를 고정비 항목으로만 계산해 왔는데 제 생각은 좀 다릅니다. 다들 평균적으로 시설, 재료, 원가, 모양, 서비스, 양, 시간 등을 항목으로 잡다 보니 정작 가장 중요한 자신의 창작비를 반영하는 경우는 적었습니다. 영업이익과는 별개로 몸값을 정해보세요. 만약 '1억 원 정도는 돼야지.'라고 생각한다면 내 매장에서 판매하는 평균 가격과 판매량을 계산한 뒤 연봉을 가격에 반영하는 겁니다.

원가를 아무리 계산한들 가격을 올릴 해결책은 나오지 않습니다. 그저 계산기만 붙들고 살게 되죠. 그러면 어떤 일이 벌어지는지 아세요? 사람이 쪼잔해집니다. 더 지불할 능력이 있는 고객이 만족할 만한 혜택은 꿈도 꾸지 못하게 됩니다.

지금부터 일반적인 원가 계산으로는 상상도 하지 못할 가격 전략을 소개합니다. 아예 반대로 가는 겁니다. 내가 받고 싶은 몸값을 정한 뒤 누구에게도 피해주지 않고 그 몸값에 어울리는 혜택을 만들어내면 됩니다.

다음은 제가 도와드린 한 매장의 경우입니다.

하루 평균 방문객 수 200명 × 객단가 10,000원 × 연간 310일 영업
사장의 연봉을 1억이라고 반영한다면,
= 6억 2,000만 원
= 연간 총주문 수 62,000건
= 연봉 1억 원 / 62,000건
= 1,612원

100점짜리 사장님이 되고 싶다면 객단가 10,000원 + 1,612원 = 11,612원을 받을 아이디어를 짜내고, 소비자들에게 이 가격을 어필해야 합니다. 고객과 끊임없이 소통하면서 나와 거래하면 그 누구와 비교해도 손해 보지 않을 것이라는 사실을 알리고 설득해야 합니다. 평균 판매 가격보다 16% 정도 더 받아내려면 고객이 누릴 혜택도 다른 집보다 최소 16% 더 많아야겠죠. 그래서 제가 이 매장을 배너에서 화장실까지 싹 뒤졌던 겁니다. 각각 1%씩 더 강력하게 만들려고요. 딱 한 번만 해보세요. 평생 여러분 것이 됩니다. 여러분이 지금 당장 해야 할 가장 중요한 일은 바로 가격을 창조해내는 것입니다.

334원으로 롤렉스 얻는 법

제목이 좀 자극적이죠? 일부러 롤렉스를 모셔왔습니다. 최적 가격, 최대 가격, 환상적인 가격을 다 배워도 막상 적용하려면 고민이 큽니다. 이거 괜히 가격 인상해서 고객만 놓치는 것 아닌가 싶기도 하고, 불안할 수밖에 없습니다. 제가 수업에서도 강조하는 바입니다만 목표가 명확해야 실행 계획이 나옵니다. "가격 전략을 배워서 적용하면 수익과 이익률이 늘어요." 하는 정도로는 약하지요. 이렇게 열심히 공부해서 현장에서 적용하면 어떤 혜택과 쾌락 그리고 행복을 누릴 수 있는지 보여드려야 이해도 쉽고 실행할 용기도 생깁니다. 그래서 준비했습니다. 일평균 방문객 수 100명, 객단가 15,000원 정도로 일 년에 롤렉스 2개 혹은 에르메스 백 2개 반을 얻을 수 있는 가격 전략을 지금부터 전격 공개합니다.

"처음 가격을 책정할 때 기억나세요? 어떤 기준으로 지금의 가격을 책정하신 거예요?"

사장님들에게 이렇게 질문하면 대답은 다음 세 가지 정도로 좁혀집니다.

첫째, 경쟁자들도 이렇게 받으니까

둘째, 원가를 계산하고 이익을 합산해서

셋째, 이 정도는 받아야겠다 싶어서

다른 대답도 있지만 가장 비율이 높은 답변입니다. 이해는 갑니다. 어느 누가 망할 것을 생각하며 가격을 책정할까요? 나름 합리적이라고 생각한 결과이고 양심적이라고 판단한 가격일 겁니다. 그런데 이 대답들에는 가장 중요한 포인트가 빠져 있습니다. 바로 투자금 회수입니다. "열심히 벌면 금방 뽑을 수 있겠지!" 어림없는 소리입니다. 얼마를 벌어야 하는지, 언제까지 벌어야 하는지 계산이 다 다릅니다. 제품을 론칭하자마자 업계와 소비자의 주목을 한 몸에 받아 날개 돋친 듯 팔리는 경우도 있겠지만, 이때도 마찬가지입니다. 많이 벌수록 많이 남겠지만 정확한 계산은 힘듭니다.

"투자금 회수는 가격 책정에 달려 있습니다."

뭔 소리인고 하니 가격에 반드시 감가상각비를 추가해야 한다는 이야기입니다. 사전에는 이렇게 적혀 있습니다.

감가상각비

기업이 사용하는 기물이나 설비 등은 해마다 소모되는데 이러한 가치의 감소분을 보전하는 절차를 감가상각이라 한다. 기업은 감가분을 제품이나 서비스의 원가에 넣어 적립한다. 적립분은 기물이나 설비가 노후했을 때 바꿀 자금으로 이용된다. 감가상각비란 기물, 설비가 제품이나 서비스 등을 생산하면서 노후한 만큼의 가치를 제품 생산원가에 포함시킬 목적으로 계산한 비용(후략)

출처: 네이버 지식백과

지난 27년간 전국의 자영업 오너들을 취재하면서 감가상각비를 진지하게 고려하고 원가나 가격에 반영한 분은 거의 만나지 못했습니다. 그런 의미에서 강력하게 주장하고 싶습니다. 감가상각비를 계산해서 가격에 반영하자고요. 한 마디로 '내가 투자한 금액 중 시간이 지남에 따라 가치가 사라질 비용'을 계산해서 미리 가격에 포함시키자는 말입니다. '내 돈 투자해서 고객들에게 서비스를 제공하는데 이제껏 이 비용을 가격에 반영하지 않았으니 이제부터라도 꼭꼭 챙겨 넣자.' 이런 주장입니다. 손해는 최소화, 이익은 극대화. 비즈니스의 기본 아니겠습니까?

총투자금액	**2억 5,000만 원**
● 권리금	1억 원
● 보증금	5,000만 원
● 시설투자	1억 원
● 객단가	1만 5,000원

오늘부터 투자금 회수에 대한 고민이 구체적으로 시작됩니다. 권리금 1억 원과 보증금 5,000만 원은 돌려받을 수 있다고 가정하고…. 기물이나 설비 등은 해마다 노후되니까 가치의 감소분이 어느 정도나 될지 비용을 산정한 다음 정당한 가격을 받을 계획입니다. 계산법이 궁금하시죠? 지금부터 잘 따라오시면 됩니다.

$$\frac{\textbf{연간 총매출}}{\textbf{총투자금액}} = 2, 3, 4, 5, 6, 8\cdots$$

전작인 초간단 투자수익률 분석, 《장사는 전략이다》에 공개했던 내용입니다. 이 공식을 활용하면 좋은 몇 가지가 있는데 그중 으뜸은 매일 매출 계획을 세우게 된다는 것과 세컨드 브랜드 론칭 시 투자금을 악착같이 줄이게 된다는 점입니다.

총투자금액이 1억 원인데 연간 총매출이 2억 원이면 저는 지금 당장 정리하라고 권합니다. 총매출이 3억 원이면 먹고는 살지만 세금 낼 때 되면 은행을 찾게 되고, 4억 원 정도 되면 가족 휴가를 해외로 나가기 시작하고, 차를 업그레이드하게 됩니다. 총매출을 6억 원 정도 내는 분들에게는 직영점을 권해 드리고, 8억 원 이상 올릴 자신이 있는 분들에게는 프랜차이즈를 운영해도 충분하겠다고 칭찬해드립니다.

자, 오늘 주인공은 직영점을 고려하는 오너분입니다. 투자수익률 지수가 6이니 일 매출 목표는 다음과 같습니다.

총투자금액 2억 5,000만 원 × 지수 6 = 연간 총매출 15억 원

일주일에 하루씩만 쉴 때 연간 영업일 수 = 310일

일 매출 목표 = 483만 8,709원

객단가 1만 5,000원짜리 상품을 가지고 483만 8,709원이라는 일 매출을 달성하려면 하루에 322명이 찾아와야 합니다. 고객이 안 오면 오게 만들고, 내 제품이 필요한지 모른다면 필요하도록 가르쳐야 합니다. 3년 안에 투자금을 회수한다 생각하고 뛰어야 합니다.

하루 322명 × 930일 (310일 ×3년) = 299,460명

소모될 투자금 1억 원을 내 매장을 방문할 고객 29만 9,460명으로 나누면

334원

소극적으로 적당히 눈치 보면서 정했던 지금의 판매 가격에 334원을 더합니다. 이제 가격은 1만 5,334원이 됩니다. 얼마나 차이가 벌어지는지 확인해 보겠습니다.

일 322명 방문 연 99,820명 방문	**15,000원**	vs	**15,334원**
연간 총매출	1,497,300,000원		1,530,639,880원 – 1,497,300,000원
			33,069,880원

기업이라면 회계 전문가들이 의당 책정했어야 할 감가상각비를 가격에 넣지 않은 덕에 연간 총매출에서 3,000만 원이 넘는 큰돈을 덜 벌고 있었던 겁니다. 334원 때문에 고객이 빠지면 어떻게 하느냐고요? 일단 롤렉스부터 두 개 사고 생각하시죠. 흥분할 만한 경험을 하시게 될 겁니다. 매일매일 어떻게 하면 가격을 올릴까 신나는 고민에 빠지게 될 테니까요.

그러니 내일부터 당당하게 15,500원으로 500원 인상하세요. 단 기존 메뉴판에 매직으로 덧쓰거나 a4 용지 잘라서 덧방 대시지 말고… 새로 가격표를 출력하셔야 합니다. 고객이 눈치채지 못하게 말입니다.

불만 없는 가격 인상, 왜 못해?

"뭐? 케이크 하나에 20만 원이라고?"

청주에는 전국 5대 케이크 부티크로 불리는 '가토주니'가 있습니다. 섹시함 그 자체입니다. 전 세계에서 명함 좀 내민다는 집 케이크는 거의 먹어봤지만 이 집, 상상 이상으로 셉니다. 그러나 대부분 사람에게 가격을 얘기하면 많이 놀랍니다. 서울 강남도 아닌 충북 청주에서 이 가격을 받을 정도면 배짱이 이만저만이 아닙니다. 젊은 부부가 꽤 많이 벌었다고 들었습니다.

"그래도 살 사람은 있다."

'가토주니'의 20만 원짜리 케이크

지역적 한계에도 불구하고, 이 케이크를 가지고 싶은 사람은 이 매장을 찾아가서 만만치 않은 가격을 지불합니다. 가격에 구애받지 않죠. 참 희한한 건 고객은 언제든 비싼 가격을 지불할 준비가 되어 있는데 판매자가 준비되지 않은 경우가 많다는 점입니다. 아마도 내 제품과 서비스의 퀄리티가 어떤지 누구보다 잘 알기 때문일 겁니다. 가격의 '가' 자만 나와도 왠지 모르게 위축됩니다. 제대로 받고 있는 걸까? 경쟁자들은 어떨까? 고객은 만족하고 있을까? 더 받을 방법은 없는 걸까? 호시탐탐 가격 인상을 노리지만, 금세 자신이 없어집니다.

"가격 올렸다가 손님 뚝 끊어지면 어떡해요?"

이내 머릿속이 하얘집니다. '더 버는 것도 중요하지만 지키는 게 더 중요하다.' 저도 잘 압니다. 그런데 머릿속 셈을 아주 약간만 비틀어보면 아주 재미난 결과가 나옵니다. 인간의 특징입니다만, 처음 들은 숫자는 뒤에 나오는 숫자를 판단하는 데 영향을 미칩니다. 처음 들은 숫자가 크면 뒤따르는 머릿속 숫자도 커지고, 반대면 작은 숫자가 연상됩니다.

그래서 "가격을 10% 인상합니다."라고 하면 고객 전원의 의향을 다 물은 것도 아닌데, 어떤 이유나 근거도 없이 '고객도 10% 줄어들 거야.'라고 생각합니다. 오너들 중 열에 아홉은 가격이 10% 오르면 고객도 최소한 10%는 줄어든다고 굳게 믿습니다. 경험을 내세우며 더 줄어들 거라고 주장하는 분도 있겠지만, 이는 가격 인상의 원칙을 모르기 때문에 저지르는 실수입니다.

주목할 만한 사실은 인상을 통해 얻게 될 이익보다 이탈할 고객으로 인해 줄어들 손실금에만 집중한다는 점입니다. 어차피 가능성은 5 대 5인데 플러스보다 마이너스에 더 초점을 맞춥니다. 누가 가르쳐 준 것도 아닌데 말이죠. 사실 여기에는 이유가 있습니다. 인간은 손해를 정말 싫어합니다. 내가 가진 걸 누군가에게 빼앗기는 걸 아주 증오하죠. 돈, 시간, 노력, 애정…. 가지고 있던 '내 것'이 사라질 때는 반드시 그보다 더 큰 혜택이나 만족이 있어야 합니다. 그런 이유에서 가격 인상으로 생기는 이익보다 '사라질지도 모르는' 고객과 이익에 더 집중합니다. 하지만 결과는 예상과 아주 다릅니다. 예를 하나 들어볼까요?

현재 팔고 있는 제품의 객단가는 7,000원입니다.
월 1억 원의 매출을 올리고 있습니다.
이 매출을 올리려면 14,285명이 한 달 동안 찾아와야 합니다.
영업일을 25일로 잡으면 하루 평균 571명의 고객이 다녀가는 셈입니다.
가격을 10% 올리면 (순전히 가격만 올린 겁니다) 판매가가 7,700원이 됩니다.
이때 원래 와야 할 고객 14,285명 중 10%가 빠져나갈 것인가가 고민입니다.

14,285명 - 1,428명 = 12,857명

가격을 7,700원으로 인상했으니 7,700원 × 12,857명 = 98,998,900원

매출이 100만 1,100원 줄어들었습니다. 이렇게 계산하면 사라지는 것들에만 집중하게 됩니다. 뜯어보면 전혀 아닌데 말이죠. 고객은 10%가 빠졌지만 매출은 1%가 줄었으니 원가만 생각해도 정답은 보입니다. 그래도 불안하다면 계속 읽어나가시죠.

가격 인상에는 마법이 필요합니다. "물가상승률에 맞춰 나도 올렸다." 이런 소리를 늘어놓으면 고객은 뻔한 장사꾼이라고 생각하기 쉽습니다. 이들의 보이지 않는 욕구까지 채워주기 위해 접시, 기구, 장식 등을 바꾸거나 모양, 사용법 등을 업그레이드합니다. 기존 가격을 잊게 할 만한 단서들이 필요하니까요. 어차피 올릴 거 이왕이면 고객에게 무조건 빼앗아 오는 게 아니라 "이런 방식으로 저희 제품과 서비스를 업그레이드했으니 너그럽게 이해해 주세요."라고 제안하자는 소리입니다.

어느 날 매장 문을 열고 들어온 고객이 상품을 고르다가 말합니다.

"어, 가격이 올랐네…."

가격이 혁명적으로 인상되지 않는 이상 고객은 일단 기다려줍니다. 그런데 건네받는 제품이 가격 인상 전과 같습니다. 아무리 물가상승률이 올랐다는 둥 이러쿵저러쿵해도 배신당한 기분이 듭니다. 왜? 고객은 머릿속에 기존에 거래하던 계약조건들을 넣고 찾아왔는데 갑자기 교환 가치가 달라졌으니까요. 같은 제품에 몇십 원, 몇백 원이라도 더 지불해야 한다면 불쾌한 것이 당연합니다. 그런데 그릇이, 모양이, 서비스가 바뀌었다면 그나마 수긍합니다. 알면서 속아주기도 하고 진심으로 그 가치를 인정해주기도 합니다.

이렇게 생각이 갈리는 소비자를 반반으로 잡아보겠습니다. 그리하여 10% 가격을 인상했을 때 기존과 다른 제안과 혜택으로 발생하는 유실, 즉 빠져나가는 손님이 5%라고 잡아보겠습니다.

판매가격은 10% 인상된 7,700원

기존 가격 7,000원에 거래하던 고객의 수는 1만 4,285명

이 중 5%에 해당하는 714명이 빠져나갔다 치고 계산하면

7,700원 × 1만 3,571명 = 1억 449만 6,700원

월 450만 원 정도 매출이 더 오릅니다.

단순 계산으로 세후 이익률이 20%였다면

판매가격 7,000원, 월 매출 1억 원 → 2,000만 원

판매가격 7,700원, 월 매출 1억 449만 6,700원 → 2,089만 9,340원(5% 유실 시)

매출과 이익 모두 약 4.5% 정도 올랐음을 확인할 수 있습니다. 고객이 사라진 만큼 절약되는 원자재 가격, 인건비 등은 계산을 단순화하기 위해 뺐습니다. 어차피 덜 일하고 더 남기는 결과를 만들어낸 것이니까요.

가격 인상은 주먹구구식으로 하는 게 아닙니다. 남들 올리니까 나도 따라 올려야지 하다가는 주도권을 잃고 맙니다. 가격 인상에 비례해 고객은 얼마나 빠질까요? 10%? 8%? 4%?

표를 한 번 만들어 보세요. 그리고 자신을 가지세요. 여러분 자신을 믿으시고요. 가격이 오르면 단서도 바뀌어야 한다는 사실도 꼭 기억하세요.

오늘부터 여러분의 가격 인상에는 이유가 있습니다.

가격은 심리전입니다

“여러분의 제품은 그리고 서비스는 반드시 그 무엇과 비교당합니다. 비교의 끝에서 승부는 결국 가격으로 나게 되죠. 그래서 꼭 부탁드리고 싶은 게 하나 있습니다. 제발 비교당하지 않을 무기를 만드세요. ‘어라? 이 상품은 처음 보는 건데, 이건 형식이 완전히 새로운데….’ 이런 소리를 들어야 가격도 비교당하지 않습니다. 인간이 4번째로 싫어하는 게 비교당하는 것인데 우린 너무나 쉽게 1년 365일 내내 비교당하고 있습니다. 고객들이 느끼기에 기존의 상품과 동떨어지면 동떨어질수록 강력한 무기가 되고, 그 틈만큼 가격을 올릴 수 있습니다.”

여의도에 있는 한 갈비탕 전문점 사장님이 고민에 빠졌습니다. 고기도 바꾸고, 육수 내는 물도 바꾸고, 유니폼도 교체하고, 서비스 교육도 도입했지만 고객은 조금씩 줄어들었습니다. 처음에는 불경기려니 했습니다. 그런데 한 단골손님으로부터 충격적인 이야기를 들었습니다.

“새로운 메뉴를 좀 넣어보시면 어때요? 요새는 분식집에서도 갈비탕 팔잖아요. 맛도 다 거기에서 거기고….”

자존심이 확 상했지만, 단골의 의견이니 그저 무시할 수만은 없었습니다. 저는 울상이 된 대표님에게 몇 가지 코치를 해드리고 나오면서 한 가지 선물을 드렸습니다.

“지금 밥을 어떻게 제공하세요? 그냥 공깃밥 내주시죠? 대한민국 갈비탕 집에서는 한 번도 시도해보지 않은 콩나물밥으로 바꾸시죠. 큼직한 대접에 2~3인분씩 덜어줘도 좋고…. 인건비 들겠다 싶으면 아예 테이블 하나를 ‘셀프 콩나물밥 코너’로 만들어보세요. 대접 쌓아놓고 양념장 직접 떠서 먹을 수 있게요.”

제가 최우선으로 삼는 것은 늘 가격입니다. 사실 이 아이디어를 드린 근본적인 이유도 가격을 1,000원 더 올릴 수 있게 하기 위해서였는데…. 이 넉넉한 사장님은 그러시더군요.

“이제껏 여의도에서 그 많은 업소와 경쟁하면서 버티게 해주신 고객들이잖아요. 그냥 서비스로 드리고 싶어요.”

초대박이다 싶었죠. 고객들의 반응은 정말 뜨거웠습니다. 비즈니스와 가격은 심리전입니다. 지불한 금액만큼 돌려받았다 싶으면 다음에 또 거래해야지 생각하지만, 더 많이 돌려받았다고 생각하면 고객은 결심합니다. ‘이 집 꼭 기억해둘 거야. 아끼는 지인들도 데리고 와야지.' 하고 말입니다. 왜냐고요? 다음의 비교를 보시면 금방 이해가 가실 겁니다.

일반 갈비탕 11,000원	VS	콩나물밥 갈비탕 11,000원
갈비탕 + 김치 + 공깃밥 + 소금 + 다대기 + 물 + 밑반찬 + 테이블 + 화장실		갈비탕 + 김치 + 콩나물밥 + 소금 + 다대기 + 물 + 밑반찬 + 테이블 + 화장실

다른 조건이 같다면 고객은 차이가 나는 포인트에 주목하고 분석합니다. 내가 지불한 가격에서 그 차이가 얼마에 해당할까? 무의식적으로 쭉 훑어보다가 '어? 이 집은 그냥 공깃밥이 아니고 콩나물밥이네.' 이 정보가 뇌에 들어가면 그간의 경험을 바탕으로 스캔합니다. 이 과정에서 준거가격이 드러나기도 하고 가격유전자가 짠! 등장하기도 합니다.

"콩나물밥이라. 아무리 싸도 3,000원은 하지 않겠어?"

고객은 이때부터 심리전에 참여합니다. 한마디로 걸려들었습니다. 여러분이 업장에서 비누를 바꾸든, 휴지를 교체하든, 기계를 새로 들여놓든 배경에는 다 이런 심리가 내재되어 있지 않은가요? 더 잘 모시고 싶고, 더 인정받고 싶고, 더 많은 고객이 나의 이런 노력을 인정해서 많이 방문해줬으면 좋겠고…. 딱 그 생각만큼 가격을 더 받을 수 있습니다. 고객이 평균적으로 3,000원의 가치를 인정해준다면 머릿속에 가지고 있던 11,000원이라는 기존의 가격유전자에 3,000원을 더하게 됩니다. 정확히 계산하려면 공깃밥 가격은 빼고 계산을 해야 하지만 추가로 얻는 혜택에 대해서는 아주 인자하고 너그럽습니다. '갈비탕과 콩나물밥의 가격을 합하면 14,000원인데 갈비탕만 달랑 주는 경쟁자와 동일한 11,000원에 주겠다 이거지? 오늘 뭔가 횡재한 듯한 기분이 드는데.' 신나고 흥분되는 거래를 했다고 판단한 고객은 계산대 앞에서 밝아집니다.

"이야, 콩나물밥 맛있네요. 사장님 책임지세요. 두 그릇이나 먹었단 말이에요."

평상시와는 달리 카드를 두 손으로 내밉니다.

퇴근 후 집에 돌아온 이 고객은 텔레비전 앞에서 이내 홈쇼핑 시청자로 변신합니다.

"여보, 여보! 요리에 딱 맞는 온도가 되면 프라이팬 한가운데가 빨간색으로 변한대."

이제껏 사용해왔던 프라이팬에는 그런 기능들이 없었으니 완전히 새롭습니다. 프라이팬의 온도를 제대로 못 맞춰 설익거나 태워먹은 기억이 자연스레 떠오릅니다.

거의 모든 인간은 신상품을 접하면 비슷하게 행동합니다. 기존에 사용하던 제품과 새로운 상품을 비교하는 거죠. 만약 이 새롭게 등장한 친구가 내가 지금까지 가지고 있던 불편이나 불만 그리고 고통을 없애주고 단 몇 %라도 행복을 줄 것 같으면 흥분합니다. 이 자극은 충동으로 이어집니다.

하지만 이내 저항에 부딪힙니다. '프라이팬을 또 산다고? 낭비가 아닐까?' 새로운 기능을 또박또박 설명하는 쇼호스트가 고맙기도 하지만 동시에 밉기도 합니다.

"저 프라이팬만 있으면 고깃집에서 직원들이 들고 나오는 레이저 온도계가 필요 없겠네."

새로운 프라이팬의 시각 정보가 너무 충격적입니다. 온도계? 프라이팬? 그렇네. 고깃집에서 직원들이 숯이나 불판에 쏴주던 레이저 온도계가 필요 없겠네…. 프라이팬의 새로운 기능이 온도계를 대체할 수 있다면 그 가격만큼 새로운 제품의 가격에 너그러워집니다. 두 가지 기능을 다 갖추었으니 당연히 그만큼은 지불해야 한다고 판단합니다. 그래서 다들 목숨 걸고 기존 제품과 신제품의 차이를 보여주려 애를 씁니다.

특히 새롭게 등장한 기능은 불편을 없애줘야 합니다. 비주얼은 정말 강력한 무기입니다. 사실 홈쇼핑 같은 채널에서 노리는 게 이겁니다. 논리도 중요하지만 일단 시각 정보가 강해야 합니다. 아직도 기억이 납니다. 쇼호스트 이고운영 씨가 초창기에 비데를 팔다가 이런 고민을 했습니다. '다들 기능이 좋다는데…. 다들 위생적이라는데…. 다들 자기 브랜드 퀄리티가 최고라는데…. 보이지 않는 걸 보이게 하는 방법이 없을까?' 결국 다른 쇼호스트들이 주야장천 비데의 물만 틀어댈 때, 그는 주먹을 쥐고 엄지와 검지가 만나는 골에 된장을 발랐습니다. 그리고 비데 물줄기에 댔습니다. 시원하게 씻겨나가는 된장 덕분에 비데의 성능이 드러났습니다. 그동안 베일에 싸여 있던 이 비데 녀석의 진가가 제대로 드러난 거죠.

다음은 소비자의 뇌 속에서 매일 수십 번도 더 벌어지는 일상입니다. 새로운 정보가 입력되면 소비자는 기존의 데이터베이스와 비교하면서 왜 이 신제품을 사야 하는지 이유를 찾습니다. 별것 없으면 그대로 끝나는 거고, 아니면 구매를 통해 누리게 될 혜택을 가격으로 셈합니다. 로또에 3번 연속 당첨되었거나 부모님에게 100억쯤 물려받은 소비자가 아니라면 거의 같습니다. 인터넷에서 레이저 온도계 가격을 한 번 쓱 체크하고는 이내 최신형 프라이팬 결제에 들어갑니다.

새 프라이팬에 등심을 구워 먹을 설렘에 잠을 설쳤습니다. 다음 날 출근을 하고 오전 업무를 하는 데 일이 손에 잡히지 않습니다. 프라이팬에 고기 말고 유산슬을 요리해도 되나…? 국장이 점심을 먹으러 가잡니다. 다 함께 요즘 최고로 핫하다는 '숨 쉬는 순두부' 집에 들어갔습니다. 커다랗게 쓰인 신메뉴가 하나 들어옵니다.

'대게장 순두부'

대박! 고기 김치 해물 짬뽕 갖은 순두부를 다 먹어봤지만 대게장 순두부는 처음입니다. 가만있자 가격이… 8,500원. 그 아래를 보니 해물 순두부는 7,500원. 자, 고민에 들어갑니다. '비교의 대상인 해물 순두부보다 과연 1,000원의 가치가 더 있을까? 그럼, 귀하디귀한 대게장인데! 게다가 처음 먹어보는 메뉴 아닌가. 그래 결정했어.'

"국장님, 저는 대게장 순두부로 하겠습니다."

비주얼도 끝내줍니다. 이 정도면 1,000원의 가치가 충분한데….

퇴근 후 들른 헤어숍에서 디자이너가 묻습니다.

"커트 하시고 나서 샴푸 하실 때 일반으로 해드릴까요? 탄산으로 해드릴까요?"

머리가 또 한번 복잡해집니다. 프라이팬 때도, 순두부 때도 비슷한 경험을 했습니다.

'탄산이라는 최신 '기술'이 동원되었다 이거지? 그럼 가격이 그만큼 비싸겠군. 그나저나 비교의 대상이 없네.'

망설이고 있는데 디자이너가 가격은 같다고 합니다. 그럼 뭐 따질 게 있습니까? 당연히 탄산 샴푸죠. 여러분이나 저나 일반 소비자나 판매자나 매일매일 비교당합니다. 비슷한 것들과요. 기능이 비슷하거나 모양이 비슷하거나 성분이 비슷하면 비슷한 가격을 받아야 하고, 뭔가 다르다면 딱 그 다른 만큼 더 받을 수 있습니다.

가격을 책정하기 이전에 꼭 한 번 생각해 보세요. 나는 과연 어느 제품과 비교를 당할까? 그리고 가격을 인상하고 싶다면 경쟁자들을 둘러보세요. 그 사람들이 공통으로 하는 것과 하지 않는 것을 구분한 뒤 가격으로 인정받을 만한 기술과 재료를 도입하세요. 가능하면 소비자가 값어치 있게 떠올릴 만한 시각 정보와 연상 그리고 상징이 필요합니다. 비싸게 받기 위해 전복, 캐비어, 탄산, AI, 초미세, 티타늄 코팅, 자율주행 같은 가치 있는 수식어들과 상징들을 연결했는데 누군가 시장 안에서 비슷한 상품과 서비스를 이미 제공하고 있다면 아무리 '신상품'이어도 비교당하게 됩니다.

진정으로 당신만의 가격을 가지고 싶다면 에디슨처럼 천만 가지 조합을 시도해보셔야 할 겁니다. 단, 조건이 있습니다. 무조건 새로워야 한다는 강박에 시달리다 엉뚱한 곳으로 튈지도 모르니 가이드를 하나 드리겠습니다.

1,000원을 더 받고 싶다면 2,000원만큼, 10,000원을 더 받고 싶다면 20,000원만큼 고객을 '더' 행복하게 만들 방법을 먼저 고민하세요. 내가 아닌 고객이 느끼고 판단해줄 그 무언가를 찾는 전쟁이 바로 가격 심리전입니다.

PART3

사장님들,
선 좀 넘어봅시다

PRICE

파벽작로(破壁作路),
벽을 무너뜨리면 길이 된다

진짜 원하는 가격을 받기 위해서는 몇 가지 체크해야 할 사항이 있습니다.

1. 고객의 불편이나 고통을 없애줄 수 있을까?

2. 내 제품이나 서비스를 구매한 고객이 이것을 과시할 수 있을까?

3. 고객이 내 브랜드를 경험했다는 사실을 자랑스러워할까?

4. 가지고 싶은 걸 갖게 됐다는 만족감이 있을까?

5. 나의 제품과 서비스로 인해 그들이 더 아름다워 보일까?

별걸 다 고민한다고 이야기하실지 모르겠지만 이 항목들이야말로 여러분의 진짜 가격을 만들어주는 핵심입니다. 이 여섯 항목을 모두 만족시킬 수 있다면 여러분은 원하는 가격을 받을 수 있습니다.

사우나를 하나 기획해 볼까요? 기존 입장료인 10,000원보다 30%를 더 받고 싶다고 칩시다.

1. 자동 때밀이

2. 대기실의 황금의자 포토존

3. 종류가 다른 5가지 탕

4. 만족한 고객에게는 20% 할인 쿠폰 증정

5. 물과 공기가 다른 사우나

지금 생각나는 것은 대략 이 정도입니다. 여러분이라면 이보다 훨씬 근사하고 가치 있는 사우나를 만드실 수 있을 겁니다. 하지만 자영업 오너들 대부분은 몰라서, 귀찮아서, 여의치 않아서, 자신이 없어서 하나둘 포기합니다. '머리가 깨지도록' 준비해야 하는 이 아이디어들이 '가격의 자격'이라는 사실을 모른 채 말입니다. 결국 버린 만큼 덜 받게 됩니다. 설계도가 잘못되었다는 이야기는 이럴 때 어울리겠네요. 최고의 가격으로 대우 받고 싶다면 소비자들이 그냥 가지고 싶은 제품이 아니라 미치도록 가지고 싶은 제품과 서비스를 만들어내야 합니다.

이를 위해서 기존에 가지고 있는 것 중에서 무엇을 버리고, 어떻게 변형하고, 여타 브랜드들과 다르게 평가받을 수 있는지 초집중해야 합니다. 어정쩡한 비슷함이 여러분의 가격을 망가뜨린다고 앞서도 강조한 바 있습니다. 달라야 합니다. 고객의 간택을 받을 수 있도록 완전히 달라야 합니다. 상상도 해본 적이 없는 상품이라고 생각할 만큼 달라야, 선을 넘고 도가 지나쳐야 충격적인 가격을 받을 수 있습니다.

"앞으로, 앞으로, 앞으로 앞으로~."

누구나 지구가 둥글지 않다고 생각했던 시절이 있었습니다. 지구는 네모나게 생겨서 바다 끝까지 가면 낭떠러지에서 떨어져 죽는다고 생각했습니다. 그러던 어느 날 선을 넘어선 사람이 등장합니다. 네, 콜럼버스입니다. 어느 신대륙을 누가 언제 발견했느냐는 중요하지 않습니다. 중요한 건 그가 향신료를 얻기 위해 '상식'의 선을 넘었다는 사실입니다. 그는 왜 목숨을 건 항해를 시작했을까요? 도대체 왜 모두가 말도 안 된다고 판단한 모험을 감행한 걸까요? 그는 탐험가이기 이전에 우리 비즈니스맨들의 선배입니다. 콜럼버스가 폼으로 신대륙을 찾아 나선 것은 아닙니다. 뚜렷한 이유가 있었습니다. 소비자들이 그토록 간절히, 미치도록 원하는 후추를 찾아 나선 겁니다. 냉장 냉동 시설이 부족했던 그 시대에 최고의 쾌락과 행복은 후추였습니다. 그 덕에 금보다 귀한 가격을 받을 수 있었습니다.

원하는 가격을 받고 싶으면 이처럼 용기가 필요합니다. 선도 넘어야 합니다. 목숨을 건 모험이 필요하다는 소리입니다. 전쟁도 비슷합니다. 국가 내부에 심각한 갈등이 생기거나 물자가 부족해지면 생존을 위해 선을 넘어야 합니다. 생각해 보세요. 국경을 넘어 남의 땅에서 내가 원하는 것을 가지려면 무엇이 필요할까요? 그들이 가진 것보다 훨씬 강력한 무기와 전략이 필요하겠죠. 그들의 문화도 이해해야 하고 가끔은 회유와 교육도 필요합니다.

이는 우리가 그토록 강조하는 제품과 서비스 그리고 가격과 정말 닮아있습니다. 시장점유율을 높이려면 누군가 이미 점유한 시장에 침투해야 합니다. 당연히 내 시장이 아니라고 판단했던 곳에 깃발을

꽂고 그들이 나의 제안을 받아들이도록 강제할 수 있어야 합니다. 제러드 다이아몬드가 '총, 균, 쇠'를 강조했다면 전 여기에 한 가지 더 덧붙이고 싶습니다.

'총, 균, 쇠, 가격'

자본주의 시장에서 가장 강력한 무기는 가격입니다. 가격이 품질도, 아이디어도, 욕구도, 행복도 좌지우지합니다. 경계를 넘어서야 혁명이 일어나죠. 전 세계가 휴대폰 기능 개발에 올인했을 때 혁명가들은 폰 시장의 선을 넘어 카메라 시장으로 쳐들어갔습니다. 스마트폰 카메라를 단순히 기능 대 기능의 결합이라고 생각하면 생각이 후져집니다. 이건 분명 도전이었습니다. 카메라 기업들은 처음엔 비웃었습니다. 그 정도 퀄리티로 카메라 시장을 잡아먹을 수 있겠느냐고. 눈앞에 드러난 빙산의 일각만 보고 스마트폰을 얕잡아 본 거죠.

선을 넘는 자들은 용맹합니다. 무서울 게 없습니다. 영토를 확장할 수만 있다면, 내 생각을 좀 더 많은 사람에게 전달할 수만 있다면 그까짓 카메라 정도가 아니라 거울도, 달력도, 지도도, 신문도, 방송도, 사전도, 캠코더도, 노트도, 컴퓨터도 심지어 인간관계까지 넣을 각오가 되어있습니다. 이들은 결국 선을 넘어 기득권층을 쫓아내고 끝내 멸종시켜 버렸습니다. 디지털카메라 브랜드들은 영토를 빼앗기고 나서야 알아챘습니다. 선을 넘는다는 게 얼마나 중요한지….

선을 넘기 위해서는 나를 알아야 합니다. 소크라테스의 "너 자신을 알라."라는 말은 아마도 '주제넘게 오버하지 말라'는 소리가 아니라 너의 경계를 정확히 알아야 탄탄히 준비하고 선을 넘을 수 있다는 조언이었을지도 모르겠습니다. 나의 능력을 객관적으로 파악하고, 나와 경쟁하는 이들이 누구이며, 고객이 나 대신 택할 수 있는 대안이 무엇인지 냉정하게 분석할 필요가 있습니다. 그래야 어느 선을 넘을지 어느 벽을 무너뜨릴지 결정할 수 있습니다.

나와 내 제품을 분자 단위로 나누어 봅시다. 만약 숙박업을 하고 있다면 다음과 같이 나눌 수 있습니다.

엘리베이터 + 방 + 욕실 + 침대 + 컴퓨터 + TV + 욕조 + 에어컨 + 옷걸이…

일반적인 구성입니다. 이 분자들과 함께 나의 상태 그리고 나와 시장을 나누고, 또 나를 대체할지도 모르는 선택지를 골라봅니다. 그 끝이 어디인지는 아무도 모릅니다. '도달불능점'이라는 것을 아시나요? 해안선으로부터 가장 먼 지점을 말하는데 사실 인간으로서는 접근하기 매우 어려운 지역을 말합니다.

가장 유명한 도달불능점은 남극에 있습니다. 평균 온도가 영하 89℃로 경계인지 한계인지 구별이 안 될 정도입니다. 이만큼 사고를 확장해야 혁명을 일으킬 수 있습니다. 제품과 서비스의 혁명 그리고 가격의 혁명. 적당히 선을 넘으면 적당히 높은 가격을 받는 데 그치지만, 도달불능점이라고 생각한 선까지 넘는다면 범인(凡人)은 감히 상상도 할 수 없는 '도달불능 가격'을 받을 수 있습니다.

식물원 노천온천 VR 360도 샤워 스타일러
엘리베이터 + 방 + 욕실 + 침대 + 컴퓨터 + TV + 욕조 + 에어컨 + 옷걸이…
산소방 지압 프로젝터 산소발생

상상의 나래를 펼쳐봅시다. 필수 구성요소라고 생각하는 것의 끝은 어디일까? 인간의 욕구 충족과 쾌락을 위해 어디까지 상상해볼 수 있을까? 이미 실현된 것도 있고 또 될 것도 있을 겁니다. 사고를 확장해서 경계를 파악하고, 그 선을 넘어갈 방법을 찾습니다.

파벽작로(破壁作路)

사전에 나오지 않는 사자성어입니다. 너무나도 좋은 뜻을 가진 문장을 보고 제가 만들었기 때문입니다.

"벽을 밀어서 넘어뜨리면 길이 된다. 그리고 그 길은 벽을 넘어뜨린 자의 것이다."

"에이, 우리 업종에서는 이 정도면 충분해." 하는 식의 상식적이고 평균적인 사고는 선을 넘으려는 도전자들에게 아주 쉽게 따라잡힙니다. 고객은 다양한 제안과 디테일 그리고 이제껏 경험해보지 못한 재미난 아이디어에 반합니다. 그러니 스스로 정한 경계에 갇혀 관습적으로 내놓는 흔하고 뻔한 아이디어로는 고객을 사로잡기 어렵습니다. 저는 여러분이 이 책을 통해 선을 넘고, 도가 지나친 사업가들이 되었으면 좋겠습니다. 선을 넘는다는 건 생존을 위한 영역 전쟁입니다. 그리고 살아남는 건 언제나 선을 넘어선 사람들입니다. 자, 우리 모두 지나치게 선을 넘어보는 건 어떨까요?

새로운 가격유전자 만들기

가장 가운데 있는 사진은 일반 족발집에서 만날 수 있는 상차림입니다. 제가 앞에서 선을 넘고 경계를 넘어가자고 주장한 이유는 바로 가격 때문입니다. 상식적이고 관습적인 사고패턴으로는

일반 족발집의 선을 넘는 예시

경.쟁.자.만.큼.만 받을 수 있기 때문이죠. 경계의 끝까지 아이디어를 확장하는 것은 나의 남다른 생각을 고객에게 전달하기 위해서입니다.

"자, 제가 이런 아이디어까지 냈습니다. 고객 여러분, 제 생각에 동조하고 저의 제품을 사시겠습니까?"

나의 생각을 고객의 뇌 속에 이식하고, 이제껏 없었던 제품 또는 없었던 서비스라는 사실을 인지시켜 아직까지 그 누구도 받아본 적 없는 새로운 가격을 받아 내는 것이 우리의 목표입니다. 족발 상차림을 한번 볼까요? 외식업종이 아니어도 자신의 제품이나 서비스를 이렇게 나열해 보면 응용하기 쉽습니다.

부추 + 쌈 + 김치 + 채소 + 젓갈 + 새우젓 + 족발 + 국물

이 구성을 어디까지 확장해서 선을 넘고 새로운 시장으로 넓힐 것인지 집중해 봅시다. 해체부터 하지 않으면 그 어떤 아이템도 진화할 수 없습니다. 뭉뚱그린 덩어리로 '영악해진' 고객을 설득하기란 하늘의 별 따기입니다. 아이템을 구성하는 분자 중 단 하나라도 평균보다 도드라져야, 툭 튀어나와 시선을 끌 수 있어야 고객은 내 제품과 가격에 주의를 기울입니다.

고객은 시선이 닿는 찰나와 같은 그 짧은 순간에 '다름'을 느껴야 관심을 갖고 마음을 움직입니다. 이렇게 튀는 부자의 수가 많으면 많을수록 흥미가 커집니다. 이것이 일반, 상식, 평균을 특별, 변형, 고급으로 바꾸는 과정입니다.

- **부추 무침 → 경상노식 부추씸**
- **쌈 → 직접 재배**
- **무말랭이 김치 → 보쌈김치**
- **자른 채소 → 미크로비오틱 스타일로 줄기까지**
- **새우젓 → 새우잡이 배 계약**
- **족발 → 학센, 크리스피 빠타**
- **된장국 → 해물탕**

경계와 선을 한 번 넘었다고 끝이 아닙니다. 이건 워밍업일 뿐입니다. 조금만 스마트한 오너들이라면 충분히 상상할 수 있을 정도의 경계. 우리는 이걸 뛰어넘을 겁니다. 이 과정이 정말 중요합니다. 경쟁자와 멀어질수록 고객과는 더 가까워집니다. 은연중에 넘어서는 안 되는 경계라고 생각한 이 선을 넘어야만 고객에게 한 발짝 더 가까이 다가갈 수 있습니다. 평범하지 않은, 그래서 더욱 마음이 끌리는 그런 상품과 서비스를 제공하려면 어떻게 해야 할까요? 자, 뇌 에너지를 소모해 봅시다.

- **부추 무침 → 경상도식 부추찜 → 부추전**
- **쌈 → 직접 재배 → 스마트 컨테이너, 팜**
- **무말랭이 김치 → 보쌈김치 → 강순의 명인 김치**
- **자른 채소 → 미크로비오틱 스타일로 줄기까지 → 테이블 채소 재배기**
- **새우젓 → 새우잡이 배 계약 → 수제 젓갈 제조**
- **족발 → 학센, 크리스피 빠타 → 하몽**
- **된장국 → 해물탕 → 해물전골**

오른쪽으로 갈수록 더 가치 있고 격이 있게 느껴집니다. 이런 작품을 만들 수 있는 것은 점진적 사고법 때문입니다. 사막에서 바늘 찾듯 '어디서부터 시작하지?' 하는 고민에만 머물면 자꾸 주위 사람들에게 질문만 하게 됩니다. 자라온 환경이 다르고 DNA가 다르다 보니 돌아오는 대답은 각양각색이죠. 혼돈만 가중됩니다. 머리가 지끈지끈 아파옵니다.

하지만 지금 당장 반드시 해결해야 할 문제라고 판단하면 답을 찾기 위해 단계 하나하나를 딛고 일어설 예리한 무기를 만들게 됩니다. 생각이 생각을 낳고, 영역이 확장되면서 결국 고급스러운 아이디어가 완성됩니다. 확실히 왼쪽에 나열된 구성 요소보다는 오른쪽이 더 가지고 싶으시지요? 이렇게 아이디어를 확장해 가치를 만들어냈습니다. 이 가치들이 곧 가격유전자를 구성하는 분자들이 됩니다. 당연히 비슷비슷한 브랜드들보다 훨씬 더 높은 그리고 가치 있는 가격을 책정할 수 있습니다.

비즈니스를 기가 막히게 하는 분들의 공통점을 보면 남들보다 시야가 2배, 3배 더 넓습니다. 그들에게는 내 카테고리만 보는 게 아니라 선을 넘고 경계를 넘어서는, 즉 나와는 관계가 없다고 느끼는 영역까지 관찰하고 분석하는 능력이 있습니다. 이 시력을 저는 '주변시력'이라 부릅니다.

자신을 스스로 가두면 멸종하지만, 늘 주변시력을 키우려고 노력하면 사회와 문화를 이끌어갈 수 있습니다. 이것은 선을 넘는 자들만의 특권입니다. 이 세상에 태어난 이상 최소한 "아, 그 사람!" 하면 떠오르는 대명사 하나쯤은 만들어야 하지 않을까요? 나와 가족 그리고 후손들을 위해 말입니다

가르쳐주지 않으면 아무도 원하지 않는다

저는 평소 TED 강연을 많이 봅니다. 세계적인 석학들이 펼치는 15분간의 강연은 그야말로 짜릿합니다. 한평생을 바쳐 연구한 내용을 그 짧은 시간 안에 담다 보니 지식의 밀도가 상당히 빽빽하고 다루는 내용도 방대합니다. 그중 저는 행동경제학자, 심리학자, 마케터, 예술가, 스타트업, 수학자, 역사학자, 음식 전문가의 영상을 주로 보는데, 단 한 줄이라도 궁금증이 생기면 구글 학술 검색 사이트 '스칼라'를 방문해 논문을 찾습니다.

어느 날 세계적인 스타 마케터 세스 고딘의 영상을 보는데 소름이 끼쳤습니다. 경계와 선에 관해 몇 달째 고민 중이던 저에게 한 줄기 빛이 내리쬐는 것만 같았죠. 지금은 너무나도 익숙해진 슬라이스 식빵은 불과 100여 년 전만 해도 한 덩어리였습니다. 우리가 자주 구매하는 슬라이스 식빵은 오토 로웨더가 커팅기를 만들어 내기 전까지는 존재하지 않았습니다. 더 놀라운 사실은 발명 이후 15년간 이 엄청난 기술을 알거나 구매하려 했던 사람이 단 한 명도 없었다는 점입니다. '원더'라는 기업이 나서서 이 놀라운 기술을 대중에 전파하기 전까지 아무도 이 기술을 원하지 않았습니다.

누군가 만들기 전까지 아무도 이 기술을 원하지 않았다.

이 내용을 듣자마자 온몸에 소름이 돋았습니다. 그렇습니다. 이전까지 존재하지 않았으니 몰랐을 테고, 알려지지 않았으니 몰랐을 테고, 써보지 않았으니 몰랐을 테고…. 모르는 걸 원할 수는 없는 법이죠.

일부러 원하지 않은 게 아니라 몰라서 원하지 않았던 겁니다.

비즈니스와 가격의 핵심이 이 한 문장 안에 다 들어있습니다. 너무나 당연한 것이지만 살짝 비틀어보면 선과 경계를 설명하는 데 정말 중요한 포인트입니다. 제조자나 판매자 어느 누구도 이제껏 선을, 경계를 넘지 않았기 때문에 소비자와 고객이 필요를 느끼지 못했던 것입니다. 있었다면, 그리고 알았다면 그 기술, 그 제품, 그 서비스를 원하는 사람은 분명히 존재했을 것입니다.

"용기 있는 자가 나서서 경계를 허물고 선을 넘어서 새로운 문화를 만들면 필요가 생긴다."라는 저의 주장을 뒷받침해 주는 것 같아 신이 났습니다. 뒤에서 이야기할 커피숍에서 파는 바나나도 그렇고 과일가게에서 파는 커피도 그렇습니다. 어떤 것이 만들어지기 전까지 우리는 그것의 필요를 못 느낍니다. 그러다가 한 명이 선을 넘으면 시장 전체가 우르르 몰려갑니다. 처음에는 어색하고 생소하지만, 시간이 지나면서 원하는 사람들이 많아지면 트렌드로, 문화로 정착됩니다.

이런 혁명적 사고를 하는 한 오너가 다음과 같이 고민합니다.

'왜 맨날 부르스타를 써야 하지? 위험하잖아! 어린아이라도 동반하면 화상의 위험도 있고…. 뭔가 새로운 장치가 없을까?'

그렇게 테이블 화구의 선을 넘은 것이 인덕션과 하이라이트입니다.

'수능 준비를 하는 학생들이 더 집중할 수 있게 도울 수 없을까? 흔하디흔한 강의실 말고 좀 더 진화된 시스템은?'

그렇게 병원의 산소발생기가 선을 넘어 학원 강의실로 들어갔습니다.

'모텔 방에서 할 수 있는 더 신나고 에너지 넘치는 '재미'는 없을까?'

결국 방 안의 방, 노래방이 선을 넘어 모텔 룸 한쪽에 자리 잡게 되었습니다. 이 모두가 누군가 만들어내기 전까지는 아무도 원하지 않았던 생각이고 기술이고 서비스입니다.

제가 한참 준비 중인 라이브 커머스 플랫폼 '라이브컴'에는 색다른 서비스가 있습니다. 바로 온라인에서 전국 맛집의 밀키트를 구매할 때 금액에 따라 할인 쿠폰을 제공하는 것입니다. 흔히 볼 수 있는 서비스지만 할인 쿠폰의 성격이 다릅니다. 재구매 시 사용할 수 있는 할인권이 아니라 오프라인 매장에서 쓸 수 있는 에누리 쿠폰이기 때문이죠. 온라인과 오프라인의 선을 번갈아 넘었다고 할 수 있습니다. 라이브컴에 도입하기 전까지는 사실 아무도 '원하지 않았었던 기술'입니다.

"한계인 줄 알았던 것을 경계로 바꿔 생각하면 도약의 때는 다가온다."

– 박노해

선을 넘는 순간, 그냥 그렇게 보이지 않고 돋보입니다. 소비자들에게 '그저 그렇게' 보이면 간택당할 가능성이 희박해집니다. 선명하게 도드라져야 합니다. 그 어떤 제품이든 서비스든 가슴을 흔들어 울림을 주어야 구매가 이루어집니다. 아주 단순한 과정이지만 동시에 오묘한 과정이기도 합니다. 이제껏 없었던 새롭고 다른 제품이 등장하고, 이를 전파하기 위해 노력하다 보면 소비자의 시선을 사로잡습니다. 이 시각 정보가 얼마나 새로우냐에 따라 가슴을 울리는 강도가 달라집니다. 쿵쾅쿵쾅. 이내 울림은 뇌까지 전달됩니다. 행동을 관장하는 총괄본부인 뇌는 그간의 경험을 파노라마처럼 스캔합니다. 긍정적 연상 몇 가지가 새로운 제품과 매칭됩니다. 경험 비교를 통해 우위가 판명되면 구매결심을 하게 됩니다.

회 주는 삼겹살집

새롭습니다. “고깃집에서 회를 서비스로 내준다고?” 특히 수산물 좋아하는 사람들에게는 희소식입니다. 고기가 부담스러운 사람들과 함께하는 모임의 아지트가 될 확률이 높아집니다. 회 시장 전체를 넘볼 수는 없지만, 잘만 전파하면 더 많은 소비자가 ‘원하는 기술’이 될 가능성이 아주 큽니다. 이렇듯 사고는 확장하라고 있는 것입니다. 생각의 깊이가 깊어지면 깊어질수록 강도는 세집니다. 원하지 않았던 기술을 원하는 기술로 만드는 데는 ‘진화된 사고’가 필요합니다. 이번에는 반대로 선을 넘어갑니다.

고기 주는 횟집

이런 경우도 아직 보지 못했습니다. 상식으로는 만들기 어렵습니다. 가슴은 가는데 머리가 자꾸 말립니다. 하지만 뒤집어 보면 무릎을 탁 치게 됩니다. “아니, 횟집에서 고기를 굽게 해준다고?” 버터 옥수수를 내는 철판을 활용하면 간단하지만 실행으로 옮기기는 쉽지 않습니다. 대신 선을 넘는 건 얼마든 상상의 나래를 펼 수 있죠. 대한민국 어느 업종, 어느 업태에도 적용할 수 있습니다. ‘골 때리는 아이디어’ 정도로만 치부하다가는 시장 전체를 선구자들에게 빼앗길지도 모릅니다. 혹시 아시나요? 전 세계의 특A급 사업가들이 남의 시장을 넘보는 일에 초집중하고 있다는 사실을요. 스마트폰이 디지털카메라 시장을 잡아먹듯 그렇게 선을 넘으며 먹고 먹히고 있습니다.

기왕 먹는 이야기를 시작했으니 몇 가지만 더 이야기해 보겠습니다. 최근 해물탕을 주는 고깃집들이 느는 추세입니다. 이 아이디어가 나오기 전까지 판매자도 구매자도 이런 결합과 경계를 넘는 것에는 관심이 없었습니다. 그런데 이 아이디어가 시장에 등장하자마자 무서운 속도로 퍼지기 시작했습니다. 해물탕을 주는 고깃집에 손님이 줄을 선다는 글을 접하니 위기감을 느껴서 나도 나서봅니다. 그렇게 시장이 상향평준화되면서 또 한 번 꼭 그 집을 가야 할 이유가 사라집니다.

세상을 뒤집고 싶다면 직접 나서서 뒤집어야 합니다. 해물탕을 주는 삼겹살집은 있지만, 삼겹살을 주는 해물탕집은 아직 어디에도 없습니다. 미니 화로에 삼겹살을 구워도 좋고, 버터 옥수수를 담은 미니 철판도 좋습니다. 고객이 원치 않던 기술이 간절히 원하는 기술이 되는 것을 눈으로 직접 확인할 수 있으실 겁니다. 제가 장담합니다. 인간은 새롭고, 내게 이롭고, 더 행복하고, 놀라운 즐거움을 사랑하니까요. 자주 뒤집어 보세요. 세상이 아름다워 보일 겁니다.

샐러드 주는 피트니스 클럽

세상에서 제일 어려운 게 운동을 시작하는 것입니다. 해야지, 해야지 하면서도 내일부터라는 조건과 온갖 핑계를 갖다 붙입니다. 사람에게는 하루 권장 칼로리가 있습니다. 성인 여성, 남성 기준 2,400~2,700kcal. 이 권장 칼로리는 연령대에 따라 직업군에 따라 높아지거나 낮아집니다. 권장량을 넘겨 칼로리를 섭취했는데 운동을 하지 않으면 그대로 살이 됩니다. 살을 빼야 건강합니다. 아니면 먹는 양을 줄여야 하는데, 이게 쉽지 않습니다. 반성하고 헬스클럽을 찾습니다. 참, 이거 아세요? 리네이밍renaming을 통해 가치와 격을 올릴 수 있다는 점!

육체미 체육관 〈 헬스장 〈 헬스클럽 〈 피트니스 클럽 〈 바디 피팅

실내에서 살을 빼고 근육을 만드는 곳의 네이밍 변천사입니다. 규정을 다시 하며 조금씩 진화해왔습니다. 왠지 육체미 체육관은 남성의 전유물 같고, 헬스장은 젊은 청춘들이 모이고, 헬스클럽에는 트레이너가 상주하며, 피트니스 클럽에는 뭔가 하이 테크놀로지가 결합되어 있는 모습이 연상됩니다. 어쨌거나 네 곳 모두 건강을 위해 찾는 곳이라는 점은 동일합니다. 땀을 뻘뻘 흘리며 운동하는데 트레이너가 조언합니다.

"운동도 중요하지만, 이제부터 식단 조절도 하셔야 합니다."

아무리 열심히 운동해도 제대로 먹지 못하면 무슨 소용이 있겠냐는 생각에 질문도 하고 인터넷도 뒤집니다. 하지만 정보는 엄청나게 많은데 정확히 콕 집어서 '이거다'라고 할 만한 내용이 없습니다. 아니, 선택지가 너무 많아 망설여지는 것일 수도 있습니다. 텔레비전에서 보니 유명 연예인들은 트레이너가 직접 음식도 만들어주던데…. 앞에서 소개한 샐러드를 주는 피트니스 클럽은 이 생각에서 출발했습니다.

피트니스 클럽 한 곳을 컨설팅하면서 저는 월 50,000원인 회원비에 샐러드 비용을 추가했습니다. 손질한 채소를 벌크로 파는 곳은 많습니다. 검색하면 꽤 많은 업체의 정보를 얻을 수 있습니다. 주문한 샐러드 채소를 소분하고 닭가슴살과 약간의 소스를 담아 피트니스용 샐러드를 만들었습니다.

가격은 고객들이 가지고 있는 샐러드에 대한 '가격유전자'를 고려해 책정했습니다. 기억나시죠? 고객 입장에서는 운동도 하고 식단관리도 받으니 반응이 좋았습니다. 그런데 어느 날 문득 이런 생각이 들었습니다. 피트니스 클럽에서 샐러드를 팔듯이 샐러드 바에서 피트니스 클럽 회원권을 팔 수는 없을까?

"커피 전문점 쿠폰을 도입하면 되겠는데…."

열 잔 마시면 한 잔 무료 서비스를 하듯 샐러드를 열 번 사면 단 한 시간이라도 좋으니 인근 피트니스 클럽에서 운동할 수 있는 쿠폰을 주는 겁니다. 회원 모집에 열을 올리는 클럽들이 많으니 제휴는 생각보다 쉬울 겁니다. 요가도 좋고, 명상도 좋습니다. 샐러드를 좋아하는 사람들이 선호할 만한 서비스라면 다 좋습니다.

$$\text{가치} = \frac{\text{혜택 (샐러드 + 피트니스, 요가, 명상…)}}{\text{비용}}$$

지불하는 금액에 비해 혜택이 많으면 많을수록 고객은 가치로 인정한다고 했습니다. 목숨 걸고 가치를 올리는 이유는? 간단합니다. 가격 때문입니다. 무조건 공짜로, 서비스로 더 주자는 게 아니라 시장점유율을 올리기 위해 투자를 하자는 겁니다. 같은 카테고리의 제품이나 서비스라면 가치와 격이 높은 것이 더 높은 가격을 받을 수 있습니다. 회원 모집 자체가 무한 경쟁 상태니 샐러드 매장에서 보내주는 고객이 클럽 입장에서는 반가울 수밖에 없습니다. 그리고 단 한 번이라도 피트니스의 맛을 본 고객이라면 그렇지 않은 고객에 비해 회원으로 가입할 확률이 높아집니다. 보유효과 때문이지요.

마지막으로 이 전략을 도입한 가장 큰 이유는 카테고리 파괴 때문입니다. 비즈니스 세상에서 제일 짜릿한 단계죠. 1차가 피트니스 클럽에 샐러드를 접합했다면 이 재조합을 위해 끌어들인 샐러드 시장으로 피트니스 클럽이 카테고리를 넘어갔습니다. 이렇게 이종 간 결합을 통해 카테고리의 선을 넘나들면 완전히 다른 비즈니스가 탄생합니다. 그래야 가격유전자를 건드릴 수 있습니다. 가격유전자 변형의 최종 목표는 바로 이것입니다.

정말 근사한 가격을 만들고 싶다면 제발 남들이 하지 않는 것만 골라서 하세요. 그래서 소비자가 가늠할 수 없는 가치를 만드세요. 추측할 수 있으면 읽히는 겁니다. 고객에게 읽히면 끝장입니다. 구성요소 하나하나는 익숙하지만 결합해놓으면 새로운, 호기심이 가는 작품을 만들어야 합니다. 조금 더 깊게 들어가, 소비자가 한 번쯤 경험해보고 싶어 안달이 나게 하는 제품이나 서비스를 만든다면 가격은 '내'가 만들 수 있습니다. 이 얼마나 짜릿한 인생입니까!

가격 창조자가 되고 싶다면 상식의 벽을 허무세요.

여러분의 아이디어가 벽에 부딪힌다는 것은
경계선까지 왔다는 것을 의미합니다.
조금만 더 힘을 내세요. 벽을 무너뜨리고
길을 만드는 그날까지.

바나나 좀 줍시다, 제발

어느 날 전화 한 통을 받았습니다. 제가 신한은행과 협업해서 진행 중인 신한 SOHO 사관학교 담당자였습니다.

"선생님, 저희 수업을 들으신 분이 세컨드 브랜드로 커피숍을 내셨는데요, 초기라 그런지 손님이 영……. 중략…. 한 번 꼭 들러주시면 좋겠습니다."

바로 달려갔습니다. 인테리어도 깔끔하고, 친절하고, 맛있고…. 그런데 강력한 한 방이 없었습니다. 카페에서 한 방이라…. 관심 가는 분들이 많으실 겁니다. 카페 폐업률이 업종 중에서도 상위권에 속하거든요. 카페를 열어놓기만 하면 고객들이 알아서 와줄 거라고 생각하는 건 아주 큰 오산입니다. 좋은 원두, 자가 로스팅, 정수, 최고급 에스프레소 머신…. 이렇게 구비하면 고객들이 마구 달려올 거로 생각하지만 현실은 그렇지 않습니다. 왜? 여러분 경쟁자들도 다 비슷한 무기를 들고 전장에 나서니까요.

차라리 다음과 같은 주장이 훨씬 잘 먹힙니다.

"저희는 'A+'가 아닌 A-급 원두를 사용합니다. 커피 생산 농가도 살리고, 유통 수수료도 줄이고…. 그래서 A-급 원두를 사용합니다. 그 덕에 가격을 30%나 줄일 수 있었습니다. 맛이요? 저희는 맛보다는 향과 카페인에 집중했습니다. 일과 공부에 집중하고 싶은 분들에게 강력 추천합니다."

그런데 여러 커피 브랜드 사장님들의 주장은 한결같습니다. 문제가 된 매장 주변에는 스타벅스, 카페 파스쿠찌, 이디야, 탐앤탐스… 기라성 같은 1군 선수들이 반경 500m 안에 20여 개나 포진해 있었습니다.

한 방울이라도 아이디어를 짜내야 했습니다. 제 새끼를 살리는 게 최고의 임무다 보니 선을 넘고, 도가 지나치더라도 (수단과 방법을 가리지 않겠다는 의미가 아니라 카페 카테고리를 벗어나서라도) 강력한 아이디어를 만들어내야 했습니다. 순간 머리를 스치고 지나가는 단어가 있었습니다.

바 나 나

시청 상권에는 여직원들이 많습니다. 그리고 카페는 여성 고객들이 많이 찾는 편입니다.

'여성 고객들이 커피만큼 좋아하는 게 뭘까? 돈 주고 사먹기는 아까운데 누군가 하나 주면 좋아할 만한 것이 뭐가 있을까? 이왕이면

가격이 노출되어 있는 제품이면 좋은데….'

그래서 낸 아이디어가 바로 바나나였습니다. 바나나 한두 개를 사기 편리한 곳은 어디일까요? 그렇죠. 편의점입니다. 가격은 대부분 두 개에 2,000원 정도입니다. 연예 아홉은 이 가격을 알고 있습니다. 바로 이 점을 노렸습니다. 사람은 가격 정보가 노출되어 있지 않은 혜택은 그저 서비스로 치부해버리고 마는 경향이 있습니다. 어지간해서는 지불 가격 대신 돌려받는 '가치'로 인정해 주지 않습니다. 반면 쉽게 가격을 알아챌 수 있는 제품이라면 고객도 지불 가격에 당연히 끼워줍니다.

- 당당 라떼 4,500원
- 아메리카노 3,200원
- 카페모카 4,000원

가격표를 훑어봅니다. 가격이 좀 있는 편입니다. 브랜드 인지도에 비해서요. 바나나를 통해 이 카페의 표식과 상징, 혜택 그리고 교환가치를 만들어주고 싶었습니다. 네? 바나나 원가요? 거래처만 잘 만나면 한 개에 100원 조금 넘는 가격에도 구매가 가능합니다. 이제 시청 상권에 지금껏 없었던 '용도'를 만들어 봅니다.

커피를 마시러 가는 곳이 카페입니다. 그런데 바나나까지 주는 카페는 출출한 고객도 끌어들일 수 있습니다. 그럼 같은 카페이지만 가야 할 이유가 달라집니다. 고객은 지불한 금액보다 더 돌려받고 싶어 한다고 말씀드렸죠. 상대적으로 떨어지는 브랜드 인지도를 바나나라는 아주 새로운 혜택으로 상쇄했습니다. 장사는 브랜드가 아니라 사람이 하는 것이라는 것, 이제 증명되었나요?

일반 라떼 4,500원 vs 당당 라떼 4,500원 (+ 바나나 선물)

고객은 찰나에 계산합니다.

$$\text{일반 라떼} = \frac{\text{라떼}}{\text{4,500원}} \qquad \text{당당 라떼} = \frac{\text{라떼 + 바나나 (1,000원)}}{\text{4,500원}}$$

한 손엔 커피, 다른 한 손엔 바나나를 들고 걸어 다니는 사람들이 늘기 시작했고 입소문은 상상 이상으로 무서웠습니다.

"웬 바나나? 아침으로 먹으려고?"
"아뇨. 요 앞 카페에서 커피 샀더니 선물이라고 주던데요…."

어느덧 카페 앞은 뉴요커처럼 커피와 바나나를 든 고객들이 넘쳐났습니다. 유명 브랜드 커피만을 고집하던 고객들이 찾아 주었고 삽시간에 퍼진 인기는 단체 주문으로 이어졌습니다. 여기에서 바나나는 단순한 서비스가 아니었습니다. 가격 심리를 건드린 아주 섹시한 무기였죠. 사실 처음 문제를 시급히 해결해야겠다고 판단하고 뇌 속을 스캔하는 과정에서 제 머릿속에는 갑자기 이 광고 카피가 떠올랐습니다.

“커피… 앤 도넛.”

던킨도너츠를 광고하던 이병헌 씨가 머릿속에 확 지나갔습니다. 그래 커피 앤 바나나로 가자. 색의 대비도 좋고 바나나가 가진 긍정적 연상 이미지도 많고 이만한 무기는 없겠다 싶었지요. 왜 하필 이 카페 이야기를 꺼냈느냐고요? 정작 하고 싶은 이야기는 따로 있기 때문입니다. 앞에서 선을 넘는 사람이 문화를 만든다고 말씀드렸죠. 카페에서 바나나로 선을 넘었듯이 반대도 가능합니다. 아니 한 번 선을 넘고 진화된 아이디어는 핵무기급이 됩니다.

바나나를 사면 커피를 주었습니다. 이제 체리를 사면, 사과를 사면, 아보카도를 사면, 포도를 사면 커피를 주는 겁니다.

가격이요? 여러분 마음입니다. 지금껏 아무도 제시한 적이 없는 구성이고 상품이니까요. 이 아이디어를 높게 사줄 고객들은 내일부터 여러분 매장 앞에 줄을 설 겁니다. 장담합니다.

원두와 기계에 따라 다르지만, 커피 원가가 생각보다 싸다는 사실은 여러분도 고객도 잘 알고 있습니다. 욕심내지 말고 개척자나 예술가가 되겠다는 심정으로 가격을 짜보세요. 소문은 삽시간에 퍼질 겁니다.

가격은 생각의 스토커

가격을 만드는 방법은 여러 가지입니다. 가치나 격을 올리는 방법은 앞에서 설명해드렸고, 남들이 가지 않은 길을 만들어 가격을 만드는 방법도 일러드렸습니다.

새 길을 내기 위해서는 창의적인 사고가 필요합니다. 하지만 창의력은 느닷없이 생기는 게 아닙니다. 쌓이고 쌓여야 쏟아져 나옵니다. 글을 전혀 못 쓰는 사람도 1,000권의 책을 읽으면 글이 쓰고 싶어진다는 이야기가 있듯이, 채워야 아이디어가 떠오릅니다.

"수프 봉골레"

기존에도 일본 삿포로에 '수프 카레'가 있었지만, 이탈리안 파스타의 대명사인 봉골레에 수프라는 수식어를 붙인 건 처음입니다. 대단한 아이디어입니다. 봉골레는 실물을 보지 않고도 가격을 추측할 정도로 익숙한 메뉴입니다. 아무리 좋은 면과 조개를 사용했다고 해도 가격 상한선이 있습니다. 5성급 호텔이나 강남 초고가 레스토랑이 아니라면 가격을 내 마음대로 조종하기란 쉽지 않은 일입니다. 그래도 선을 넘고 길을 만들고 싶다면 두 가지만 생각하면 됩니다.

'고객이 간절히 원하는 것이 무엇일까?'

'무엇을 건드려야 고객의 쾌락이 증가할까?'

지금은 봉골레를 예로 들었지만, 어느 업종이든 어느 업태든 이 두 가지를 적용하면 훌륭한 작품을 만들 수 있습니다. 이를 위해서는 기존의 사고방식에서 벗어나야 합니다. 관습적인 사고 패턴에서 벗어나 확장된 사고가 필요합니다. 경주마도 눈가리개를 벗어야 앞만 보고 달리던 데서 벗어날 수 있듯이 방법은 아주 간단합니다. 일단 주인공인 봉골레를 한가운데에 놓습니다. 그리고 봉골레 하면 제일 먼저 떠오르는 단어 7개로 주위를 둘러쌉니다.

파스타 **조개**

이탈리아 **봉골레** **고추**

빵 **접시** **올리브**

여러분의 생각은 저와 다를 수 있습니다. 아니, 달라야 합니다. 자라온 환경이 다르고 직업이 다르고 DNA가 다르니 떠오르는 아이디어도 달라야 정상입니다. 하지만 어쩔 수 없이 겹치는 부분도 많을 겁니다. 우린 동시대에 살고 있으니까요.

7가지를 다 떠올렸다면 한 번 더 사고를 확장합니다. 주인공을 호위하는 7가지 단어(이탈리아, 파스타, 조개, 고추, 올리브, 접시, 빵)만 생각합시다. 호위 단어 7개를 하나씩 떠올립니다. '이탈리아 하면 떠오르는 게 뭐지? 파스타 하면 제일 먼저 떠오르는 건?' 이렇게 2~3가지 단어들을 찾아냅니다. 광부가 아닌 언부가 되어 여러분 뇌 속에 파묻혀 있던 보석들을 채굴합니다.

- **이탈리아 = 삼색, 피자, 주뻬**
- **파스타 = 길다, 면**
- **조개 = 시원, 국물, 쫄깃쫄깃**
- **고추 = 맵다, 붉다**
- **올리브 = 오일, 그린, 과육**
- **접시 = 둥글다, 화이트**
- **빵 = 마늘, 브라운, 딱딱**

사고확장 숙제가 아니었다면 '빵'이라는 단어를 보고 보드랍고 하얀 것이 가장 먼저 떠올랐을 겁니다. 하지만 이미 이탈리아, 봉골레, 파스타 등의 단어에 영향을 받은 뒤입니다. 인간의 사고는 매우 연관적입니다. 제가 마지막 단어를 불러드리지 않아도 신데렐○, 백설공○, 돈키호○, 임진왜○…과 같이 여러분은 스스로 완성형을 만듭니다. 최대한 빨리 사고를 마쳐야 한다는 압박감이 인간의 본능 저 밑에 깔려있기 때문이죠.

'휴리스틱heuristics'이라고 들어보셨나요? 생각의 지름길 정도로 설명할 수 있습니다. 뇌 에너지 소모를 줄이기 위해 우린 코드를 입력해 놓습니다. 머리가 하얗다면 연세가 들었을 거야. 얼굴에 주름이 많으면 고생하셨나 보다…. 이미 언급된 단어들이 자유로운 아이디어의 출입을 통제하는 보디가드가 되어 사고를 제한합니다. 그래서 사고의 확장이 쉽지 않고, 지금 설명할 방식을 통해서라도 강제적으로 생각의 범위를 넓히려는 겁니다. 중요한 건 이제부터입니다. 가로쓰기 형식이 아니라 좀 더 말랑말랑한 사고가 가능하도록 좀 더 넓게 단어들을 늘어놓습니다. 단어끼리 쉽게 매칭하려는 의도입니다. 줄을 긋듯 정렬하면 사고의 바리케이드가 됩니다.

커다란 도화지에 주인공, 7개 호위 단어 그리고 연상된 단어들을 쭉 적고 자유롭게 조합을 만듭니다. 이 과정에서 신비로운 경험을 하게 됩니다. 상상도 할 수 없을 정도로 많은 결합이 등장합니다.

이 노하우만 알고 있으면 평생 아이디어 걱정은 안 하셔도 됩니다. 아이디어는 무에서 유를 창조하는 것이 아닙니다. 조합에서 나옵니다. 보유하고 있던 연상과 연상을 어떻게 조합하느냐에 따라 에디슨 같은 발명이 가능해집니다.

"천재는 1%의 영감과 99%의 노력으로 이루어진다."

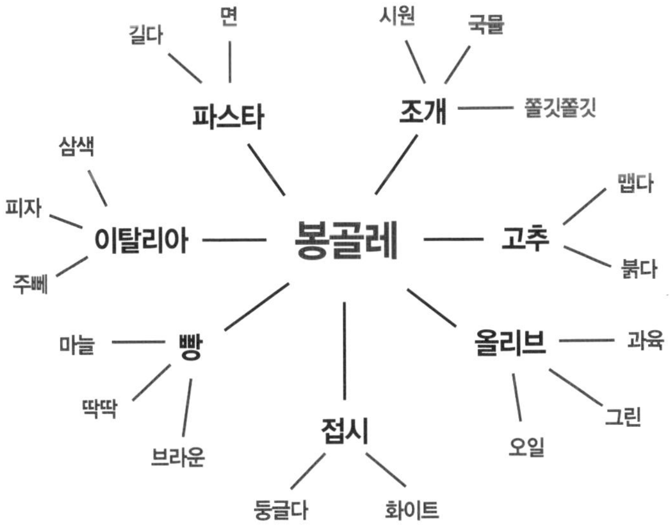

에디슨은 하나의 영감이 떠오르면 99개의 조합을 찾았습니다. 유명한 이야기입니다. 떠오르는 가설 전체를 조합하고, 실험하고, 실패하고, 다시 조합하고, 실험하고…. 조합에서 힘이 나옵니다. 이것을 컴비네이션의 힘이라고도 합니다(그런데 또 중요한 사실이 하나 있습니다. 영감이 없거나 가닥을 잘못 잡으면 99배의 노력이 허사로 돌아간다는 것이죠. 최초의 포인트를 잘못 잡으면 노력이 무의미해집니다).

자, 그럼 7개 호위 단어와 18개의 경계 단어들을 조합해볼까요? 전 이 순간이 제일 떨립니다. 분명 제 머리에서 나온 단어들인데 조합을 하면서 저도 모르게 탄성을 지르게 됩니다. 엉뚱한 조합일수록 도움이 됩니다. 거리가 멀수록 기가 막힌 아이디어가 완성됩니다. 7개 호위 단어 하나를 골라 18개의 경계 단어와 하나씩 묶어줍니다.

파스타에서 시작해 볼까요?

- **파스타 + 시원**
- **파스타 + 쫄깃쫄깃**
- **파스타 + 붉다**
- **파스타 + 그린**
- **파스타 + 화이트**
- **파스타 + 딱딱**
- **파스타 + 주삐**
- **파스타 + 삼색**
- **파스타 + 면**
- **파스타 + 국물**
- **파스타 + 맵다**
- **파스타 + 괴육**
- **파스타 + 오일**
- **파스타 + 둥글다**
- **파스타 + 마늘**
- **파스타 + 피자**
- **파스타 + 길다**

조합하는 과정에서 아이디어들이 막 떠오릅니다. 이미 존재하는 조합은 빼고, 상품화하기에 좋은 커플들만 추려보겠습니다.

- **파스타 + 시원(여름용 빙수 파스타)**
- **파스타 + 국물(국물 파스타)**
- **파스타 + 쫄깃쫄깃(쫄면으로 만든 파스타)**
- **파스타 + 붉다(아주 빨간 불닭 파스타)**
- **파스타 + 딱딱(파스타 튀김 안주)**
- **파스타 + 주삐(수프 파스타)**
- **파스타 + 피자(파스타가 토핑된 피자)**

- **파스타 + 삼색**(마르게리타처럼 세 가지 색 파스타가 동시에 접시에 오름)
- **파스타 + 길다**(1미터 파스타)

상식이 두 단계 선을 넘으면 아이디어가 됩니다. 이렇게 호위 단어들을 경계 단어와 매칭합니다. 이런 아이디어쯤은 손쉽게 나옵니다.

삼색 빵, 조개 피자, 긴 조개, 긴 고추, 긴 접시,
그린 파스타, 국물 파스타, 국물 빵, 고추 빵,
고추 파스타(면에 고추를 갈아서 반죽하면 됩니다)

이제껏 없었던 조합이 나왔습니다. 상식의 선을 넘었습니다. 이제는 가격을 내가 결정할 수 있습니다. 이것이 제가 간절히 원하는 가격에 대한 철학입니다. 경쟁자와 고객의 눈치 보지 않고도 얼마든지 고부가가치를 올릴 수 있는 상품과 가격을 만들 수 있습니다. 이렇게 수프 봉골레와 가격이 탄생했습니다.

- **봉골레** 13,000원
- **수프 봉골레** 15,000원
- **수프 봉골레 세트** 18,000원(수프 봉골레 + 삼색 빵 + 60cm 긴 접시)

당장 뜯어고치고 싶은 제품이나 서비스가 있다면 연상과 조합을 활용하세요. 갑자기 천재가 된 듯한 기분이 드실 겁니다.

아차, 정말 중요한 설명을 하나 빠트렸네요. 이런 새롭고 신선하고 기가 막힌 아이디어들을 1년 365일 찾고 있는 방송작가, 신문 잡지사 기자, 칼럼니스트들이 줄을 이어 연락해올 겁니다. 왜? 궁금하니까요. 새로우니까요. 재미있을 것 같으니까요. 한번 도전해보고 싶으니까요. 그 누구보다 먼저 선점하고 싶으니까요. 이게 인간의 본능입니다.

PART4

| 가격 전략 1 |

이유 있는 이익을 만든다

PRICE

가성비, 더 이상 주장하지 마세요

우리는 '가성비'라는 단어를 너무 오래 사용해왔습니다. 처음엔 꽤 흡입력이 있었지만 지나치게 흔해지다 보니 이제는 오히려 붙이지 않은 제품과 서비스가 귀해졌습니다. 가성비를 따지려면 일단 가치 공식을 좀 더 깊이 분해해야 합니다.

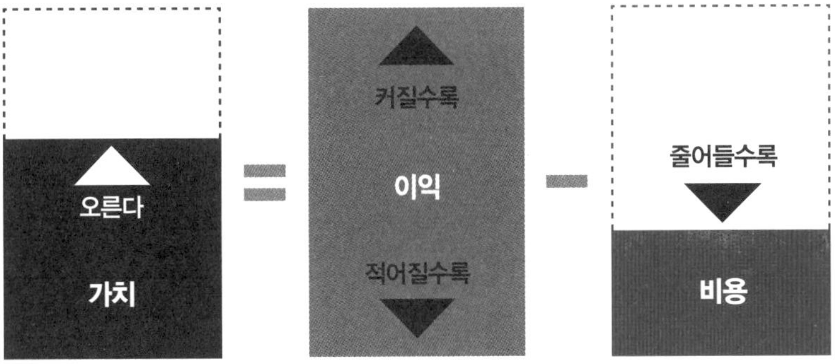

$$\text{가치} = \frac{\text{혜택}}{\text{비용}}$$

이 위 공식보다 훨씬 이해가 편하시죠?

“혜택에서 비용을 뺀 것이 곧 가치다. 가치를 높이기 위해서는 혜택을 늘리거나 혹은 비용을 줄여야 한다.”

아주 간단합니다. 고객이 혜택으로 느끼는 것에는 여러 가지가 있습니다. 참, 혜택의 뜻을 아세요? 은혜의 덕택입니다. 은혜 하니까 종교가 연상되지만, 비즈니스에서도 중요한 개념이 은혜입니다. 고맙게 베풀어 주는 신세를 은혜라고 하는데, 이 고마움은 누가 느끼는 걸까요? 네, 소비자와 고객입니다. 나는 열심히 퍼주는데 이분들이 고맙게 느끼지 않는다면 혜택이 아닙니다. 내 기준으로 이것저것 준비하고 마련했는데 그들이 고맙다고 느끼지 않으면 말짱 도루묵이죠. 바이러스, 미세먼지 때문에 공기청정기를 구매해서 매장에 비치했습니다. 그런데 고객이 고마워하기는커녕 작동이 되는지 의심한다면 고객 입장에서 이건 혜택이 아닙니다. 정말 제대로 작동하고 있다는 것을 눈으로 보여주고, 어떤 도움을 주는지 그 내용을 자세히 가르쳐 주어야 혜택이라고 느낍니다.

그럼 어떤 종류의 혜택이 있을까요? 구매한 제품에서 느끼는 혜택, 접객하는 직원과 남다른 서비스에서 느끼는 혜택, 브랜드를 소유함으로써 느끼는 뿌듯한 혜택…. 이런 혜택들은 우리를 행복하게 해주지만 비용은 정반대입니다. 우리를 아주 피곤하게 만듭니다. 비용은 단순히 지불하는 가격에 국한되지 않습니다. 시간이 많이 들어가는 것도 비용입니다. 소비자가 감당해야 하니까요.

또 있습니다. 바로 에너지! 고객이 제품이나 서비스를 선택하기까지 고민과 갈등을 하게 하는 것도 비용에 들어갑니다. 가격표에 best나 hit를 붙이면 큰 고민 없이 선택할 수 있는데, 이런 안내 장치를 안 붙여 고객을 피곤하게 만드는 것도 비용에 들어갑니다. 또 이 제품을 구매하고 나서 후회하지는 않을까 심리적으로 불안하게 만드는 것도 비용입니다. 고객이 지불하는 비용은 생각보다 여러 가지입니다. 한마디로 같은 가격을 지불했어도 퀄리티, 서비스, 이미지는 더 좋고, 들어가는 시간과 에너지, 심적인 부담은 적으면 가치는 높아집니다. 이 가치는 가격과 정비례하고요. 가성비 이야기로 다시 돌아가겠습니다.

비즈니스를 하는 대부분의 오너가 본인 브랜드의 가격이 좋다고, 착하다고 이야기합니다.

"죄송합니다. 저희 집, 많이 비쌉니다."

30년 가까이 취재하며 채 열 번도 들어보지 못한 소리입니다. 이 문장 속에는 자신감이 들어있습니다. 만족할 만큼 준비한 대신 가격이 비싸다는 의미입니다. 다들 가성비만 외치는 세상에서 두드러질 수밖에 없는 주장입니다. 모두가 가성비의 환상 속에서 닮아갑니다. 증거도 없고 입증도 못 하면서 그냥 가성비가 좋답니다. 가격이 복잡한 DNA를 가지고 있다는 사실을 대부분이 모릅니다.

그래서 저는 이 가성비라는 녀석을 포기할 작정입니다. 훈련소 유니폼처럼 천편일률적이라 진저리가 납니다. 대신 '성가비'라는 친구를 선보일까 합니다. 가격 대비 성능비가 가성비라면 성가비는 성능 대비 가격비입니다. 개념을 뒤집으면 제품과 가격에 대한 평가가 완전히 달라집니다. 지금부터 시작합니다.

"가격에 비해 성능이 좋습니다"

"퀄리티에 비해 가격이 쌉니다"

위의 두 광고는 출발점이 다릅니다. 왼쪽은 가격에서 출발했고, 오른쪽은 성능, 즉 퀄리티에서 출발했습니다. 자연스럽게 소비자의 뇌에 각인되는 기준이 다릅니다. 왼쪽은 "가격에 비해서", 오른쪽은 "퀄리티에 비해서"라는 단서가 붙습니다. 가성비는 그 가격 정도에서 퀄리티가 좋다는 소리이고, 성가비는 일단 좋은 퀄리티에 비해 가격이 저렴하다는 주장입니다. 이 둘은 차원이 다릅니다.

"가격에 비해서"라는 표현은 이미 스스로 제한을 둔 것입니다. 가격을 고려해서 일정 정도 이상은 넘지 않겠다는 각오가 들어있습니다. 반면 '성능에 비해서'는 "정성껏 최고의 퀄리티로 만들었지만 제가 싸게 드립니다."라는 주장입니다. 가격 생각 안 하고 푸짐하게 담았지만, 고객님이 가격을 부담스러워하실까 봐 약간의 손해를 감수하더라도 저렴하게 받겠다는 배려입니다. 이럴 때 과감하게 50,000원 → 39,900원으로 원래 가격 전략을 구사할 수 있습니다.

카테고리를 이동해 볼까요? 모텔, 호텔, 펜션, 캠핑카 어떤 숙박 시설도 좋습니다. 다음과 같이 서로 다른 두 주장이 있습니다.

"가격에 비해서 시설이 좋습니다."

"정말 좋은 시설인데 가격을 내려놓았습니다."

전자는 한계를 미리 드러냅니다. 하지만 후자는 어떠한 제한도 없이 혜택을 먼저 언급하고 후에 비용을 언급합니다. 둘의 가치 차이는 극명합니다.

인간의 본능과 욕구에 직결된 제품이나 서비스일수록 성가비의 진가는 빛을 발합니다.

"가격에 비해서 좋은 약입니다."

"퀄리티가 좋은데 가격도 착한 약입니다."

조금 더 가볼까요?

"가격에 비하면 성능이 좋은 구명조끼입니다."

"성능이 좋은 구명조끼를 착한 가격에 드립니다."

"가격에 비해 성능이 좋은 차입니다."

"이렇게 좋은 성능의 차를 오늘만 이 가격에 판매합니다."

인간이 간절히 원하는 게 뭔지 보이실 겁니다. 제가 정말 드리고 싶은 이야기는 **가격이 싸다고 주장할 필요가 없다는 겁니다.** 소비자는 필요하면 삽니다. 싸서 사기보다는 간절히 필요해서 사는 경우가 훨씬 많습니다. 그러니 애써서 내 가격을 먼저 언급할 필요가 없습니다. 이건 "내 퀄리티가 말입니다, 그냥 그래요!"라고 외치는 것과 다르지 않습니다. 여러분의 땀과 노력으로 탄생시킨 제품과 서비스 아닙니까? 퀄리티부터 당당히 내세우고 이에 비해 가격이 착하다고 주장하면 좋겠습니다. **영업을 해야 먹고사는 우리지만 실력과 인격까지 가격에 맞출 필요는 없다고 봅니다.**

가격 = 가치 + 격

자꾸 '가격에 비해서' 라고 주장하면 '격'이 떨어집니다.

코스트코 핫도그처럼, must buy product

30년 전 미국 어학연수 당시 저는 사촌 형님 댁에서 신세를 졌습니다. 1년 남짓한 시간 동안 참 많은 걸 경험했는데요, 커다란 그로서리를 운영하는 형님 덕분에 미국 사회의 여러 단면을 관찰할 수 있었습니다. 동부에서 서부까지 두어 시간 비행하는 내내 평지였다는 것, 교과서에서만 보던 미국의 유명 산맥이 비행기로 횡단하는 데도 30분 가까이 걸린다는 것, 그리고 코스트코의 핫도그가 그렇게 맛있다는 것까지. 그럴 만도 하지요. 대학에 입학하던 1987년만 해도 학교 앞 안줏거리가 다 1,000원 하던 시절이었으니 그 맛있는 핫도그를 어디서 먹어봤을까요? 당시에는 감자탕도 없었고 그저 스테인리스 그릇에 국물과 뼈다귀를 담아주던 감잣국만 존재하던 시절이었거든요.

한국에 돌아온 후에도 계속 코스트코의 핫도그 생각이 간절했습니다. 맛도 맛이지만 어떻게 그렇게 저렴한 가격에 팔 수 있는지 이해가 안 갔습니다. 그때나 지금이나 1.5달러, 약 1,500원. 제가 처음 접한 건 1992년이었는데 이미 1985년부터 판매를 시작했다고 합니다. 35년간 같은 가격을 고수한 제품을 찾아봤지만 허사였습니다. 다른 핫도그들이 두 배 이상 가격이 오르고 크기가 작아지는 동안 코스트코의 핫도그는 더 커지고 무거워졌습니다. 여기에는 이유가 있습니다. 코스트코는 제품을 팔아서 이익을 남기는 것이 아니라 연회비로 수익을 채웁니다. 일정 정도 이익이 남았다 싶으면 가차 없이 제품 할인에 들어가죠. 이런 매력에 푹 빠진 고객들은 쇼핑을 즐긴 뒤 맨 마지막에 핫도그로 행복을 채웁니다. 이는 '앵커링'이라는 효과를 내기도 합니다.

> 앵커링(anchoring, 정박 효과)이란 행동경제학의 용어로 협상 테이블에서 처음 언급된 조건에 얽매여 크게 벗어나지 못하는 효과를 의미한다. 다시 말해서, 최초 습득한 정보에 몰입하여, 새로운 정보를 수용하지 않거나, 이를 부분적으로만 수정Anchoring and Adjustment하는 행동 특성을 말한다.
>
> 출처: 위키피디아

즉석 떡볶이 1인분 1,900원

처음 제안된 가격이 저렴하다고 느끼면 뒤를 잇는 가격들에 대해서는 상대적으로 너그러워지는 것도 이런 영향 때문입니다. 보통 1,000원 하는 라면 사리의 경우 1,500원을 받아도 저항감이 그리 크지 않습니다. 이미 최초의 저렴한 가격이 머릿속에 똬리를 틀었기 때문이지요. 대형 할인마트나 온라인 쇼핑몰에서 누구나 가격을 가늠할 수 있는 익숙한 상품들을 초저가에 판매하는 것도 이런 전략을 활용한 겁니다.

저는 코스트코의 핫도그에 새로운 효과 이론을 하나 적용하려고 합니다.

웻징wedging 효과

쐐기를 박는다는 뜻입니다. 코스트코에서 아주 착한 가격에 쇼핑을 마친 고객들이 주린 배를 쥐고 푸드코트에 줄을 섭니다. 치즈와 소시지 향이 코를 간질입니다. 핫도그만 사고 돌아서려면 엄청난 자제력이 필요합니다. 조개 수프, 불고기 베이크, 샐러드 그리고 피자 한 판을 시킵니다. 너무 많은 것 아니냐고요? 괜찮습니다. 남으면 가져가면 되니까요.

한껏 욕심을 부려 주문하고 핫도그 스탠드로 갑니다. 피클과 양파 위에 케첩과 머스터드까지 듬뿍 뿌려줍니다. 콜라를 한 모금 마시고 핫도그를 한 입 베어 뭅니다. 아, 그 행복감이란…. 인간이 얼마나 행복한 표정을 지을 수 있는지 확인하고 싶은 분들은 코스트코 푸드코트에 한번 가보시길 권합니다.

코스트코 핫도그에는 '코스트코는 정말 싼 곳이구나!' 하고 고객의 뇌리에 쐐기를 박는 힘이 있습니다. 연간 1억 개 정도 팔린다고 하는 코스트코의 마스코트이자 시그니처입니다. 집에 돌아와 쇼핑한 녀석들을 갈무리하면서 계산서를 점검합니다. 음, 핫도그랑 피자는 확실히 싼데…. 나머지는 잘 모르겠습니다. 싼 것 같기도 하고 비싼 것 같기도 하고. 어쨌든 기분 좋은 하루가 지나갑니다. 쇼핑도 하고, 할인 상품 찾아 보물찾기도 하고, 마치 나들이를 한 듯한 기분이 듭니다.

그래서 저는 여러분의 브랜드에도 코스트코의 핫도그 같은 '머스트 바이 프로덕트must buy product'를 만들자고 강력하게 제안합니다. 소비자가 "이건 꼭 사야 해. 안 사면 손해야."라며 간절히 사고 싶어 하고 놓치면 후회스러워하는 그런 제품을 꼭 하나 갖추는 겁니다. 이때 노하우가 있습니다. 앵커링 효과를 보려면 객단가의 10~20% 정도인 제품이 적당합니다. 만약 객단가가 15,000원이라면 1,500~3,000원짜리 상품이 좋습니다. 테이블 위나 진열장도 좋고, 계산대 바로 앞도 좋습니다. 눈에 잘 띄는 곳이면 어디든 상관없습니다. 제가 컨설팅한 브랜드에는 꼭 이런 제품들이 있습니다. 3,000원짜리 오란다, 2,000원짜리 뻥튀기, 2,500원짜리 계란말이, 2,000원짜리 보리술빵. 가랑비에 옷이 젖는지 안 젖는지 보여드릴까요?

여기 2,000원짜리 상품을 하나 만들었습니다.

하루에 50개만 팔기로 합니다.

연간 영업일수는 휴일 빼고 310일입니다.

별로 들어갈 게 없으니 마진율은 50%입니다.

2,000원 × 50개 × 310일 = 31,000,000원

연간 매출이 40~50억 원쯤 되면 모를까 이 금액은 적은 돈이 아닙니다. 게다가 마진율이 50%나 되니 수중에 1,550만 원이 고스란히 남습니다.

이때 잊지 말아야 할 사항이 있습니다. 바로 가격유전자입니다. "아하, 이 제품은 얼마 정도 하겠지." 하고 추측할 수 있는 상품을 선택하는 것이 좋습니다. 가격이 가늠되지 않는 상품은 손해 볼지도 모른다는 불안감으로 인해 고객에게 구매 장벽을 만들기 마련입니다. 시청 앞 유명 낙지볶음집에서는 제 수업을 듣고 바로 계란말이를 시작했습니다. 가격은 3,000원. 왜? 상식적으로 계란말이의 가격을 7,000원이라고 생각하니까요.

자, 두 번째 포인트입니다. 객단가의 10~20%가 싫다면 2.5의 공식을 적용해 보세요.

팔아야 할 가격 × 2.5 = 시중 판매 가격

이것이 바로 고객이 위험하다고 판단하지 않을 가격 선입니다. 잊지 마세요. 임대료, 인건비 다 내고 오직 이 제품만 팔아야 한다면 리스크가 있겠지만 '머스트 바이 프로덕트'는 추가로 팔면 좋은 제품입니다. 이 낙지볶음집의 경우 매장 규모가 있어서인지 쏠쏠하게 팔립니다.

3,000원 × 하루 평균 100개 × 310일 = 9,300만 원

원가 1,000원과 인건비를 제외하면 30% 정도 이윤이 남습니다. 2,790만 원이 오너를 보고 환하게 웃습니다. 만들면 팔립니다. 제대로 만들면 더 잘 팔립니다. 팔지 않으니 안 팔리는 겁니다. '머스트 바이 프로덕트' 하나 제대로 만들어서 코스트코의 창업자 짐 시네갈의 기분을 한번 느껴보시면 어떨까요?

KICK!

사실 머스트 바이 프로덕트를 말씀드린 이유는 따로 있습니다. 식당의 카운터 앞에서 서로 계산하겠다고 지인들과 실랑이한 기억들 많이 있으시죠? 이번만큼은 내가 꼭 내고 싶었는데 동행에게 기회를 빼앗기면 참 멋쩍어집니다. 이럴 때 머스트 바이 프로덕트가 효자 노릇을 합니다. 두어 개씩 챙겨 계산대에 올려놓습니다. 밥값을 계산한 동행이 이것을 사절하는 일은 절대 없을 겁니다. 지인은 밥을 사서 기분 좋고, 나는 선물해서 기분 좋고, 아무튼 이래저래 서로가 기분 좋아지는 날이 됩니다. 왜 객단가의 10~20%가 좋겠다고 했는지 이제 감이 잡히시죠? 안타깝게도 우리가 자주 만나는 카운터 옆 상품들은 가격이 만만치 않습니다. 밥값을 대신해서 선물하기에 부담되는 녀석들이 버티고 있으니 잘 안 팔립니다. 아주 가볍게 지불할 수 있는 가격의 상품을 세팅하는 게 노하우 중의 노하우입니다.

머스트 바이 프로덕트

이 비싼 딤섬 레스토랑은 두 가지 이유로 가격이 착해 보입니다.

1. 스토리
2. 후크 메뉴

세상에, 홍콩 미슐랭 3스타 셰프가 운영하는 딤섬 전문점에 4,500원짜리 메

출처: 팀호완 홈페이지(www.timhowan.hk)

뉴가 있다니. 보통 6,000~7,000원을 받는 '누구나 다 아는' 샤오마이를 20~25% 저렴한 가격으로 판매합니다. 그래서 머스트 바이 프로덕트는 누구나 가격을 아는 제품일수록 유리합니다. 제대로 된 미끼니까요. 게다가 허가우, 부채교 등 2진들이 든든히 버티고 있어 확실히 가격이 저렴하다는 인상을 줍니다. 하지만 이 가벼운 가격에 취해 하나둘 주문하다 보면 '이 집은 절대 싼 집이 아니구나.' 하는 생각을 하게 됩니다. 그래도 뇌 속에서는 '이 집은 비싼 집 아니야. 내가 많이 먹은 거야.' 이렇게 자책(?)을 하게 되니 참 행복한 집이 아닐 수 없습니다. 사람들이 매일매일 줄을 서는 데는 다 이유가 있습니다.

"도대체 왜 공짜로 주시는 거예요?"

"가격은 숫자라는 옷을 제대로 입을 때 빛이 납니다."

세상에 공짜는 없습니다. 인생 만만치 않다는 이야기에서 주로 인용되는 문장입니다. 비즈니스에서, 그것도 가격을 언급할 때 가장 중요한 것 중 하나가 숫자입니다. 그럼 오늘도 가격에 숫자를 입혀 볼까요?

개통하신 고객에게는 필름, 젤리 케이스류 24개월간 무료제공

개통고객 사은품 지급 (기종 및 요금제에 따라 차등)

전국에서 친절하기로 유명한 청주 터미널 건너 통신사 대리점에 붙은 내용입니다. 고객이 조금이라도 행복해졌으면 하는 마음에 원가 상승을 각오하고 제공하는 선물이죠. 고객을 위하는 갸륵한 마음은 알겠는데 아주 큰 걸 놓치셨습니다. 고객은 '공짜'라고 하면 진짜 '공짜'인 줄 압니다. 하늘에서 뚝 떨어진 줄 알죠. 의외로 판매자들이 많이 하는 실수입니다. 사장님께 여쭤봤습니다.

"이런 사은품은 스마트폰 회사나 통신사에서 영업용으로 제공하는 물품인가요?"

"아뇨, 다 저희가 돈 주고 사는 거예요. 필름은 8,000원짜리 일 년에 다섯 번까지 2년간 교체해드려요. 이것만 해도 8만 원이죠. 그리고 젤리케이스는 5,000원인데 이것도 일 년에 두 번까지 2년간 무상으로 교체해드려요. 저희 대리점에서 개통하는 고객들에게는 약 20,000원 정도 값어치의 사은품을 드리고 있습니다."

소비자 입장일 때는 많이 주니까 좋았는데, 판매자 입장에서 생각해 보니 대단히 심각한 문제였습니다. 같은 공장에서 나온 완제품을 가지고 경쟁자가 많은 시장에서 경쟁하려니 어쩔 수 없다는 것도 잘 압니다. 그런데 조금만 생각하면 고객이 몇 배나 행복해지고, 덕분에 판매자도 행복해지는 노하우가 있습니다. 공짜 품목에 숫자를 입히는 겁니다. 통신사 대리점을 운영하는 분들의 공통된 목표는 다음과 같습니다.

1 신규 고객모집

2 개통 시 고가요금제 유치 (매출목표)

그런데 현실은 거리가 있습니다. 오너 입장에서는 이윤을 극대화하고 싶지만, 할인을 해야만 거래가 이루어지는 무한 출혈 경쟁 상태로 접어든 지 오래입니다. 또 아무리 좋은 정책이 있어도 이것을 기존 고객에게 알릴 수단과 방법이 마땅치 않습니다. 이럴 때는 별다른 방도가 없습니다. 일단 제 발로 찾아온 고객을 감동시켜야 합니다. 그냥 함부로 막 주는 서비스가 아니라 판매자가 투자하고 있다는 인상을 줘야 합니다. 그래서 저는 이제껏 공짜였던 서비스에 숫자라는 옷을 입혔습니다.

네이버 플레이스, 인스타그램에서 인기몰이 중인 레스토랑 '어썸로즈'

이번에는 서울로 자리를 옮겨 볼까요? 신사동 가로수 길과 홍대에서 이탈리안 레스토랑을 검색하면 아마도 이 집이 제일 상단에 뜰 겁니다. 네이버 플레이스, 인스타그램에서 폭발적인 인기를 끌고 있는 레스토랑 '어썸로즈'입니다.

"너무 맛있었어요. 장미랑 손 세정제 보고 감동 받았어요. ㅜㅜ 센스가 장난 아니셔요. 그만큼 맛도 엄청 좋아요!! ㅎㅎ 잘 먹었습니다."

"진짜 미쳤어요. 너무 맛있어요. 센스 있는 쿠폰과 꽃, 손 세정제 너무 최고예요."

"마지막에 꽃 한 송이 센스까지!"

극찬이 이어집니다. 이 집은 식사를 마치고 계산하는 고객들에게 장미꽃을 선물합니다. 정보 없이 방문한 분들은 예고 없는 선물에 깜짝 놀랍니다. 장미꽃 한 송이가 고객의 마음을 이토록 흔들어 놓을지 저도 몰랐습니다. 딱 한 가지, 공짜에 숫자라는 옷을 입혔더라면…. 하는 아쉬움이 들어 대표님께 부탁을 드렸습니다.

"장미꽃에 3,000원이라는 '가격 옷'을 입히시죠. 사장님의 마음이 한껏 담긴 서비스를 절대 공짜로 인식시키면 안 됩니다. 공짜에도 분명히 가격이 있다는 사실을 적극적으로 알려야 합니다. 세상에 원래 공짜는 없습니다."

3,000원이라는 '가격 옷'을 입힌 장미꽃

이렇게 강조하고 장미꽃을 꺼내

주는 카운터 꽃 보관함과 매장 곳곳에 '가격표가 붙은 장미'를 디스플레이했습니다.

"어썸로즈에서 준비한 장미꽃입니다. 매장에서 식사하신 고객분들께는 선물로 드립니다."

지금까지 고객들 뇌 속에는 이런 수식이 자리 잡고 있었습니다.

13,000(파스타)원 + 0원 (공짜 장미) = 13,000원

그런데 숫자 옷을 입히면 셈이 완전히 달라집니다.

13,000원(파스타) + 3,000원(장미) = 16,000원

하지만 지불하는 금액은 13,000원
3,000원이라는 추가 혜택을
절대 공짜라고 이야기하지 마세요.

어차피 판매 목적으로 가져온 꽃이 아닙니다. 기분 좋게 선물로 드릴 겁니다. 그렇다고 판매용이 아니니 솔직하게 구매 가격을 1,000원이라고 적을까요? 노노! 고객들의 머릿속에 있는 장미꽃 한 송이의 가격유전자는 어느 정도나 될까요? 이를 찾아내기 위해서는 부지

런히 움직여야 합니다. 온라인을 싹 뒤져서 모자라지도 넘치지도 않는 가격을 찾아내야 잘 먹히니까요. 생각해 보세요. 만약 여러분이 이 집 고객이라면 장미꽃 가격표에 1,000원이라고 적혀 있는 게 기쁠까요, 3,000원이라고 적혀 있는 게 더 기쁠까요?

고객에게 장미만 선물해서는 안 됩니다. 그분들에게 극강의 가치를 선물해야 합니다. 공짜라고 주던 선물에 가격을 입히면 고객이 받는 혜택이 눈에 확 드러납니다. 고객이 누릴 수 있는 혜택을 굳이 감출 필요는 없습니다. 가능한 한 많이, 적극적으로 드러내야 합니다. 손해는 그 반대입니다. 작을수록, 없을수록 고객이 행복해집니다. 혜택은 거래를 성사시키는 계기가 됩니다. 그러니 전투적으로 숫자를 입히고 알려야 마땅합니다.

여러분의 매장에는 얼마나 많은 공짜 서비스가 있나요? 쭉 한번 둘러보시고. 서비스에 가격이라는 옷을 입혀주세요. 실오라기 하나 걸치지 않은 채 홀러덩 벗고 있는 여러분의 공짜 서비스가 더 이상 추워 보이지 않도록.

0원이라고 크게 외치세요

방금 '공짜'라고 하지 말라더니 지금은 0원이라고 대놓고 홍보하라고요? "아니, 작가가 어떻게 된 거 아니야?" 하실 분들 계실 겁니다. 지금부터 앞서 설명한 '어썸로즈의 장미꽃'의 연장선상에 있지만 미세하게 다른 가격 전략을 공개하려고 합니다. 1990년대 후반 일본 방송국에서 연수를 한 적이 있습니다. 어쭙잖은 일본어로 하루 종일 회의하고, 촬영하고, 편집하고…. 한밤중에 끝나면 일본의 평범한 샐러리맨들처럼 역 근처 이자카야에서 맥주잔을 기울였는데, 몸은 피곤했지만 지금 생각해보면 그때만큼 행복했던 적도 없었던 것 같습니다. 선진 방송 기술을 배울 수 있는 기회라는 생각에 모든 게 신기했으니까요.

자주 다니던 꼬치집 옆에 새로 개업한 생맥줏집이 보였습니다. 가게 앞에는 아주 큰 글씨로 '교자 0원'이라고 적혀 있었습니다. 고민 없이 들어가서 앉았습니다.

"토리아에즈 나마 후다츠."

묻지도 따지지도 말고 생맥주를 두 잔 달라고 했습니다. 그리고 물었습니다. 진짜 교자가 0원이냐? 한 접시도 0원? 두 접시도 0원? 교자 무한리필 서비스냐? 오픈 이벤트냐?

"아닙니다. 저희 사장님 원칙입니다."

알고 보니 꽤 유명한 외식 체인의 사장님 작품이었습니다. 살얼음이 낀 생맥주 한 잔을 단숨에 마시고 메뉴판을 훑어봤습니다. 순간 소름이 끼쳤습니다.

"교자 180엔"

마침 그 순간 직원이 교자를 테이블로 가져왔습니다. 다시 물었습니다. 지금 서비스로 주는 교자랑 저 메뉴판의 교자가 다른 거냐? 180엔짜리 교자가 개수가 더 많으냐? 직원은 손을 저으며 지금 가져온 이 교자가 바로 메뉴판 속 주인공이라고 했습니다. 그 순간, 제 머릿속 계산기가 멈춰버렸습니다.

'생맥주 한 잔이 350엔이니까, 그럼 난 지금 생맥주를 170엔에 마시고 교자를 180엔에 먹은 것인가? 아니면 생맥주를 350엔에 마시고 교자를 0엔에 먹은 것인가?'

자, 이 이야기를 다시 한번 곰곰이 생각해 보세요. 가격도 가격이지만 과연 여러분이 고객이라면 두 가지 선택지 중 어느 쪽을 고르시겠습니까? 이 문제는 가격 책정뿐 아니라 세트 구성, 디스카운트 정책에도 아주 크게 작용합니다.

이번에는 서점으로 가보겠습니다. 월말이면 매대 한쪽은 다음 달 잡지들로 그득합니다. 잡지마다 앞다퉈 부록을 끼워 넣다 보니 두툼합니다. 언제 누가 시작했는지 기억도 안 날 정도로 오래된 일입니다. 처음에는 화장품 샘플 같은 가볍고 간단한 소품들이었던 것이 경쟁으로 접어들었고, 경쟁은 전쟁을 낳았습니다. 이젠 잡지를 사는 건지 부록을 사는 건지 모를 정도로 매력적인 친구들이 잡지 속에 들어 있습니다. 잡지 부록 전쟁 덕분에 독자들은 행복합니다. 반면 더 많은 부수를 팔고 싶어 하는 판매자들의 경쟁은 용광로처럼 뜨겁습니다.

화장품 부록으로 경쟁하는 잡지들

잡지의 부록을 확인한 독자가 제일 먼저 하는 건 가격 검색입니다. 이제는 가격대가 같은 잡지에서 얼마나 비싼 부록을 주는지가 구매 포인트가 되었습니다. 잡지의 내용을 확인하기보다 소비자가 더 공을 들이는 게 바로 추가 서비스인 부록의 가격이 되었습니다. 이것이 자영업 오너들에게 시사하는 바는 큽니다.

자, 0원짜리 교자와 25,000원 상당 잡지 부록에서 우리는 무엇을 배워야 할까요? 앞서 나온'장미꽃을 공짜로 주는 서비스에 3,000원이라는 가격표를 붙여라'보다는 한 발짝 더 나아가야겠죠? 바로 세트 구성과 가격 결정의 비밀입니다. 지금까지 우리는 다음과 같은 방식을 고수해 왔습니다.

1. 같은 종류를 여러 개 묶어서 할인해 주거나

2. 다른 종류를 몇 가지 섞어서 할인해 주거나

3. 가격에서 차이가 나는 상품들을 세트로 묶어 할인해 주거나

4. 하나를 사면 하나를 더 주거나

하도 자주 만나는 할인 전략이라 어지간해서는 소비자들이 눈 하나 깜빡하지 않습니다. 교자 0원처럼 주장을 효과적이고 매력적으로 제시하는 방법을 몰랐습니다. 여러분 잘못이 절대 아닙니다. 단 한 번도 가르쳐준 곳이 없었기 때문입니다. 제가 가격 책을 쓰기로 마음먹었던 것도 어쩌다 사장님이 된 여러분들에게 내비게이션의 역할을 하고 싶었기 때문입니다. 자영업을 하는 분들의 생존 기술은 정말 대단합니다. 한 번 가보면 절대로 잊지 않습니다.

자, 이제 세트 메뉴를 만드는 길로 접어들겠습니다.

1. 0원이라고 가격을 제시했을 때 고객이 행복해할 만한 상품과 서비스를 찾아야 합니다. 인기가 씬 것이라 그냥 드릴 수 있다는 인상을 줘서는 절대 안 됩니다.
   예) 계란찜, 세탁 서비스, 추가 30분, 스페셜 케어

2. 가격이 0원이라고 제시한 상품을 고객이 가격표에서 유료로 발견했을 때 반발이 생기면 안 됩니다. 예) 타이어 공기 주입, 안경 나사 교체

3. 0원짜리 상품은 반드시 여러분이 주력으로 밀고 싶은 이익이 좋은 상품과 커플로 붙이세요. 예) 콜라 + 팝콘, 드라이클리닝 + 줄임 서비스

4. 자꾸 얻고 싶어서 반복적으로 구매가 가능한 상품이나 서비스와 0원짜리 상품을 함께 세팅하세요. 예) 교자 + 생맥주

여러분 매장의 0원짜리 상품으로 내세울 만한 것들이 그 어느 곳에서도 만날 수 없는 아주 독특하고 스페셜한 상품이라면 더할 나위 없을 겁니다.

A 세트 = 양주 + 과일 + 마른안주 + 황도 + 빙수 + 이온 음료

오늘부터는 세트 메뉴를 구성할 때 이런 방식은 싸그리 없애버리시고 0원짜리 상품을 강력하게 밀어보세요. 고객의 관심을 한 몸에 받으실 수 있을 겁니다.

KICK!

어느 0원짜리가 가장 매력적이고 반복 구매를 가능하게 할지 한번 분석해 보세요.

- 장미꽃 0원 + 파스타 13,000원
- 교자 0원 + 생맥주 5,000원
- 맞춤 수선 0원 + 양복
- 세탁기, 스타일러 0원 + 모텔
- 휴대폰 0원 + 3년 사용료 약정
- 자동 분사기 0원 + 리필용 세제
- 저주파 마사지기 0원 + 항노화 에스테틱
- 스케일링 0원 + 치과 치료
- 스타일러 0원 + 상조 서비스

핵심은 오늘 배운 잡지 부록처럼 '0원짜리 상품이 가지고 싶어서 메인 상품을 산다'입니다. 단, 이것만은 잊으시면 안 됩니다. 메인 상품의 매출이 추가로 오르지 않는다면 0원짜리 상품은 생각 없이 퍼주는 덤에 불과하다는 것!

할인해주지 마세요, 하나 더 주세요

"선생님, 정말 머리가 아픕니다. 주위에 무한리필집이 네 군데나 생겼어요."

목동에서 잘나가던 한우집을 운영하던 대표가 울상이 되었습니다. 가성비 좋은 브랜드들이 하나둘 기존 상권에 상륙했기 때문입니다. 이렇게 되면 기존에 자리 잡은 터줏대감들은 머리가 지끈거립니다.

1 **나도 무한리필에 도전한다.**

2 **가격을 할인한다.**

3 **가치와 격을 만든다.**

언뜻 이 세 가지 방안이 떠오릅니다. 경험 없는 무한리필은 아주 위험합니다. 최근 핫하다는 무한리필 프랜차이즈들은 설계도를 작성할 당시부터 원가를 철저하게 분석한 상태입니다. 1인당 평균 섭취량은 물론이고 시간대별, 부위별, 고객별 데이터를 가지고 있습니다. 이는 후발 브랜드가 좀 더 진화된 아이템을 들고 같은 상권에 들어와도 대처할 준비가 어느 정도 되어 있다는 뜻입니다. 이런 상황에서 무한리필로 덤볐다가는 자칫 기존 고객들까지 놓치는 우를 범할 수 있습니다.

인간은 호기심의 동물입니다. 그리고 '신상'을 아주 좋아합니다. 자주 찾는 상권에 새 브랜드가 들어오면 궁금해서 견딜 수가 없습니다. 확인하기 위해서라도 꼭 한 번은 방문합니다. 기대 이상이면 과거의 애인을 청산하고, 그렇지 않으면 구관이 명관이라며 다시 돌아갑니다. 그런데 무한리필을 도입한 상대는 꽤 유명한 그룹입니다. 이런 '선수'를 상대로 급조해서 덤비기에는 위험부담이 너무 큽니다. 자, 그렇다면 두 번째 방안인 '가격을 할인한다'는 어떨까요? 나쁘지 않습니다.

하지만 3주년 기념이나 5만 명 방문 감사와 같은 분명한 명분이 필요합니다. 고객은 이유와 용도를 사기 때문입니다. 우리가 제안하는 '이유'가 고객의 '필요'로 이어진다면 구매는 자연스럽게 이어집니다. 하지만 제시하는 이유가 엉성하면 차라리 안 하느니만 못합니다. 자주 마주치는 문구를 하나 보여드리겠습니다.

"30% 할인 판매"

어떤 생각이 제일 먼저 떠오르시나요? 판매자가 착하다? 불경기에 처해있는 고객을 위한 배려다? 땡! 인간은 직관적인 사고에 익숙합니다.

1 **유통기한이 다 되었구나.**

2 **잘 안 팔리는구나.**

복잡한 과제를 간단한 판단 작업으로 단순화하여 의사를 결정하는 경향인 휴리스틱heuristics 때문에 그렇습니다. 생각의 지름길이 그렇게 만듭니다. 세일도 마찬가지입니다. 멀쩡히 잘 팔리는데 세일하는 판매자는 그리 많지 않습니다. 소비자들은 학습에 의해 입력된 정보를 통해 할인은 분명 시즌이 끝났거나, 인기가 없거나, 손님이 줄었거나, 장사가 잘 안될 때 쓰는 마케팅 기법이라는 것을 아주 잘 알고 있습니다. 할인에도 분명한 명분이 필요한 이유가 바로 이 때문입니다.

그렇다고 가만히 있을 수는 없습니다. 이대로 있다가는 고객에게 시나브로 잊히고 종국에는 문을 닫게 될지도 모른다는 생각에 잠이 오질 않습니다.

1 **2+1**

2 **5만 원 이상 구매 고객에게 판매가 10%에 해당하는 서비스 제공**
10만 원 이상 구매 고객에게 판매가 20%에 해당하는 서비스 제공
15만 원 이상 구매 고객에게 판매가 30%에 해당하는 서비스 제공

이것은 생존을 위한 비상 전략입니다. 아주 강력한 적과 싸워야 할 때 쓰는 극약 처방이라는 점을 참고해 두는 게 바람직합니다. 자,

2 + 1입니다. 판매 단위가 8,000원인 제품을 예로 들어보겠습니다.

원래는 1 + 1 + 1 = 24,000원인데 지금은 2 + 1 = 16,000원입니다. 제품당 원래 판매가는 8,000원이었지만 지금은 5,333원이니, 제품당 약 2,700원씩 할인해 주는 셈입니다.

제품당 마진은 50%, 즉 4,000원이라서 할인 전이라면 4,000원 × 3 = 12,000원의 이익을 얻지만, 2 + 1일 경우 2개에 해당하는 이익 8,000원밖에 얻지 못합니다. 이때 아주 단순하게 4,000원이나 손해 봤다고 생각하기 쉽습니다. 그런데 냉정하게 생각해 보면 손해를 보는 것이 아니라 덜 버는 겁니다. 무엇 하나 사라지는 것은 없습니다(2 + 1도 원가에 해당하는 4,000원 × 3 = 12,000원은 보존이 됩니다). 단, 마진이 줄어들 뿐입니다.

저는 기존 고객을 잃어버리는 것보다 이편이 낫다고 생각합니다. 제품이나 서비스당 가격이 높으면 높을수록, 원가가 낮으면 낮을수록 + 1 판매 방식은 도움이 됩니다. 이 조건에 맞지 않는 제품이라면 + 1 방식보다 누적 판매액 대비 서비스 품목 제공이 유리합니다. 위의 3가지 방안 가운데 적합한 것을 골라볼까요?

상품 판매가격이 10만 원이면 지불 금액의 20%에 해당하는 서비스, 즉 판매가격이 20,000원인 육회를 서비스로 내드립니다. 어차피 무한리필 경쟁자에게 빼앗기면 이마저도 불가능하니까요. 대신 가격 공부를 열심히 해서 일정 정도의 투자로 단골을 계속 가져가면 됩니다. 판매가격 20,000원인 육회의 원가는 30%, 6,000원입니다. 지금은 최후방까지 몰려있는 상황인 만큼 그대로 주저앉을 수 없어 매출

10만 원당 6,000원을 투자하기로 합니다. 물론 무한리필로 쏠린 고객이 그깟 육회 한 접시에 돌아오겠느냐고 의심하시는 분도 계실 겁니다. 괜찮습니다. 저 같으면 아무것도 안 하고 무너지느니, 이렇게 해서 단 한 팀이라도 더 잡겠습니다. 결국은 끈질긴 사람이 이기게 돼 있습니다. 끝까지 계산하고 투자하고 질기게 붙잡는 사람이 살아남습니다.

매일 전장에 나가 전투를 벌여야 하는 동지들에게 드리는 한 가지 부탁이 있습니다. 한번 가격을 무너뜨리면 돌이킬 수 없습니다. 경쟁에서 이기기 위해 가격을 낮추면 그때부터 고객은 낮춘 가격을 기준으로 삼습니다. 이후 가격을 올리면 저항감은 극에 달합니다. 이때는 다 놓치고 맙니다. 그리고 더 중요한 게 뭔지 아시나요? 바로 품질에 대한 의심이 생긴다는 것입니다. 그렇지 않아도 의심 많은 고객에게 빌미를 주는 셈이 됩니다. 마지노선까지 가격은 반드시 지키세요. 가격이 무너지면 격도 무너지고, 고객이 여러분의 제품이나 서비스에 대해 가지고 있는 믿음도 무너집니다. 자존심과 격은 지키되 누적 금액에 따른 서비스로 투자를 하는 것이 어떨까요? 그분들이 여러분의 제품과 서비스를 찾았던 건 여러분이 그토록 고집스럽게 지키고자 했던 '격' 때문이 아닐까요?

마지막 대안으로 가치와 격을 언급한 이유는 고객 모두가 무한리필과 낮은 가격을 선호하는 것은 아니라는 것을 말씀드리고 싶어서였습니다. 이것은 제가 가장 중요하게 강조하는 내용이기도 합니다. 고객은 수준에 맞춰 소비합니다. 소득 수준 상위 1%의 고객이 무한리필 대신 파인 다이닝을 선호하는 이유는 가격은 더 비싸지만 고가 판매자들의 격과 디테일이 더 좋기 때문입니다. 재미있는 사실은 이 분들도 공짜라면 사족을 못 쓴다는 것입니다. 그래서 제가 총 누적 매출에 비례한 공짜 서비스를 (단, 가격은 반드시 밝혀야 합니다) 강력하게 제안한 겁니다. 대접도 받고 공짜도 얻고. 누군가 당신의 앞마당에 최저가 또는 무한리필이라는 무기를 들고 쳐들어오면 가치와 격만 되뇌세요. 자칫 시류에 편승해 덤볐다가는 심각한 위기를 겪게 되실 겁니다. 그들이 하지 않는 것, 할 수 없는 것에 집중해야 그 생각에 동조해주는 고객들이 찾아와 줍니다.

"이익은 내려놓더라도
가격은 내리지 않으셨으면 좋겠습니다."

KICK!

+1 마케팅은 신중해야 합니다.
고객이 받을 혜택을 어떻게 조합하느냐가 +1 마케팅의 성패를 좌우합니다. 계산이 복잡하거나, 혹은 이미 가격을 뻔히 아는 제품들의 조합이라면 고객은 넘어 오지 않습니다. +1 기법을 활용하기에 가장 적합한 아이템은 시장에 공급이 넘쳐흐르는 녀석들입니다. 이미 가격이 노출되어 있고, 너나 할 것 없이 뛰어들어 수요보다 공급이 아주 많은 경우에 효과적입니다.
라면을 생각하면 쉽습니다. 하루가 멀다 하고 신제품이 출시되며 수십 종의 라면들이 시장에서 각축을 벌입니다. 이럴 때 쓰는 게 +1 가격 전략입니다. 1+1 전략이 가장 빛을 발할 수 있는 것으로 수요가 별로 없는, 즉 소비자들이 관심이 없는 제품군을 추천하고 싶습니다. 새로 개발한 수도꼭지나 접착제, 호스, 저주파 안마기 등 당장 필요한 건 아니지만 있으면 인생이 아주 조금은 더 재밌고 편해지는 제품들에 아주 유용한 전략입니다.

홈쇼핑 채널에서 +1 기술을 많이 쓰는 것도 이 때문입니다. 여러분의 집에 쌓여 있는 홈쇼핑 상품들의 상당수가 이 전략에 의한 것이죠. 여러분은 지금 당장 필요하지도 않은데 +1에 자극받아 스마트폰을 들었습니다. 전동 드릴, 주물럭대면 본드가 되는 접착제, 욕실 지우개, 마스크팩, 수분크림, 핫팩, 위생 도마…. 아마도 +1 상품이 아니었다면 사지 않았을 것이라는 데 1만 원을 겁니다. +1은 아주 무섭습니다. 왜냐고요? 총 지불해야 하는 금액에서 제품 수, 혜택 수를 평균적으로 나누게 되는 게 인간이니까요. 누가 시키지도 않았는데 뇌가 알아서 자동으로 계산을 해줍니다.

'2+1이 33,000원이라 이거지? 그럼 한 개 가격이 16,500원에서 11,000원으로 낮아지는 셈이네.'

그래서 최종 판매가격은 제품 수로 나누기 쉬운 금액이어야 합니다. 2+1은 3

의 배수, 3 + 1은 4의 배수, 4 + 1은 5의 배수로 가격을 구성해야 고객이 따라와 줍니다.

Tip

마진이 좋은 제품이나 서비스에도 접목하기 좋은 무기가 + 1입니다. 분유, 기저귀, 휴지……. 종류가 많고 품질은 비슷한 제품군에서 주목받고 있는 기법이기도 합니다.

여러분의 제품에는 + 1이 어울릴까요? 아니면 누적 금액에 따른 보너스나 서비스가 어울릴까요?

프리미엄 가격 전략

중학교 때까지만 해도 저는 달리기가 참 싫었습니다. 심장이 터져라 달려도 늘 하위권이었으니까요. 자존심도 상하고 성적도 시원찮고…. 그러던 어느 날 체육 선생님께서 제게 이런 이야기를 해주셨습니다.

“100m가 골인 지점이 아니고 120m가 진짜 골인 지점이라고 생각하고 뛰어봐.”

이것은 지금도 제 인생의 철칙입니다.

‘남들이 생각하는 끝은 끝이 아니다. 20%는 더 가자.’

이렇게 생각하는 것이 처음에는 사실 쉽지 않았습니다. 훨씬 더 멀게만 느껴지고 힘도 2배는 드는 것 같았습니다. 그런데 한 번 두 번 경험하다 보니 달리기를 바라보는 눈이 달라졌습니다. 남들이 끝이라고 생각하는 것보다 더 멀리 가야 한다고 생각하니 자세가 완전히 달라졌죠. 달리기뿐만 아니라 성적도 그 시기에 가장 많이 올랐습니다. 대학 입시를 준비할 때도, 언론고시를 준비할 때도, 조연출에서 연출이 될 때도, 맛 칼럼니스트가 될 때도, 베스트셀러 작가가 될 때도. 그리고 지금 '장전', '장콘', '장가' 아카데미를 운영하면서도 늘 이 생각만 하고 살았습니다. 어떻게 하면 남들보다 20% 더 치밀하게 더 열심히 더 끈기 있게 더 악착같이 살까? 이런 태도로 임할 때 제일 좋은 건 100%가 아닌 120%를 준비하는 과정에서 자연스럽게 제 '격'이 높아진다는 것입니다.

이 책의 서두에서 '선'을 말씀드렸습니다. 제가 제일 싫어하는 말이 바로 "그 정도면 됐어."입니다. 아주 징그럽게 싫습니다. 남들이 다 그 정도라고 생각하는 100%보다 훨씬 더 선을 넘고 도가 지나치면 돋보일 수밖에 없습니다. 그리고 주목을 받습니다.

월미도 '미투커피'의 디저트 세트

위 사진은 실제 '장가(장사는 가격이다)' 수업 시간에 월미도 '미투커피'의 대표님이 만든 작품입니다. 상품이나 제품이라 부르지 않고 작품이라 부르는 데는 이유가 있습니다. 금잔에 금가루를 뿌린 라떼라니. 집 앞에 있는 카페도 아니고 데이트의 성지로 불리는 월미도에 있는 카페입니다. 월미도는 모노레일을 타고, 디스코 팡팡에 몸을 맡겼던 젊은 청춘들이 모이는 곳입니다. 루프탑에서 오늘을 기억하며 사진을 찍고 추억 앨범에 고이 모시기 시작하는 장소죠.

이런 곳에서 어디서나 뻔히 만날 수 있는 커피가 아닌 한 번 보면 절대로 잊을 수 없는 그런 유의미한 메뉴를 만들고 싶었습니다. 라떼 세트를 마시는 고객들에게 최고조의 행복감을 맛보게 해드리고 싶다는 기획의도에서 탄생한 '작품'이 바로 이것입니다. 대부분 이런 아이디어를 제안하면 "너무 비싼데…."라거나 "이 비싼 걸 누가 사 먹겠어요?", "하루에 얼마나 팔리겠어요?"와 같은 부정적인 대답이 먼저 나옵니다. 뇌 속에 사는 게으른 원숭이가 움직이지 말라고, 피곤해진다고, 실패하면 어떡하냐고 자꾸만 말립니다. 그래서 생각한 게 120%였습니다.

"하루에 딱 두 잔만 팔아도 좋겠습니다."

왜 하필 2잔일까요? 자, 분석에 들어갑니다.

하루 평균 210명 정도가 이 카페를 찾습니다.

평균 객단가는 6,000원이고요.

앞에서 보여드린 프리미엄 신메뉴의 가격은 1세트에 24,900원입니다.

■ 기존 카페 메뉴 판매

210명 × 6,000원 × 365일 (연중무휴입니다) = 459,900,000원

■ 프리미엄 신메뉴 론칭 후 1일 약 2세트 판매

208명 × 6,000원 × 365일 = 455,520,000원

+ 2명 × 24,900원 × 365일 = 18,177,000원

473,697,000원

− 459,900,000원 (기존 매출)

13,797,000원 (추가 매출)

이렇게 계산을 마치고 나니 갑자기 매일 3세트가 팔고 싶어집니다.

207명 × 6,000원 × 365일 = 453,330,000원

+ 3명 × 24,900원 × 365일 = 27,265,500원

480,595,500원

− 459,900,000원 (기존 매출)

20,695,500원 (추가 매출)

그까짓 1,300만 원, 2,000만 원이 아닙니다. 추가 이익금보다 훨씬 더 중요한 이유가 있습니다. 왜 120% 공을 들이고 노력을 기울여야 하는지 모른다면 어쩔 수 없지만, 이 과정을 통해 여러분의 생각과 아이디어는 진화합니다. 그리고 자연스럽게 고급스러워집니다. 격(格)과 급(級)은 하루아침에 만들어지는 게 아닙니다. 평균적인 고객을 넘어서는 VIP 고객들이 찾아온다면? 정말 유명한 부자가 예약을 했다면?

이런 가정을 하기 시작해야 뇌가 움직입니다. 좀 더 만족할 만한 대안을 찾는 동안 크리에이티브가 형성되죠. 게다가 이 얼마나 즐거운 일입니까? 매출을 올리고 이익을 극대화하기 위해 생각한 작품과 가격 덕분에 고급스럽고 근사한 제품을 가지게 된다니 말입니다. 부탁입니다. 제발 경쟁자들 속에 묻히지 마세요. 묻히면 사라집니다.

KICK!

안 팔리면 어쩌지 하는 생각 때문에 대부분 시작도 하기 전에 포기합니다. 이게 제일 안타깝습니다. 준비하지 않고 또 팔지 않아서 그렇지, 팔고자 하면 반드시 팔립니다. 이럴 때 쓰는 게 한정판입니다.

"하루에 딱 3세트만 팝니다."

아이디어를 하나 만들었으니 단번에 20%씩 매출을 올려야지…. 이런 생각은 여러분을 지치게 만듭니다. 한 걸음, 한 걸음이 모여 120걸음이 됩니다. 하루에 딱 한 명의 고객이라도 좋습니다. 어차피 여러분의 능력으로 빚어낸 작품은

SNS를 타고 멀리멀리 퍼져나갈 것이고, 이제껏 세상에서 본 일이 없는 근사하고 아름다운 작품을 찾는 소비자들이 하나둘 몰려들 것입니다. 병 · 의원, 호텔, 학원, 렌트, 통신, 미용…. 여러분이 아직 선을 넘지 않아서 필요를 못 느낄 뿐이지요.

지금부터 선을 넘고 120% 달릴 준비를 하세요. 다이슨처럼, 아이폰처럼.

고가 메뉴로 가격을 올려라

가격을 올리고 싶어 하는 자영업 오너들이 많습니다. 노력한 것에 비해 받는 가격이 낮다고 생각하기 때문입니다. 저는 무조건 찬성입니다. 사실 자영업 오너들 중에 본인이 받고 싶은 가격을 제대로 받는 사람이 몇이나 될까요? 경쟁자들 신경 써야죠, 고객들 눈치 봐야죠. 결국 최소한의 가격만 받게 되는 게 현실입니다.

고개를 돌려 여러분 매장의 가격표를 한번 보세요. 원망스러울 겁니다. 경쟁 상대가 없는 아이템이라면, 이 세상에 오직 나만 제공할 수 있는 상품과 서비스라면 지금 가격보다 두 배는 더 받을 수 있을 텐데…. 그래서 경쟁자가 없는 곳으로 가시라고 권하는 겁니다.

하지만 쉽지 않은 일입니다. 그래서 준비했습니다. 내가 원하는 대로 얼마든지 가격을 만들 수 있는 방법! 여기 가격표가 하나 있습니다.

- **꽈배기 2,000원**
- **식빵 3,000원**
- **생크림 식빵 4,000원**
- **프렌치토스트 5,000원**
- **명란 바게트 6,000원**
- **피자빵 7,000원**
- **초콜릿 무스 8,000원**

고객은 쭉 훑어보고 중간 가격의 메뉴를 선택할 확률이 높습니다. 물론 기호에 따라 다르게 선택할 수도 있지만, 어떤 상품이나 서비스라도 여러 가격 중에서는 중간 가격을 선택하는 게 소비자의 본능입니다. 대중소, 상중하, 123…. 세트 메뉴가 있는 중식당, 일식당, 한식당에서도 대부분 최고가는 혹시 손해를 볼지 모르니까, 최저가는 아무래도 합리적인 선택이 아닌 것 같아서 중간 가격을 선택합니다. 중간 가격은 고가나 저가보다 상대적으로 안전한 가격이라는 인식 덕분입니다. 재미있는 사실은 누가 시킨 것도 아닌데 중간 가격은 고가와 저가를 합한 뒤 반으로 나눈 가격인 경우가 많습니다. 우리가 흔히 접하는 가격을 한번 살펴볼까요?

55,000원 ( ) 35,000원

가운데 가격은 얼마가 적당할까요? 무의식적으로 45,000원이라고 대답하셨을 것입니다. 한 번 더 가볼까요?

38,000원 ( ) 18,000원

이번에도 자연스럽게 28,000원이라는 답이 나왔을 겁니다. 각각 10,000원씩 차이가 난다고 가볍게 생각하기 쉽지만, 이 가격표에는 놀라운 비밀이 하나 숨어있습니다.

고가 + 저가 / 2 = 중간 가격. 맞는지 틀리는지 한 번 계산해볼까요?

55,000원 + 35,000원 / 2 = 45,000원

38,000원 + 18,000원 / 2 = 28,000원

재미있는 계산이죠? 자영업을 운영하는 대부분의 오너가 이렇게 가격을 정하는 건 우연이 아닙니다. 실제로 가격을 정할 때 고가와 저가를 더한 뒤 나누어서 중간 가격을 정하는 경우는 거의 없을 것입니다. 그런데도 결론은 비슷합니다.

자, 다시 빵 이야기로 돌아갑니다. 가격대가 2,000원에서 8,000원 사이입니다. 2,000원 + 8,000원 / 2 = 5,000원. 일부러 계산하고 중간 가격을 선택하는 것도 아닌데 자연스레 5,000원 메뉴가 가장 잘 나갑니다. 이 빵집을 운영하는 김매방 씨는 최근 고민이 많아졌습니다. 최저임금도 오르고 달걀, 밀가루, 설탕, 크림, 치즈 가격까지 안 오른 것이 없습니다. 기존 가격을 받자니 남는 게 없고, 가격을 올리자니 손님이 뚝 떨어질 것 같고…. 마음고생이 이만저만이 아닙니다.

이런 고민을 하신 모든 분들에게 제가 선물을 하나 드리겠습니다.

"8,000원보다 비싼 최고 가격을 하나 더 만들어 보세요."

아무 생각 없이 무턱대고 가격을 올리는 바보짓은 아니니 걱정하지 마세요. 이제껏 없었던 최고 가격을 만들고, 몇 개의 선택지를 더 세팅할 겁니다. 기존 상품들의 가격을 올리는 게 아닙니다. 이 가격 전략은 두 가지 효과가 있습니다. 객단가도 올려주고, 동시에 제품의 퀄리티도 올라갑니다. 이건 상식입니다. 더 비싸게 받으려면 더 좋은 재료, 더 높은 기술을 선보여야 합니다. 품격은 이렇게 만드는 겁니다.

한번 생각해 보세요. 최고가가 8,000원인 브랜드와 최고가가 12,000원인 브랜드의 퀄리티, 어느 쪽이 더 높게 인정받을까요? 그렇습니다. 소비자는 가격과 품질을 동일시하는 경향이 있습니다. 값싼 제품보다는 비싼 제품이 더 높은 품질을 보장한다고 생각합니다. 여러분의 브랜드가 고객들에게 수준 높은 상품과 서비스를 만드는 곳으로 대우받고 싶다면 최고가 메뉴를 추가하세요. 이 방법이 가장 빠르고 효과적입니다.

● **꽈배기**	**2,000원**
● **식빵**	**3,000원**
● **생크림 식빵**	**4,000원**
● **프렌치토스트**	**5,000원**
● **명란 바게트**	**6,000원**
● **피자빵**	**7,000원**
● **초콜릿 무스**	**8,000원**
● 오징어 먹물 브레드	9,000원 (추가)

- 베이컨 크림치즈 빵　　10,000원 (추가)
- 히레카츠 샌드　　11,000원 (추가)
- 수제 오믈렛 햄버거　　12,000원 (추가)

4가지 고가 제품을 가격표에 추가로 배치했습니다. 선택지가 더 늘어났습니다. **추가된 가격들 때문에 기존 최고가였던 8,000원이 싸 보입니다.** 여러분이라면 어느 정도 가격대의 빵을 고르시겠습니까? 한 번 쭉 훑어보신 분들은 아마도 중간 가격대인 7,000원을 고를 확률이 높습니다. 이게 핵심 포인트입니다. 평균 판매 가격을 올리고 싶다면? 최고가를 배치합니다. 판매 개수가 동일하다면 매출도 늘고, 이익도 커집니다.

마진율이 동등하게 20%라면 5,000원짜리 빵을 파는 것보다 7,000원짜리 빵을 파는 게 훨씬 더 도움이 됩니다. 이익금이 1,000원에서 1,400원으로 높아지니까요. 이익만 놓고 보자면 무려 40%나 신장하는 셈입니다. 그런데 지금까지 우리는 기존에 팔던 상품의 가격을 올리는 것만 생각해왔습니다. 신제품을 만들어 최고 가격을 배치하는 것은 크게 염두에 두지 않았죠. 세계적으로 유명한 기업들이 왜 그토록 신제품 출시에 열을 올리는지 이제 감이 좀 잡히실 겁니다. 신제품이 등장할 때마다 변하지 않는 원칙이 하나 있습니다. 기존 제품보다 가격이 어떻다? 비쌉니다. 신제품 출시를 통해 보다 높은 기술력을 보유한 회사라는 이미지도 챙기고, 고가 전략을 펼쳐 중간 가격을 끌어올리는 전략입니다.

이번에는 컴퓨터 마우스를 파는 오너의 입장이 되어 볼까요? 기존 제품의 가격 라인은 다음과 같습니다.

3,000원 4,000원 5,000원 6,000원 7,000원 8,000원 9,000원

여러분의 선택은 무엇인가요? 네, 6,000원짜리 마우스가 제일 많이 팔립니다. 옷, 밥, 숙박, 운동, 약, 주사, 장례식장, 놀이공원, 선물, 술…. 그 어느 업종, 업태에서도 비슷합니다. 지불할 능력이 아주 많은 분은 초고가 제품을 선택하겠지만 평균적 소비자라면 중간 가격에 꽂힙니다. 가격을 다시 조정합니다.

3,000원 4,000원 5,000원 6,000원 7,000원 8,000원 9,000원 10,000원 11,000원

크게 손해 보지 않고, 품질도 확보하려는 의지가 이번에도 중간 가격인 7,000원을 선택하게 만듭니다. 수익이 늘어야 이익이 보장됩니다. 저의 이전 작인 《장사는 전략이다》, 《장사 이제는 콘텐츠다》에서 가능한 한 빨리, 매출을 많이 올리는 전략을 소개해드렸다면 이번 〈가격〉 편에서는 이익을 높이는 방법을 소개하고자 합니다. 남들 다 받는 가격이 아닌 나만의 가격, 고객도 만족시키고 나도 행복해지는 가격, 이것이 가능하려면 소비자의 심리적 부담과 구매 저항을 완화해야 합니다. 그러니 잊으면 곤란합니다. 더 많이 팔고, 더 많이 남기고 싶다면 신제품, 퀄리티가 높은 제품 그리고 고가의 제품을 제대로 만들어 탄탄하게 배치해야 한다는 사실을요. 고객에게 경쟁자보다 품격 있는 오너로 대접받게 되는 것은 제가 이 책의 독자들에게만 드리는 특별한 선물입니다.

보이지 않는 걸 보이게,
들리지 않는 걸 들리게

며칠 전 한 광고를 보고 아주 펑펑 울었습니다. 나이가 들어서 여성호르몬이 많아진 탓도 있겠지만, 정말이지 이 광고는 가격을 가르치는 저에게 그야말로 충격이었습니다. 주인공인 김소희 씨는 듣지도 말하지도 못하는 분입니다. 광고가 시작되자마자 "제 이름은 김소희입니다."라는 자막과 함께 수화로 인사하는 장면이 나오고 바로 뒤를 이어 이분의 언니가 나와서 말합니다. "(동생에게) 가장 갖고 싶은 걸 써보라고 할 때…. 목소리가 갖고 싶다고 했었어요." 어라? 이 광고 심상치 않은데…. 저는 쭉 빨려 들어갔습니다.

KT의 기가지니 광고에 등장해 수화하는 김소희 씨

"기가지니 AI 음성 합성 기술로 목소리를 선물합니다."

'드디어 기가지니 광고가 등장하는구나.' 생각하는 사이 기적 같은 일이 벌어집니다. 수화하는 소희 씨가 다시 등장하는데 이번에는 목소리가 들립니다. 세상에 목소리를 만들어 내다니. 음성 합성 기술을 이용해 김 씨에게 목소리를 선물한 겁니다. 김소희 씨가 또박또박 가족들의 이름을 부르는 것을 보고, 저와 제 가족들은 눈물을 흘리고 말았습니다. 이후 스마트폰에 글을 적은 소희 씨가 버튼을 누르자 스마트폰이 마치 자동번역기처럼 그녀의 목소리로 글을 읽어주었습니다.

순간 이런 생각이 들었습니다.

'이 스마트폰은 천만 원이라도 팔리겠다.'

이런 감동적인 순간에도 가격을 따지다니, 제가 너무했나요? 하지만 가격에 미쳐 있던 제게는 정말 강렬한 충격이었습니다. 지난 3년간 고민하던 가격에 대한 근본적인 궁금증이 이 광고를 보고 풀렸습니다. 이날 KT가 선보인 '음성 합성 목소리'는 세상에 없던 기술입니다. 최초로 등장하고서야 사람들로 하여금 "아, 그래! 우리에게 정작 필요했던 건 이런 기술이었어!" 하고 머리를 쥐어박게 만든 정말 고마운 발명이자, 이 걸작이 탄생하기 전까지는 상상도 할 수 없었던 일입니다.

진정한 기술은 사람을 울립니다. 절대 아깝지 않은 가격이 됩니다. 여러분의 상품과 서비스가 그간 보이지 않았던 것을 보이게 하고, 들리지 않았던 것을 들리게 한다면 결코 다른 것과 비교당할 일이 없습니다.

고객의 고통 안에 모든 비즈니스의 답이 들어있다는 이야기 많이 들어보셨죠? 고객의 불편, 불안, 위험, 고통을 찾아 해결책을 마련해 주는 비즈니스는 반짝반짝 빛이 납니다. 김소희 씨의 말 못 하는 고통을 기가지니가 해결해 주었습니다. 이 비즈니스는 크게 성공할 수밖에 없습니다. 필요로 하는 사람은 많고 공급하는 이는 적으니 당연히 가격은 기존 스마트폰보다는 비쌀 게 뻔합니다. 그런데도 만약 일반 스마트폰 가격과 비슷하거나 낮게 책정한다면 KT는 찬사와 존경까지 덤으로 얻을 수 있을 겁니다.

이 세상에는 두 종류의 고통과 불편이 있습니다. 내가 아는 고통과 불편, 그리고 내가 알지 못하는 고통과 불편. 남들은 다 가지고 있는데 나에게는 없어서 느끼는 고통이나 불편은 쉽게 티가 납니다. 하지만 남도 모르고 나도 모르는 고통이나 불편은 쉽게 드러나지 않습니다. 누군가 알려줘야 그제야 인지할 수 있죠. 그래서 세밀하게 표현하면 비즈니스의 답은 고통이 아니라 고통과 필요 사이에 있습니다. 고통이나 불편이라고 하니 뭔가 크게 부정적이거나 아픈 것으로 생각하기 쉬운데…. 진짜 심각한 고통이나 불편은 '손해' 안에 들어있습니다. 거래를 통해 손해를 봤다? 타이밍을 못 맞춰 손해를 봤다? 상대를 잘못 만나 손해를 봤다? 누구든 마찬가지입니다. 손해를 보는 상황은 심히 불편하고 고통스럽습니다.

또 있습니다. 누군가를 또는 무엇인가를 의심하는 것도 상당히 불편합니다. 미리미리 안심시켜주면 될 것을 증거를 대지 못하고 입증하지 못해 의심을 사는 경우가 많은데, 이러한 의심은 판매자에게 치명적인 결점이 됩니다.

고객의 의심을 안심으로 바꾸지 못하면 여러분은 당당하게 가격을 핸들링할 수 없습니다. 고객이 느낄지도 모르는 고통, 불편, 손해, 의심을 없애야 하는 이유는 가격 때문입니다. 고통, 불편, 손해, 의심을 없애면 없앨수록 그리고 안심시키면 시킬수록 가격은 소비자가 아니라 판매자의 편이 됩니다. 시장을 선도하는 가격도 이렇게 만들어집니다. 그동안 우리는 늘 남의 가격을 따라 다녔습니다. 눈치가 보여서요. 그리고 무엇을 어떻게 해야 하는지 몰라서 시장에 먼저 진출한 선배들의 가격을 따랐습니다. 이제는 이 굴레에서 벗어날 시간입니다.

평범한 회와 보이지 않는 것을 보이게 한 회

수업 시간에 이 두 장의 사진을 보여주면 수강생들의 입이 쩍 벌어집니다. '보이지 않는 걸 보이게'의 의미를 단박에 알아차립니다. 왼쪽처럼 평범하게 살만 보여줄 때는 평범한 반응을 보입니다.

"맛있겠네…. 이 부위는 뭐지? 그나저나 양식인가? 자연산인가?"

그러나 오른쪽처럼 그동안 보이지 않았던 것을 보이게 만들어주면, 가치는 급격히 상승하고 의심은 사라집니다. 가격이요? 비교 대상이 없으니 부르는 게 값입니다.

"대박! 회를 이렇게 내는 집은 처음 봤어. 도대체 어떻게 이런 생각을 한 거지? 뭐 의심하고 자시고 할 게 없네."

두 번째 사진의 횟집은 경쟁자들과 다른 취급을 받고 싶어서 이런 선택을 했습니다. 이러한 노력은 의도했든 의도하지 않았든 고객의 의심을 없애줬습니다. 그리고 이 살이 어떤 부위인지를 두고 벌이던 자잘한 논쟁들도 잠재웠습니다. 대한민국 회 역사에 한 획을 그은 아주 근사한 디자인입니다.

디자인을 공부한 분은 아시겠지만, 세상을 뒤집어 놓은 디자인은 생략된 부분을 다시 되살려내는 데서 탄생합니다. 실물을 생략하고 단순화하는 과정이 디자인입니다. 하지만 이것은 '적당한' 수준의 디자이너들 이야기고, 이보다 두 곱절쯤 윗길에 있는 선수 중의 선수들은 그렇게 생략해서 만든 미니멀한 디자인에 한 가지를 추가합니다. 일부를 복원해서 보이지 않던 것을 슬쩍 보여줍니다.

원물 - 생략 - 디자인 - 생략된 일부 복원

선은 생략하고 꼬리는 USB로 복원한 마우스

이것은 세상에서 가장 많은 상을 받은 마우스입니다. 이 마우스를 처음 보는 순간 누구나 그 매력에 푹 빠집니다. 그리고 미소를 짓습니다. 세상 어떤 마우스가 소비자를 웃게 만들까요? 선을 빼고 꼬리를 더하니, 컴퓨터와 연결된 선을 통해 생명을 유지하던 마우스가 자유를 외칩니다. 게다가 저 꼬리를 뽑으면 USB가 되어 어떤 컴퓨터와도 연결됩니다. 입신의 경지에 이른 디자이너들이 구사하는 스킬입니다. 없앴던 걸 다시 불러오고, 이것으로 생긴 기능을 불편을 없애는 데 씁니다. 당연한 것으로 여기던 유선을 무선으로 만듦으로써 그

동안에는 느끼지 못했던 불편을 느끼게 합니다. 이런 기술이 탄생하기 전까지는 아무도 이 기술을 필요로 하지 않았습니다.

이 마우스의 가격이요? 만든 사람 마음입니다. 이런 디자인 가격은 부르는 게 값이 됩니다. 이 세상에 없던 환상적인 가격을 만들고 싶다면 보이지 않는 걸 보이게, 들리지 않는 걸 들리게, 만질 수 없었던 걸 만지게, 냄새 맡지 못했던 걸 맡을 수 있게, 맛볼 수 없었던 걸 맛보게 해주면 됩니다. 딱 그만큼 경쟁자보다 더 받을 수 있습니다. 목소리, 생선의 원형, 마우스 꼬리…. 이제껏 누리지 못했던 생각과 아이디어를 현실에서 누리게 해주는 만큼 가격은 올라갑니다.

KICK!

이런 감성들이 가격을 만들어냅니다. 누군가 이런 천재적인 제품을 개발하기 전까지는 느끼지 못했을 필요성입니다. 오른쪽 사진의 와인을 한번 경험하고 나면, 그다음부터 다른 와인들이 많이 불편해집니다. 다음은 해당 상품(왼쪽)을 구매하자마자 찾아야 하는 것(오른쪽)입니다.

고기 → 소금

택배 → 칼

커피 → 컵

와인잔을 케이스로 만든 푸두 와인

제품을 구매 후 사용하기 전 단계에서 필요한 후속 행동을 고객에게 미리 제공할 수 있다면…. 이것 역시 가격을 통제할 수 있는 힘이 됩니다.

가격

가치 + 격

+ 보이지 않는 걸 보이게

+ 고통, 불편 제거

PART5

| 비주얼 전략 |

가격에 날개 달린 옷 입히기

PRICE

세상에 없던 가격을 만들고 싶으세요?

가격은 너무나도 빨리 노출됩니다. "아, 이 제품이 이 가격이구나." 하면 나머지 비슷한 것들과 비교되면서 족쇄를 차게 됩니다. 더는 벗어나기 힘든 상태로 몰리고 낙인이 찍힙니다. 막국수는 얼마, 학원비는 얼마, 커트는 얼마…. 이런 식으로 말입니다. 소비자가 상상도 할 수 없는 가격을 만들어 내려면 그들이 상상도 할 수 없는 '창조적인 생각법'을 가지고 있어야 합니다. 이걸 전 '분자 간섭'이라고 부릅니다. 가격을 분자 단위로 쪼개서 가격 분자들을 서로 결합하고 간섭하게 만들어 전혀 다른, 상상해보지 못한 제품과 가격을 만들어 내는 방법입니다.

이 '생각법'은 아주 단순합니다. 여러분의 제품과 서비스를 적어놓고 제일 먼저 떠오르는 7가지 단어를 나열해보는 것입니다. 자, 딱 10초만 눈을 감고 막국수라는 단어를 머릿속에 적어보세요. 어떤 이미지들이 나타나는지. 글을 떠올리려고 하면 안 됩니다. 사진처럼 이미지를 떠올리려고 해야 효과가 커집니다.

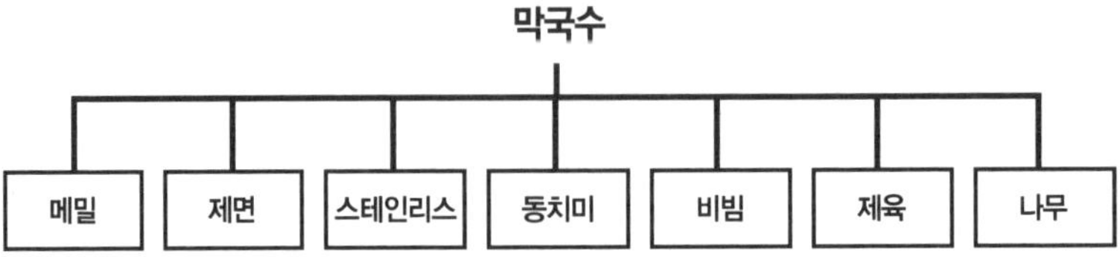

제 생각은 이렇습니다. 여러분의 생각과 같기도 하고 또 다르기도 할 겁니다. 다르다고 해도 아무 상관이 없습니다. 이렇게 떠오른 이미지들 하나하나에 2차로 2~3가지 연상 이미지를 다시 그려갑니다. 단, 처음 주제어였던 막국수는 지워버리고 7가지 단어만 가지고 연상을 떠올립니다. 첫 단어였던 메밀을 가지고 연상 작업을 할 때는 막국수는 떠올리지 말고 그냥 '메밀' 하면 떠오르는 이미지들을 적는 겁니다.

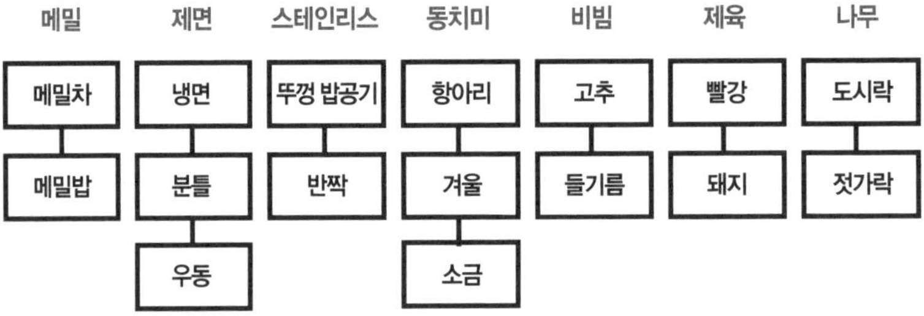

이제부터가 정말 중요합니다. 넓게 펼쳐놓은 아이디어 나무에서 분자들 하나하나를 얼마나 근사하고 자연스럽게 조합하느냐에 따라 여러분은 이제껏 없었던 제품과 서비스, 그리고 가격을 창조할 수 있습니다. 희한한 건 딱 한 번만 해 보면 바로 중독이 된다는 사실입니다.

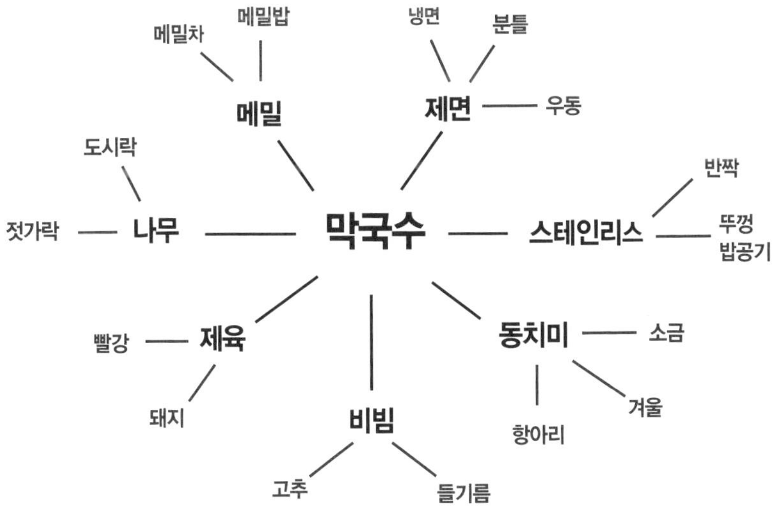

한 단어를 먼저 골라 주위 단어들과 쭉 매칭해 보세요(검은색 단어 중 하나를 골라서 그 주위를 감싸는 빨간색 단어와 매칭하면 됩니다). 막국수에서 7번째로 떠올랐던 '나무'로 조합해 볼까요?

나무 + 메밀차, 나무 + 메밀밥, 나무 + 소금, 나무 + 들기름, 나무 + 고추, 나무 + 돼지, 나무 + 젓가락

벌써 재미난 아이디어들이 만들어졌습니다. 개발이나 진화의 차원이 아닌 이제껏 없었던 가격을 만드는 데 창조성을 사용한다고 되뇌면 뇌가 아주 말랑말랑해집니다. 나무 잔에 내주는 메밀차, 나무로 만든 도시락통에 담아주는 메밀밥, 나무 소금통, 나무 들기름 용기[illegible]. 무궁무진한 신제품과 서비스를 만들 수 있습니다. 딱 10분이면 됩니다. 저는 이 아이디어 나무를 통해 다음과 같은 조합을 만들어 보았습니다.

- **제육 + 메밀밥**
- **뚜껑이 있는 스테인리스 밥공기에 담아주는 메밀면**
- **항아리 막국수**
- **소금 막국수**
- **고추 막국수**
- **비빔 제육**
- **돼지 막국수**
- **나무 막국수**
- **도시락 막국수**
- **차가운 메밀차 + 메밀밥**
- **봄 막국수, 여름 막국수, 가을 막국수, 겨울 막국수**
- **나무 동치미**

이 기가 막힌 아이디어들은 판매자와 구매자 모두를 흥분하게 만듭니다. 왜? 지금껏 누려보지 못했던 경험이니까요. 어디선가 한번 해 본 경험은 자극이 세지 않습니다. 밋밋합니다. 재미가 덜합니다. 하지만 이제껏 해 보지 못한 경험과 조합이라면 이야기는 완전히 달라집니다. 여러분은 기존 고객, 예비 고객들에게, 설렘을 선물한 것입니다. 설렘이 있어야 만지고 싶고, 누리고 싶고, 경험해보고 싶고, 가지고 싶고, 사고 싶어집니다. 사고 싶고 가지고 싶은 건 반드시 팔립니다. 가격에도 구애를 덜 받습니다.

제육볶음과 메밀밥, 스테인리스 밥공기보다 두어 배는 큰 대접(뚜껑이 꼭 있어야 함)에 담은 메밀면, 항아리 갈비처럼 항아리에 담아주는 동치미 막국수, 소금과 기름만 살짝 넣어 비벼주는 맨 국수, 들밥처럼 고추 장아찌를 푸짐하게 올린 막국수, 새우젓에 찍어 먹는 제육이 아니라 양념장에 비벼 먹는 제육, 일본 라멘의 차슈처럼 얇게 썬 돼지고기로 윗면을 완전히 덮은 막국수, 찬합 같은 나무 상자에 담아내는 막국수, 녹차 대신 구수한 메밀차를 시원하게 우려내 메밀밥에 말아먹기 등 세상에 없었던 제품을 만들 수 있습니다. 왜 그렇다고요? 네, 맞습니다. 가격 때문에요.

현대인들은 너무나 많은 정보 속에서 길을 잃기 쉽습니다. 머리가 아픕니다. 하나를 선택하면 나머지 것들을 버려야 하니까요. 그 덕에 신중해질 수밖에 없습니다. 다시 한번 강조합니다만 소비자는 결국 호기심이 가는 것, 한 번 가져 보고 싶은 것, 반드시 사고 싶은 것에만 돈을 지불합니다. 세탁업, 운수업, 숙박업, 렌트업, 쇼핑몰. 그 어느 업종, 업태라도 딱 한 번만 시도해 보세요. 신비한 경험은 물론이고 가격을 창조해내는 짜릿한 흥분을 느끼게 되실 겁니다.

KICK!

나만의 아이디어 나무를 만들어 보세요.

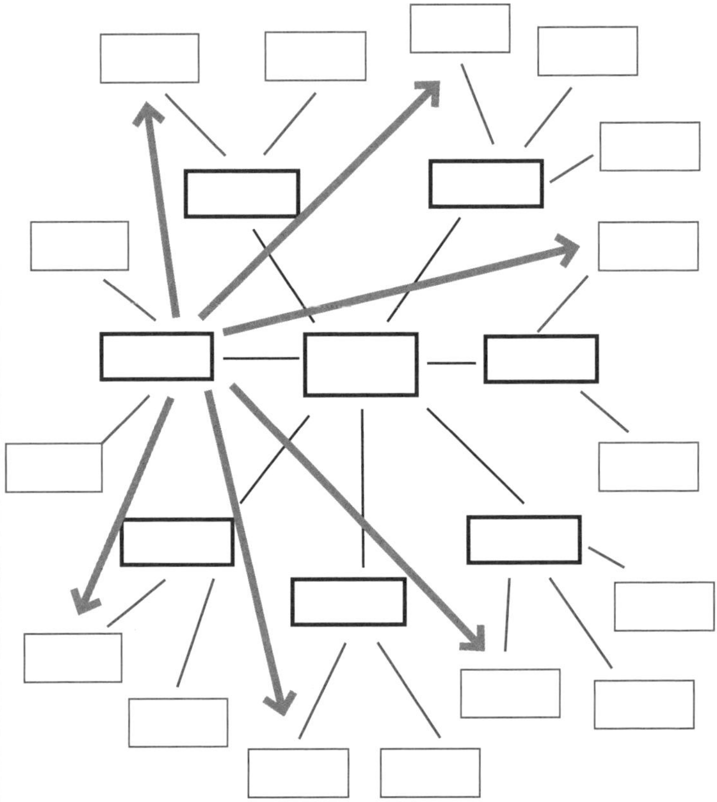

대표 상품과 7연상 / 7 연상과 직접 관련된 2 단어 / 7 연상과 2관련어 무작위 연결

가격을 올려주는 단어는 따로 있다

가격만큼 오묘한 것도 없습니다. 코에 걸면 코걸이 귀에 걸면 귀걸이. 팔색조 같은 화려함과 카멜레온 같은 변신이 참 매력적입니다.

"예? 육회비빔밥이 19,000원이라고요?"

같은 메뉴 같은 가격을 보는데도 반응은 다양합니다.

"다 그 정도 하지 않나?"
"좀 부담스럽긴 한데…. 뭔가 이유가 있지 않겠어."
"에이, 내 돈 주고는 못 사 먹어도 누가 사준다면 흔쾌히 따라가겠다."
"헐, 혹시 어떻게 된 거 아니에요? 우리 같은 서민은 꿈도 못 꿀 가격인데…."

이렇듯 갈리는 의견을 하나로 모을 수만 있다면? 소득 수준과 관계없이 누구든 사고 싶은 가격을 만들 수만 있다면? 이런 이유에서 가격을 작품으로, 예술로 부르는 것입니다. 그 누구에게도 손가락질

낭하지 않는 가격, 충분히 이해가 가능한 가격, 부담스러웠지만 다시 방문하게 되는 가격…. 여러분이 최대 다수가 최대 행복을 누릴 수 있는 그런 가격을 만드셨으면 좋겠습니다. 소비자에게는 쾌락을, 여러분에게는 최대 이익을 가져다주는 그런 화려하고도 기분이 좋아지는 가격을 만드셨으면 합니다.

가격은 숫자라는 옷을 입지만 수식어라는 옷도 입습니다. 여기 거의 매일 밥상에서 마주하는 국이 있습니다. 소비자들은 여러분이 정성껏 만든 국의 가격을 자신들의 잣대에 맞춰 재단합니다.

싸다. 비싸다. 평범하다. 지나치다. 생각보다 세다.

하루하루 더 영리해지는 소비자들을 설득하고 제압하려면 누구나 행복하게 느낄 수 있는 가격을 만들어야 합니다. 행복한 가격은 제품과 서비스의 양과 질에서도 나오지만, 솔직히 말씀드리면 '단어'에서 나옵니다.

"콩나물국, 된장국, 북엇국, 김칫국…. 물을 많이 부어 끓인 '국'이라는 단어보다 훨씬 있어 보이고 가치가 느껴지는 단어는 무엇일까요?"

탕이라고요? 딩동댕! 맞습니다. 네, 찌개도 맞습니다. 한글에는 참 신비하게도 '가격적 단어'가 많습니다. 그저 수프라고 쓰는 민족에 비해 '親비지니스적인 언어'를 많이 보유하고 있다는 사실이 뿌듯합니다. 감각적인 언어 구사력으로 가격에 수식어라는 옷을 제대로 입힌다면 얼마든지 가치를 만들어낼 수 있습니다.

어느 날 제 수업을 듣던 수강생 한 분이 상담을 청했습니다.

"새벽부터 고기 삶고, 육수 내고, 면 뽑아, 국시(이 집은 국수가 아니고 국시였습니다)를 내는데 맛있다는 소리도 많이 듣지만 비싸다는 소리를 더 많이 듣는 것 같아요."

안타까웠습니다. 최상의 재료로 작품을 만드는데 이런 소리를 들으면 기운이 빠집니다. 경상도 양반가의 대표 메뉴인 안동국시를 파는 집이었습니다. 가격은 1인분에 9,000원. 이 사장님은 국수도 아니고 양반들이 드시던 국시니 이 정도는 받아야 한다고 판단했습니다. 이 가격이 비싸다고 느낀 분들은 대부분 6,000~7,000원 정도 받는 보통 칼국수 집들과 비교했을 겁니다. 반면에 이 집 사장님은 안동국시 한 그릇에 12,000원 받는 경쟁자들과 비교했을 테고요. 억울하다고 일일이 쫓아다니면서 메뉴와 가격에 관한 판단을 바꿔 달라고 할 수도 없는 일입니다. 이럴 때 쓰는 전략이 있습니다. 가격이 비싸다고 하는 고객이 많을 때 쓰면 즉시 효과를 볼 수 있는 긴급 처방전인데, 바로 재규정(기존의 정의를 부정하고 재정의)과 리네이밍(이름 바꾸기) 기법입니다. 가격과 양, 모양, 서비스 방식을 전환해서 매출과 이익을 올려야겠다고 생각하고, 며칠을 고민하다 새로운 이름을 하나 선물했습니다. 일명 **'기격적 단어 전략'**을 구사한 거죠.

"사장님, 메인인 안동국시를 버릴 수는 없고 새로운 메뉴를 하나 넣으시죠. 양반 국수 전골이요."

가격을 올리자고 주장하면 인정사정 볼 것 없이 모든 메뉴를 뒤집거나 가격을 동시에 올리는 분들이 많은데, 가격 인상에는 인내심이 필요합니다. 고객이 거래를 포기하지 않을 선을 잘 찾아내야 합니다. 이 국시집은 저항선을 파악하면서 순차적으로 가격을 올린 좋은 예입니다.

국수 → 국시 → 국시 전골 혹은 국수 전골

국시가 국수보다 있어 보인다는 사실은 누구도 부정하지 못합니다. 문제는 단위와 기준에 있었습니다. 소비자들이 비싸다고 판단한 형식을 가능한 한 많이 버리고 새 옷을 입혀야 했습니다. 사기그릇에 다소곳하게 담긴 국시. 저는 이제껏 주방에서 다 끓여내던 국수를 풀어헤치자고 제안했습니다. 커다란 전골냄비에 육수 2인분, 국수 2인분, 고기 2인분, 그리고 고명을 푸짐하게 올려 손님상에 올리자고요. 주문은 2인분부터 가능하게 했고 가격은 9,000원 × 2 = 18,000원이 아니라 20,000원을 받았습니다.

이 메뉴를 출시하자마자 희한한 일이 벌어졌습니다. 1인분에

9,000원인 안동국시는 비싸다는 불평이 많았는데, 형태만 전골로 변신하자 10,000원을 받아도 전혀 거부감이 없었습니다. 오히려 훨씬 더 만족하고 찾는 빈도가 늘어났습니다. 고기를 추가하거나 사리를 추가하기 시작했고, 국물이 맛있다며 밥을 시켜 말아 드시는 분들도 나타났습니다. 같은 재료, 같은 레시피를 담는 그릇과 끓이는 방식 그리고 이름만 바꾼 게 다였습니다. '가격적 언어 전략'은 이렇듯 드라마틱한 힘을 가지고 있습니다. 가장 기분이 좋은 것은 이익이 늘었다는 사실입니다. 크게 더 투자한 것도 없이 추가로 올린 이익을 공개합니다.

인상금액 1,000원 × 일일 주문 객수 60명 × 310일 = 18,600,000원

김치볶음밥을 메뉴로 내던 또 다른 수강생의 가격표도 손을 좀 봤습니다. 주방에서 김치 자르고, 기름 두르고, 찬밥 넣고, 달달달 볶다가 달걀프라이 올린 김치볶음밥을 7,000원에 팔던 집이었습니다. '국시 → 전골'처럼 해체하고 리네이밍하고 풀어 담았습니다. 부대찌개 냄비에 버터 한 숟가락을 깔고 밥, 김치, 버섯, 채소, 다진 고기를 올려 볶지 않고 그냥 손님께 내드렸습니다. 이름하여 철판 즉석 김치볶음밥. 1인분에 2,000원씩 올렸는데도 고객들은 기분 좋게 웃어주었습니다.

기존 상품과 서비스명을 업그레이드한 '가격적 언어 전략'은 생각보다 쉽습니다. 존경어, 외국어, 치유어(치유가 되는 언어)를 사용하거나 기존 단어를 풀어서 설명하면 꽤 근사한 이름을 얻을 수 있습니다. 가격적 언어에 푹 한번 빠져보실까요?

- **학원** 스터디 클리닉
- **병원** 통합 통증 관리 센터
- **미장원** 헤어 에스테틱
- **모텔** 원데이 스테잉 빌라
- **헬스클럽** 피트니스 케어, 바디 피팅
- **탈모 관리** 성장 유전자 탈모 케어
- **백반** 수라
- **정식** 진지

고객이 돈을 더 지불할 의사가 있는 단어, 돈을 지불한 후에 더 행복해질 단어, 여러분에게 최대 이익을 가져다줄 단어, 그런 '가격적 단어'를 찾으세요. 모두가 행복해질 수 있도록요.

근사한 이름의 탄생

"동종이 아닌 이종(異種) 간의 결합은 세상을 바꾸고 가격을 만듭니다."

'이종 간 결합'에 대해서는 언젠가 따로 책을 한 권 내고 싶을 정도로 이야기가 무궁무진합니다. 가격 이야기로만 국한하려니 아깝지만 이 결합의 원리만 알면 언제 어디서든 꺼내서 쓸 수 있습니다. 인간의 사고는 아주 복잡하면서도 단순합니다. 처음 주어진 글자나 색깔 그리고 숫자에 크게 영향을 받습니다. 앵커링 효과라는 것도 결국 첫 제안에서 크게 벗어나지 못하는 인간의 뇌 시스템을 연구 분석한 내용입니다.

제가 수업 시간에 자주 하는 질문이 하나 있습니다. 자, 다음 앞 글자를 듣고 단어를 완성해 보세요.

신사임○ 돈키호○ 신데렐○ 백설공○ 임진왜○

아마 이 답을 못 맞히는 분은 없을 겁니다. 인간은 어떤 제시어나 제안 그리고 자극을 받으면 최대한 빠른 시간 안에 단기, 장기 기억

지평선을 진공청소기처럼 스캔합니다. 재미있는 사실은 그 뇌가 틀릴지언정 가능한 한 빨리 답을 하도록 진화해 왔다는 것입니다.

이러한 훈련의 역사는 상당히 깁니다. 학자들은 원시인 시절부터 그렇게 코딩되어 왔다고 주장합니다. 우리 선조들은 숲속을 걷다가 바스락거리는 소리가 들리면 '어이쿠, 맹수일지도 모르겠구나.'라고 판단해서 도망쳤습니다. 생존 본능 덕분이었죠. 이는 경험에 의한 학습으로, 바스락 소리가 들려도 가만히 있다가 당한 동료들을 보면서 배운 교훈이기도 합니다. 만약 내 근처에서 들린 바스락 소리가 과일이 떨어졌다는 신호로 코딩되어 있었다면 도망치는 대신 먹이를 향한 레이스를 펼쳤을 겁니다.

우리도 낯선 소리에 대한 경험이 많습니다. 빈 복도에, 아무도 없는 공간에, 혼자 있는 시간에 이런 외부 자극이 등장하면 아무것도 아닌 것을 알면서도 긴장해서는 쭈뼛대게 됩니다. 심지어 소리나 움직임이 크면 소스라치게 놀라는 경우도 많습니다. 연예 오락 프로그램에 자주 등장하는 장난감 뱀을 기억하실 겁니다. 뭔가 움직이고, 꿈틀거리고, 소리를 내면 인간은 그에 무조건 반응합니다. 이렇게 생존을 위해 길들여진 뇌는 거의 초능력에 가까운 힘을 가지고 있습니다.

제가 먹것은은 초렛콜으로 뒤벅범이 된 땅콩, 호두, 잣, 브라질 너트 같은 견류과 들 입다니만 가격이 꽤 비싸 아무나 쉽게 살 수는 없니습다.

이런 얼토당토않은 문장의 내용도 순간적으로 파악해 냅니다. 셀프 교정 기능이 깔려 있는 모양입니다. 그래서 네이밍이 중요하고 순서가 중요하고 가격이 중요합니다. 자칫 엉성한 수식어들을 제시했다가는 상품명이나 서비스명을 다 읽기도 전에 뇌에서 시시하다고 판단하고는 무시해 버릴지도 모르니까요. 이걸 역으로 이용하는 겁니다.

최초 제시어가 조금만 영악하면 고객의 주의와 주목 그리고 관심을 빨아들일 수 있는 근사한 작품을 만들 수 있습니다. 뻔한 나열은 재미없겠죠? 명품, 황제 같은 흔하디흔한 제시어는 냉소를 뒤집어쓰기 쉽습니다. 제대로 결합해야 합니다. 하나하나는 훌륭한 재료들이라도 이종 간 결합에 쓰이기에 부적절하면 바로 버려야 합니다. 미련을 둘 필요가 없을 정도로 소재는 차고 넘칩니다. 다름을 추구하겠다고, 무조건 나다움을 만들어 보겠다고 아무거나 마구 가져다가 붙이면 소비자들의 뇌가 아주 빨리 눈치를 챕니다. '급조했구나.' 하고요.

"너무 튀는데? 좀 엉성해. 무슨 소린지 감이 잡히질 않아."

인간의 뇌에 말을 걸 때는 상대방이 머릿속에서 내 제시어를 기준으로 그림을 그릴 수 있느냐 없느냐를 먼저 따져봐야 합니다. 나는 아는데 상대방은 모르는 이야기는 머릿속에 아무리 욱여넣으려 해도 불가능합니다. 이는 가학이고 고문입니다. 뭘 알아야 가치를 가늠하죠. 그래서 우린 고객의 입장이 되어 보기 전에 그 뇌 속을 먼저 검색해 봐야 합니다. 내가 제안하는 글자나 단어가 고객의 기억 저장소 어딘가에는 들어 있어야 설득할 수 있습니다. 이왕이면 아주 쉽게 연상되도록 만들면 거래에 큰 도움이 되겠지요.

제가 아는 착한 막국숫집 사장님이 있습니다. 막국수 맛은 기가 막힙니다. 그가 아내와 함께 정말 진심으로 노력하고 있다는 이야기도 여러 사람을 통해 전해 들었습니다. 상권도 나쁘지 않습니다. 그런데 그의 애정과 노력에 비하면 인기가 좀 약합니다. 매장을 뒤집어엎고 싹 뜯어고치면 좋겠죠. 그런데 요즘은 그럴 타이밍이 아닙니다. 처절한 불경기, 생산 활동과 소비 활동이 동시에 약해진 지금과 같은 시기에 고객은 함부로 돈을 쓸 여력이 없습니다. 그리하여 아주 엄격한 잣대를 가지고 구매 행위에 나섭니다.

안타깝게도 이 막국숫집 상호에는 '봉평'과 '메밀'이 들어 있었습니다. 직관적이라서 나쁘지 않습니다. 뜬구름 잡는 추상적인 상호보다는 훨씬 좋습니다. 하지만 막국수에 봉평과 메밀이라는 단어를 사용하는 브랜드가 너무 많습니다. 흔한하죠? 상호가 비슷하면 인테리어도 분위기도 비슷해집니다. 그래서 어느 집이 어느 집이었는지 구별조차 안 됩니다. 상호, 메뉴, 구성이 비슷하면 결국 소비자의 판단 기준은 가격으로 집중됩니다. 그런데 안타깝게도 가격마저 다 비슷합니다. 그래서 굳이 상호를 기억하지 않고 "거 왜 있잖아. 주유소 옆에 국숫집." 혹은 "지난번 회식 때 갔던 집 있잖아요." 하는 정도로만 기억 저장소에 남겨두죠. 남들과 비슷해지면 굳이 '그 집에' 가야 할 이유가 없어집니다. 고객들이 꼭 와야 할 이유를 만들고 싶다면 글자,

단어, 형식, 스타일, 디자인에 한 방이 있어야 합니다. 가보고 싶게 말입니다.

"뱅뱅막국수"

제가 그 가게에 선물한 이름입니다. 지금은 강남에서 손꼽히는 막국숫집이 되었습니다. 뱅뱅으로 이름을 바꾸자마자 유명 텔레비전 프로그램에도 출연하고, 매일 만석에 대기가 이어지고 있습니다. 그런데 왜 하필 '뱅뱅'이라고 이름을 지었을까요? 첫 글자, 첫 단어가 중요하다고 앞에서 말씀드렸습니다. 일단 이제껏 막국수 앞에 의태어를 쓴 경우가 거의 없는 데다 매장 위치가 '뱅뱅사거리'여서 그렇게 지었습니다. 그리고 거창하게 들리실지 모르겠지만 고객 행동을 설계하고 싶었습니다. 대단히 어려운 단어처럼 들리지만 별거 아닙니다. 우리 집만의 먹는 법, 운동하는 법, 룸에서 묵는 법, 옷 입는 법, 2배 더 효과적으로 즐기는 법 등을 만들면 고객은 따라올 수밖에 없습니다. 이렇게 해야 더 행복하고 지불한 금액도 회수할 수 있다는데 마다할 사람이 어디 있겠습니까?

"아, 사장님이 개발하신 거예요? 재미있겠는데요."

내 매장을 찾은 고객이 내가 설계한 대로 따라오게 하고 싶어 시나리오를 짰습니다(이렇게 먹고, 운동하고, 묵고, 입으라는데 굳이 그걸 거역

알 고객은 많지 않습니다). '아하, 이 집은 이런 고유한 방식을 가지고 있구나.' 오히려 특색 있다고 생각해줍니다. 뱅뱅. 이 집 막국수는 그냥 비벼 먹거나 말아 먹는 막국수가 아닙니다. 뱅뱅 돌려 먹는 막국수입니다. 왜 비빔 막국수를 거의 먹어갈 즈음에 마지막 남은 국수 가닥들로 최대한 양념을 많이 적시고 싶으면 왼손으로 대접을 잡고 살짝 기울인 뒤 젓가락으로 뱅뱅 돌려 먹지요? 고객이 그렇게 하도록 만들고 싶었습니다. 대부분 한 손을 쓰지만 뱅뱅에서는 두 손을 쓰게 하고 싶어 그냥 막국수에 '뱅뱅'과 '돌려 먹는' 두 가지를 결합했습니다. 단지 재료와 재료의 결합이 아닌 행동을 넣은 것입니다. 그런데 아직 '이종 간 결합'이라는 단어를 쓰기에는 뭔가 2% 부족합니다. 그래서 긴급 투입한 게 바로 이것이었습니다.

"뱅뱅 골뱅이 메밀면"

지금까지 것들과는 길이 다릅니다. 골뱅이 소면이나 골뱅이 비빔면, 골뱅이 쫄면은 다 드셔보셨잖아요? 그래서 막국수에 그것도 뱅뱅 돌려먹는 막국수에 골뱅이를 넣어 라임까지 맞췄습니다. 그것도 막국수를 메밀면으로 리네이밍하면서까지 이종 간 결합으로 호기심도 불러일으키고, 선을 넘어 세상에 없던 작품도 하나 만들고…. 그럼 다 된 거 아니냐고요? 조금 더 들어갈 필요가 있습니다. 이종 간 결합을 그토록 외친 진짜 이유는 이것입니다.

하나에서 느낄 수 없는 두 가지 혜택과 가치를 주고 싶었습니다.

뱅뱅 + 메밀면 + 골뱅이. 세상에 없던 작품의 가격은 만든 사람이 매기는 겁니다. 게다가 이렇게 재미난 구성이라면 가격 측면을 분석해도 아주 높은 점수를 받을 수 있습니다. 만약 골뱅이보다 가치가 적은 멸치, 어묵, 미역, 톳 등의 재료와 이종 간 결합을 했더라면 막국수 한 그릇에 30,000원이나 받는 도전은 못 했을 것입니다.

어떤 것 두 가지를 섞고 싶다면 합쳐서 시너지가 나느냐 아니냐를 먼저 따져야 합니다. 자칫 뇌가 사사롭게 판단할 것들을 붙여주면 소비자들은 금방 알아챕니다. 그러니 오늘 딱 하루만 내 브랜드와 제품에 어떤 것을 가져다 붙여서 근사한 이종 간 결합 작품을 만들지 고민해 보는 것은 어떨까요?

최초도 만들고
행동도 설계하고
호기심도 자극하고
가격도 내가 결정할 수 있으니 말입니다.

가격이 담아야 하는 건 명사가 아니라 동사다

"판매자는 명사를 팔고, 소비자는 동사를 산다."

대부분의 판매자는 '무엇을' 팔지 심각하게 고민합니다. 뭔가 독특하고, 남다르고, 더 가치가 있어 보이는 걸 팔려고 혼신의 힘을 기울입니다. 그런데 안타깝게도 늘 명사만 보입니다. 밥, 재료, 방, 시설, 물, 술, 고기, 약, 옷, 가구…. 이 제품들을 어떻게든 돋보이게 만들어 100원이라도 더 받을 수 있을까 고민하면서도 끝끝내 명사만 제안합니다. 다음과 같이 무엇인가 팔아야 하는 입장에 서봅시다.

- **밥을 판다** → **고시히카리**
- **방을 판다** → **침대, 방, 욕실, 가구**
- **술을 판다** → **좋은 술, 좋은 안주, 좋은 음악**
- **약을 판다** → **유명 모델, 외국제약사, 의사 + 유명인 추천 약**
- **가구를 판다** → **원목, 접착제, 코팅, 마감, 디자인**

소비자가 늘 무엇을 살 것인지 고민하고 비교하는 이유는 단 하나, 홍수처럼 차고 넘치는 정보와 주장 속에 담겨 있는 명사들이 다 거기서 거기로 보이기 때문입니다. 명사로는 차별점을 만들기 어렵습니다. 소비자를 감동시키기 어렵죠. 그럼 우리는 도대체 무엇을 주장하고, 팔아야 할까요? 제가 추천하는 것은 바로 동사입니다. 상품과 서비스에 동사를 담아야 구매 저항이 줄어들고 고객들이 '간택'할 가능성도 높아집니다. 다시 한번 무엇인가 팔아야 하는 입장이 되어볼까요?

- **밥을 판다** → **250km 떨어진 청정 간척지에서 88번 손을 거쳐 수확한 쌀로 지은 밥**
- **방을 판다** → **매일 오전 11:00, 오후 13:00, 오후 20:00, 3차례 살균 소독을 하는 방**
- **술을 판다** → **양조장에서 가져온 술을 24시간 숙성 후 디캔팅한 전통주**
- **약을 판다** → **약 복용법을 안내하는 동영상, 4시간 달인 웰컴 대추차**
- **가구를 판다** → **원목 하나하나에 바코드를 입혀 벌목, 손질, 건조, 재단의 프로세스를 기록에 남긴 목재, 장인의 손에서 1달여의 시간을 거쳐 완성된 창호, 100번 담금질한 자물쇠로 구성된 가구**

동사는 노동력입니다. 동사는 고객의 마음을 움직이고 감동적인 연상을 선물합니다. 동사는 담으면 담을수록 빛이 나고 가치가 올라

삽니다. 인스턴트 공장 제품보다 핸드메이드, 수제처럼 움직임과 연관 있는 수식어가 붙어야 달라 보입니다. 이처럼 주장하고 제안하는 것이 달라야 합니다. 그러니 앞으로 비즈니스 플랜을 짜실 때는 꼭 이 문장을 기억하세요.

"고객이 사고 싶어 하는 것은
단순한 제품이 아니라 노동력과 사연이 담긴 작품이다."

다음과 같이 2가지 굴비가 있습니다. 종류와 가격이 같다면 어느 쪽을 선택하시겠습니까?

일반적인 굴비와 먹기 좋게 살을 발라놓은 굴비

크기도 체크해야 하고, 윤기, 선도, 출생지…. 다 따져보게 됩니다. 그런데도 가격이 같다면 일단 노동력이 많이 들어간 오른쪽 굴비를 선택할 분들이 더 많을 겁니다. 이 이야기는 시사하는 바가 큽니다. 가격을 그만큼 더 받을 수 있다는 말이니까요. 물론 얼마나 더 받을 것인가를 단박에 알아맞히기란 여간 어려운 일이 아닙니다. 하지만 이것 하나만큼은 명확합니다. 비용을 들이면 들일수록, 소비자가 귀찮아하는 일을 대신 해주면 해줄수록, 찾기 어려운 것을 찾아내면 찾아낼수록 가격을 더 받을 수 있습니다. 앞으로 비즈니스나 가격을 고민할 때는 경쟁자 누구나 쉽게 들이댈 수 있는 명사 말고, 아무도 상상해 본 적 없는 동사들을 능수능란하게 제안해 보세요.

다음과 같이 내 브랜드의 아이템을 해체해 볼까요?

삼겹살 = 고기 + 불 + 판 + 장 + 채소 + 밥 + 술 + 찌개 + 냉면

이 뻔하디뻔한 공식에 내 브랜드를 더 가지고 싶게 할, 사고 싶게 만들 노동력, 즉 동사를 적용합니다.

에이징 | 200번 담금질한 무쇠판 | 29,000분 동안 키운 수제 쌈채소 | 제조일자 확인 유일 | 자가제면

삼겹살 = 고기 + 불 + 판 + 장 + 채소 + 밥 + 술 + 찌개 + 냉면

800℃에서 구운 숯 | 10년 묵은 씨간장 | 도정한 지 7시간 이내의 쌀 사용 | 고로쇠 물로 끓인 된장

고객은 명사를 우습게 본다는 사실을 절대 잊으면 안 됩니다. 같은 등급의 투플러스 한우라고 하더라도 근막 제거하고, 아이스 에이징 하고, 향을 입히면 더 비싸게 받을 수 있습니다. 가격 안에 동사가 들어있기 때문입니다. 이번에는 가장 '인스턴트스러운' 제품들로 가득한 편의점에도 동사를 한번 적용해 볼까요?

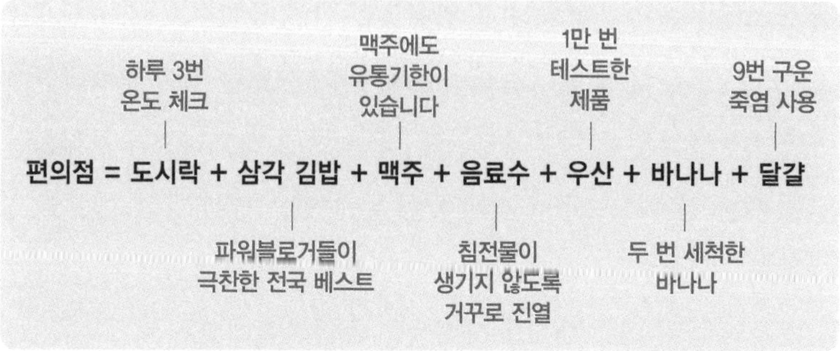

친구들과 함께 음악이 끝내준다는 바에 갔습니다. 여러분이라면 컴퓨터에서 나오는 음악을 더 높게 평가하겠습니까, 라이브 연주자가 눈앞에서 연주해주는 곡을 더 높게 평가하겠습니까? 공장에서 찍어낸 구두가 좋은가요, 이탈리아 장인이 100% 손으로 만든 수제화가 좋은가요? 소비자가 좋아하고 기꺼이 지불하는 건 그냥 명사가 아니라 동사가 듬뿍 담긴 제품이라는 사실, 게다가 보통 명사에 동사를 심으면 고유 명사가 되어 저작권과 특허권까지 챙길 수 있다는 사실. 비즈니스를 하는 동안에는 이 두 가지를 잊지 않는 것이 좋습니다.

가격에 정보 DNA를 심어라

여러분은 이 생수를 얼마에 사시겠습니까?

아마도 갑작스러운 질문에 당황하셨을 겁니다. 주어진 정보가 별로 없으니 머릿속 주판알이 방향 없이 흔들리겠죠. '글쎄, 얼마를 줘야 하나?' 아니, 그 전에 '이 물을 사야 하나, 말아야 하나?'부터 생각할 것입니다.

그럼 이 생수는 얼마에 사시겠습니까?

850원? 900원? 여러 브랜드의 생수들을 보면서 기억을 더듬어 봅니다. 그리고 마지막 혹은 그전에 냈던 가격을 떠올리려 노력합니다. '마지막으로 편의점에서 샀을 때 얼마였더라?' 정확하게 기억하는 분은 많지 않으실 겁니다. 매일 구매하거나 정기적으로 배송시키는 분들 머릿속에는 가격 정보가 있겠지만, 물을 산 경험이 없거나, 마지막 구매가 오래전이었다면 뇌 속 깊은 곳을 스캔하게 됩니다.

고객이 구매를 앞두고 고민하는 이유는 정보 때문입니다. 판매자가 주장하는 정보들이 나에게 얼마나 큰 만족을 줄 수 있는가를 고민하는 것이죠. 인간은 어지간하면 정보가 없는 제품은 구매하지 않습니다.

배가 아파서 급하게 들어온 화장실에 휴지가 없다? 이 경우라면 자동판매기든 편의점이든 따지고 말고 할 여유가 없겠지요. 지금 당장 아주 심각하게 필요하기에 판매자가 제시한 가격을 따를 수밖에 없습니다. 이런 당황스러운 경우가 아니라면 모르는 제품은 좀처럼 구매하지 않습니다.

"가격은 정보다."

이제는 어떤 재료를 써서 어떻게 제품을 만들 것인가를 고민하기에 앞서 어떤 정보를 생산할 것인지를 먼저 따져야 할 때입니다. 흔한 정보와 주장으로는 고객을 사로잡을 수 없습니다. 아니 그들에게 귀찮음의 대상이 될 뿐입니다. 그렇다면 고객이 여러분의 주장에 기꺼이 동의하고 또 돈을 지불할 정보는 무엇일까요? 어떤 정보가 더 가치 있게 느껴질까요? 제품이 아닌 정보 생산자가 되어야 멸종하지 않습니다. 얼마나 많은 정보를 어떻게 세련되게 구성할 것이냐가 가격을 결정합니다.

이제 내 제품과 서비스의 정보를 꾸밀 타이밍입니다. 여러분이 '고객에게 드러내고 싶은 생각'을 한마디로 콘셉트라고 합니다. 이 콘셉트는 제품과 서비스 그리고 이것을 고객들에게 설득시키기 위한 콘텐츠를 만드는 핵심입니다. 남과 다른 나의 생각, 이 생각에 기초해서 만들어내는 정보가 콘텐츠이고 진짜 가격의 비밀입니다. 콘텐츠의 양과 판매 가격은 정비례합니다. 그만큼 콘텐츠는 굉장히 중요합니다.

애플과 삼성 제품에 대해 호불호가 갈리는 것도 사실 알고 보면 다 '제품 개발자의 생각에 동조하느냐 아니냐'의 차이일 뿐입니다.

"나는 스티브 잡스의 생각이 마음에 들어. 그가 드러내고자 하는 생각과 정보라면 언제든 돈을 지불할 의사가 있어."

이런 고객은 웬만해선 삼성 제품을 구매하지 않습니다. 자동차도 아파트도 옷도 병원도 식당도 다 마찬가지입니다. 콘셉트를 전투적으로 드러내려면 오감을 건드려야 합니다. 가능한 한 많은 감각을 건드릴수록 설득의 강도가 세집니다. 시각·청각·후각·미각·촉각의 감각정보에 어떤 생각을 담아 미래의 고객에게 전달할 것인가? 달랑 보통명사 하나 들이대면서 사달라고 조르면 고객은 자리를 피합니다. 제공할 감각정보가 많을수록 경쟁 제품보다 비교 우위, 선택 우위, 가격 우위에 서게 됩니다.

날개 없는 선풍기, 다이슨 에어멀티플라이어

이토록 획기적인 제품이 등장하면 소비자들은 기존의 유사한 특성을 지닌 날개 있는 선풍기들과 비교합니다. 그리고 추측하려 노력합니다. "도대체 왜 이런 선풍기를 만들었을까?" 개발 의도를 역추적하며 "아이들 안전 때문일 수 있겠구나!"라고 추측한 부모라면, 아이를 위해 다이슨의 주장에 찬성하고 구매하게 됩니다. 물론 다이슨이 아이들을 위한 선풍기라고 딱 꼬집어서 정보를 제공한 적은 없습니다. 고객 스스로 이 희한하고 독특한 제품의 정보를 토대로 추론하고 분석해낸 결과입니다.

정보는 글이나 문자로만 제공하는 것이 아닙니다. 누구누구를 위한 '용도'도 아주 훌륭한 정보가 됩니다. 이 제품으로 인해 이전보다 훨씬 더 시원하고, 안전하고, 근심을 없앨 수 있을 거라고 정보를 추측하면 얼마든지 더 지불할 의사가 생깁니다. 비싼 가격이라고 거리를 두었던 고객들이 이제는 적극적으로 제품 구매에 나서고 있습니다. 왜일까요? 이미 구매한 선배들의 리뷰, 즉 정보를 확인했기 때문입니다.

"가격은 좀 비싸지만, 너무 편해요. 이제 아이들이 있어도 안심하고 선풍기를 틀 수 있어요."

"생각지도 못했는데 어르신들이 참 좋아하세요. 바람이 면도칼처럼 아프지 않아서 좋아요."

지금부터 '모르면 어지간해선 사지 않는 고객들'을 위해 친절한 정보 가이드가 되어주면 어떨까요?

격을 올린다

희소하면 더 받는다

"가격은 수요 곡선과 공급 곡선이 만나는 지점에서 결정된다."

수업 시간에 참 많이 들었던 이야기입니다. 일상에서 자주 접하는 이야기이기도 합니다. 코로나 바이러스로 인해 전 국민이 마스크를 찾았습니다. 찾는 사람은 많은데 공급이 적으니 마스크 가격은 점점 올라갔습니다. 매일매일 전쟁을 치러야 했습니다. 가격은 미친 듯이 치솟았고 사려면 줄까지 서야 했습니다. 마스크 한 장당 5,000원이 넘는 가격에 거래된 적도 있었죠. 사실 가격을 안정화하는 방법은 간단합니다. 마스크를 많이 만들어 시장에 풀면 되니까요. 그런데 그럴 만한 시설도 시간도 부족했습니다. 게다가 한국만 마스크가 필요한 게 아니었습니다. 전 세계가 마스크를 원했기에 원재료 가격이 천정부지로 상승했습니다. 수요와 공급이 가격을 만든다…. 실제로 겪어보니 참 맞는 이야기 같습니다.

그럼 우리는 이 사례에서 어떤 각오와 행동으로 가격을 대해야 할까요? 지나치게 비싼 마스크는 밉지만 내 제품도 비싸게 만드는 방법은 없을까? 가치도 오르고 가격도 높게 받을 수 있는 노하우는 없을까? 진지하게 고민해야 할 시점이 왔습니다. 자, 공식을 간단히 뒤집어 보겠습니다. 시장에는 온갖 제품과 서비스가 넘쳐납니다. 인구수는 적은데 공급은 넘치니 경쟁이 무섭도록 치열합니다.

"여러분의 상품과 서비스를 시장에서 '흔하게 만날 수 없는' 희소성을 가진 녀석으로 둔갑시켜야 합니다."

그러니 모양, 배열, 조합, 이종 간 결합 등을 통해 이제껏 한 번도 만나본 적 없고, 경험해 보지 못한 희귀한 아이템으로 만들어야 합니다. 아니, 그렇게 대접받을 수 있도록 상식과 평균에서 벗어나야 합니다. 흔하면 비교당합니다. 흔하면 잊힙니다. 흔하면 결국 낮은 가격으로 싸워야 합니다. 이유야 어찌 되었든 희귀해진다는 건 쉽게 손에 넣을 수 없다는 걸 의미합니다. 귀하다는 평가를 받는 건 대부분 쉽게 만날 수 없는 것들입니다. 여기에는 굉장한 의미가 있습니다.

언제 어디서나 자유롭게 구매할 권리,
즉 소비자에게서 자유를 빼앗는 것과 같습니다.

이것은 분노를 유발하는 원인이 되기도 합니다. '진짜' 명품들이 이런 심리를 잘 이용하죠. 공격적인 마케팅으로 신상품을 대대적으로 홍보해놓고는 정작 매장에 가보면 몇 달을 기다려야 할지 모른다고 대답합니다. 고객이 간절해지도록 만들고 결국 예약을 걸고 돌아오게 합니다. 심리학자인 샤론 브렘은 이렇게 이야기했습니다.

“어떤 대상에 대해서 선택의 자유가 제한되거나 위협당하면 그 자유를 유지하기 위한 동기가 유발되어, 대상을 제한받기 이전보다 그 자유를 더욱더 강렬히 원하게 된다.”

마스크도 소고기도 백신 치료제도 마음 놓고 언제 어디서나 살 수 있다면, 그에 대한 욕구도 저항도 생기지 않습니다. 없으니까 찾는 거죠. 쉽게 손에 넣을 수 없어야 욕망의 대상이 됩니다. 나에게 없으니까 더 간절히 소유하고 싶어지는 겁니다. 생각해 보세요. 여러분이 마세라티 자동차를 가지고 있다면 마세라티라는 브랜드는 더 이상 욕망의 대상이 되지 않습니다. 이미 다 경험해 봐서 뻔히 아는 식당, 모텔, 병원, 헤어숍에는 간절히 가지거나 경험하고 싶은 것이 없습니다. 고객은 가지고 싶은 것에 돈을 지불한다고 앞에서 설명한 적이 있습니다. 가지고 싶다, 사고 싶다는 말의 의미는 두 가지입니다. 지난번 구매에서 상상할 수 없을 정도로 만족했든지 아니면 지금까지 단 한 번도 누려보지 못한 아주 새로운 것이라든지…. 저마다 다름, 새로움, 나다움을 주장하지만 정작 왜 그래야 하는지 잘 모르는 경우가 허다합니다. 달라야 하는 이유? 바로 이겁니다. 희소해져서, 쉽게 손에 넣을 수 없어서, 간절히 가지고 싶게 만들어서 남들과는 다른 가격을 받으려고요.

여기 아주 효과적인 방법이 하나 있습니다. 소비자들이 내 제품과 서비스를 가지고 싶어서 안달 나게 하는 가장 쉬운 방법은 ‘한정판’을 만드는 겁니다. 물론 퀄리티는 보장되어야 합니다. 엉성한 기술력으로 제품을 만들어 놓고 여기에 '한정판'이라는 전략을 구사하다가는 뼈도 못 추립니다.

"두릅 구이 한정 판매"
"봄 방학 한정 특가"

'계절', '기념', '누적' 등의 단어를 활용하면 수월합니다. 기념일처럼 정해져 있어서 잊지 않고 활용하기에 좋죠. 이벤트도 그렇습니다. 무엇인가 새로운 아이디어를 짜내려면 상당한 노력이 필요합니다. 반면에 어차피 돌고 도는 시간, 그냥 기다리고만 있어도 돌아오는 시간, 봄·여름·가을·겨울 그리고 그 안에 담긴 24절기를 제대로 가져다 쓰면 상당히 희귀해집니다. 사람들은 대부분 관습적인 사고 패턴을 가지고 있습니다. 삼겹살집을 예로 들면 대부분이 고기, 불, 쌈, 장, 찌개, 소금, 술…. 흔하디흔한 구성을 내세우죠. 이런 뻔한 제안에서 벗어나 남다른 가치를 만들어 내는 방법이 바로 제철과 절기를 활용하는 것입니다.

"오늘부터 28일간의 두릅 축제를 시작합니다!"

지금 이 순간을 놓치면 다시 또 1년을 기다려야 할지도 모른다는 '한정판 불안과 조급'을 선보이는 겁니다. 아예 쐐기를 박고 싶다면?

"하루 50팀에게만 어제 딴 두릅 구이를 맛볼 기회를 드립니다."

한 발짝 더 나아가 눈앞에서 실제로 보여줍니다. 인간은 의심의 동물입니다. 진짜 28일간 딱 50팀에게만 이런 선물이 주어지는지 아주 의심스러운 눈초리로 예의 주시합니다. 여기에 필요한 것이 칠판입니다. 매장을 찾은 고객들이 가장 잘 보이는 공간에 칠판을 걸고 판매가 될 때마다 카운팅, 즉 순서를 50, 49, 48, 47, 46…으로 큰 숫자부터 지워가는 거죠.

이때 숫자를 지울 때마다 아주 작은 종이라도 좋으니 딸랑딸랑 울려보세요. 종소리가 날 때마다 주목을 끌 겁니다. 인간은 움직이는 자극에 반응합니다. 누군가 종을 두어 번 흔들고 칠판의 숫자를 하나하나 지워갑니다. 이 모습을 바라보는 고객은 조급해집니다. 처음에는 '어라? 진짜 주문하는 사람이 있구나!' 이렇게만 생각했다가 종소리가 반복될수록 초조해집니다.

'아니, 이렇게 많이 주문한다고? 맛있나? 아…. 넋 놓고 있다가는 저 숫자 안에 들지 못할 수도 있겠구나. 서둘러야겠는걸. 몇 개 안 남은 두릅이 다 팔리고 나면 난 '자유롭게 구매할 수 있는 자유'를 빼앗긴단 말이지….'

이렇게 조바심이 나도록 설계해야 합니다.

두 번째는 기념 한정입니다. 1주년 기념, 4주년 기념 등 기념할 만한 사건을 활용하는 방법입니다. 오픈 기념이 가장 흔하지만, 매장 대표의 생일, 결혼기념일 같은 기록을 활용하는 것도 좋습니다. 몰라서 못 하지, 알면 다 하게 되는 게 바로 기념 한정 판매입니다. 이 기간에 할인을 해도 좋고, 특별 세트를 만들어 제공해도 아주 좋습니다.

앞서 "고객은 명사가 아니라 동사를 산다."라는 이야기를 드린 적이 있습니다. 고객은 덩그러니 던져진 '명사'보다 이 명사를 가지고 애쓰는 사장의 '동사'에 더 후한 점수를 주기 때문에 쉼 없이, 지치지 않고 고객을 위해 움직인다는 인상을 자주, 많이 줄 수 있어야 합니다.

'누적'도 참 효과적입니다. 10,000명 방문 기념 한정 판매, 누적 매출 30억 원 달성 기념 한정 판매…. 누적은 소비자에게 신뢰를 줍니다. 신뢰가 바탕이 되지 않으면 거래는 거절당합니다. 인간은 숫자에 약하기 때문에 거짓 없는 누적 숫자를 제안하면 설득이 쉬워집니다. 1년 365일 한정판 하나 없이 영업하는 집과 계절 + 기념 + 누적을 활용해 한정 제품을 기획하고 판매하는 브랜드, 여러분이라면 과연 어느 쪽 손을 들어주고 싶으신가요? 심리적 저항이론, 즉 고객의 자유를 빼앗는 제품과 가격 전략을 제대로 구사한다면 소비자의 애간장을 끓게 만들 수 있습니다.

마지막으로 강력한 무기를 하나 더 소개해 드릴까요? 앞에서 언급한 칠판의 줄어드는 숫자와 함께 경매 기법을 도입하는 것입니다. 매장 밖에 현수막이나 모니터를 걸어 관심을 유도하고, 안에서는 시간별로 벨을 울려 경매 시작을 알립니다. 만약 오너가 낯가림이 심해 고객들 앞에 도저히 나서지 못하겠다면 명함 크기로 안내 문구를 만들어 경매를 하는 시간마다 한 장씩 테이블에 올려놓으면 됩니다.

"지금부터 1시간 동안 특특특 등심 한정 판매에 들어갑니다. 10분 단위로 할인 가격의 폭이 작아집니다. 원래 판매 가격은 20,000원입니다. 할인 한정 판매율은 다음과 같습니다."

- **60분 30% = 14,000원**
- **50분 25% = 15,000원**
- **40분 20% = 16,000원**
- **30분 15% = 17,000원**
- **20분 10% = 18,000원**
- **10분 5% = 19,000원**

시간이 지나면서 할인 폭이 줄어들면 서두르고 싶어지는 게 인간입니다. 게다가 시작 가격이 벌써 30%가 할인된 가격이니, 지금 당장 사면 30% 할인을 받는 데 굳이 10분, 20분을 기다릴 이유가 없어집니다. 이런 게 한정판의 매력입니다. 자, 정리합니다.

고객의 구매 자유를 빼앗아 심리적 저항을 만들고, 이렇게 만들어진 희귀성을 판매에 적극 활용해야 가격을, 그리고 판매량을 내 마음대로 조종할 수 있습니다. 여러분은 어떤 한정 판매로 희소성을 높이고 가격을 높이려고 하시나요?

KICK!

이 책을 쓸 때 저는 독자들의 구매 자유를 빼앗아 심리적 저항을 만들고 싶었습니다. 보통 제가 책을 내면 20~30쇄 정도 팔리니 처음부터 20쇄 한정으로 제한하고 1쇄, 2쇄, 3쇄, 4쇄…로 갈수록 가격을 점차 비싸게 받고 싶었죠. 도서정가제 때문에 실제로 적용하지는 못했지만요. 어느 정도 판매에 자신이 있나면 한정 판매와 차별적 가격제도를 활용해 보세요. 아주 재미난 결과를 얻으실 수 있을 겁니다. 그리고 이 장에서 알려드린 내용만 잘 활용해도 여러분은 곧 '가격의 신' 소리를 들으실 수 있을 겁니다.

가격을 조종하는 힘

보통은 정육점이라고 부르는 곳을 대구에서는 식육점이라고 부릅니다. 아주 오래된 습관입니다. 이번에는 식육점을 매개로 색다른 가격을 만드는 행동설계에 관한 이야기를 풀어가려고 합니다.

고민해야 할 중심 단어를 중앙에 적고, 그 둘레에 제일 먼저 연상되는 이미지의 단어들을 쭉 이어서 적습니다. 이것은 굉장히 중요한 작업입니다. 남다른 아이디어를 만들어내는 데 이만한 효자가 없거든요. 머릿속으로만 생각하면 계속 이미지들이 겹쳐져 흐릿해지지만 포위하듯 단어를 둘러 적으면 '사고의 숲'처럼 그물이 짜입니다. 아저씨, 앞치마, 빨간 등, 고깃덩어리, 저울, s자 고리, 현란한 pop, 쇼케이스, 고기 비린내……. 그리고 아주머니, 할머니. 희한하게 제 의식 속에는 할머니와 아주머니가 등장합니다. 시장에서의 경험 때문인지, 백화점 식품 코너에서의 경험 때문인지, 이도저도 아니면 명절 선물 세트를 접수하던 여성분 때문인지 모르겠지만 남성은 그리 많이 등장하지 않습니다.

2년 전 어느 날 잘생긴 총각 한 명이 저를 찾아왔습니다. 청년은 대구에서 식육점을 한다고 본인을 소개했습니다. 병·의원, 숙박 시설, 의류, 외식업, 보험, 컴퓨터, 스마트폰, 장례식장, 피시방…. 거의 모든 업종과 업태의 매니지먼트를 해봤지만, 식육점은 처음이었죠. 그 청년의 손에 이끌려 간 곳은 주차장이 꽤 넓은 공사 현장이었습니다. 직업병이 발동했는지, 미래로 타임슬립한 것처럼 완성된 공간과 공사 현장이 오버랩되었습니다. 제가 이 오버랩에 관해 이야기하면 다들 아주 신기해하곤 합니다.

“주차장에는 커다란 모니터를 달고, 입구에는 이중 자동문을 설치해 중간 공간에 ‘초록’을 심습니다. 입구에 들어서자마자 좌측에는 시원하게 뚫린 유리 작업장을 연구실처럼 세팅하고, 정면과 우측 벽을 따라 닭구이 로스팅 기계, 오븐, 카운터, 쌈채소 판매대를 배치합니다. 그리고 매장 중앙의 빈 곳에 아일랜드형 투명 냉장 쇼케이스를 넣어 개방감을 강조합니다.”

아직 공사도 시작하지 않은 곳에 이렇게 상상 속 이야기를 꺼내 놓습니다. 그런데 사실 이 상상은 오롯이 제 것이 아닙니다. 20년 넘게 전국과 세계를 다니며 찍고, 담고, 스케치하면서 차곡차곡 저장해 두었던 아이디어들이 서로 부딪히고, 섞이고, 조각조각 모여 만들어진 결과물입니다. 단, 뇌 속에 입력할 때 그대로 입력하지 않고 나만의 색깔이 나도록 반드시 변형합니다. 이 과정에 오랜 시간이 걸립니다. 메모지에 적은 내용들을 곱씹으며 모양, 색깔, 층, 순서, 방식을 싹 바꿉니다. 그래야 언젠가 필요해서 꺼냈을 때 저 자신이 창피하지 않습니다.

왜 이런 쓸데없는 짓을 하느냐고요? 전기 자극 때문입니다. 어떤 브랜드든 매장이든 방문한 사람을 “와!” 하고 놀라게 할 만한 전기 자극 7개만 배치하면 그 시장을 완벽하게 장악할 수 있습니다. 상식적이고 평균적인 고객으로서는 예측 불가능한 시나리오를 마련해야 고객을 놀라게 할 수 있다는 말입니다. 진심을 다하면 되지 왜 놀라움까지 준비해야 하느냐고요? 충격적인 전기 자극이 재미와 중독을 만들기 때문입니다. 그저 스치듯 한 번 오고 말아도 그만인 고객을 대상으로 한다면 굳이 이렇게까지 중노동을 하지 않아도 됩니다. 하지만 고객을 지속적으로 끌어들이고 싶다면 전기 자극이 중요합니다. 보는 순간, 만지는 순간, 듣는 순간, 먹는 순간, 맡는 순간 찌릿찌릿해야 합니다. 소름이 끼치면 더할 나위 없이 좋습니다. 재미는 이 찰나에 생겨납니다. 소비자는 재미라면 사족을 못 씁니다. 만약 이 재미가 본인에게 ▲ 도움이 되고 ▲ 좀 더 편리해지고 ▲ 행복해지도록 만들어 준다면 선을 넘어갑니다. 재미가 아니라 이제는 끊을 수 없는 중독이 됩니다.

게임, 레이싱, 도박, 스포츠, 술, 마약, 드라마 시리즈…. 일반적으로 중독이라는 수식어가 붙는 것들입니다. 놀라운 즐거움, 즉 재미는 예측할 수 없다는 데서 생겨납니다. 결과가 뻔히 보인다면 재미는 사라집니다. 가격이 담아야 할 필수 요소 중 제일 윗길이 바로 재미입니다. 재미가 담기면 가격은 얼마든 올릴 수 있습니다. 먹는 재미, 노는 재미, 쉬는 재미, 같이 하는 재미, 머무는 재미, 즐길 재미, 일할 재미, 채용할 재미, 지원할 재미…. 재미는 내 생각만으로 만들어지지 않습니다. 상대의 생각을 읽고 예측할 수 있어야 생기죠. 진정한 재미는 가격을 가려줍니다. 그 대가가 하도 만족스러워서 '그깟' 가격은 중요하지 않게 됩니다.

자, 이제 식육점으로 다시 돌아갑니다. 청년의 의뢰를 받고, 저는 이런저런 궁리 끝에 식육점에서 벌어지는 구매자의 행동을 예측해 보았습니다.

TV를 보는데 고기 굽는 장면이 나온다 → 고기가 먹고 싶어진다 → 고기 부위를 머리에 떠올린다 → 식육점에 가야겠다고 고민한다 → 그간의 경험을 토대로 쇼핑 장소를 정한다 → 이동한다 → 매장 입구의 전단지를 확인한다 → 구매 품목을 대략 정한다 → 매장을 쭉 둘러본다 → 살 고기를 결정한다 → 가격이 얼마인지 본다 → 그간의 경험들을 비교한다 → 스태프에게 확인한다 → 구매한다

일반적인 고기 구매 행위를 단계별로 해체해 보았습니다. 해체하면 답이 보입니다. 무엇이 문제인지 아주 쉽게 파악할 수 있죠. 성공이든 실패든 잘게 나눠보면 고객의 행동을 예측할 수 있는 새로운 솔루션이 생깁니다. 이 과정에서 가격을 내 마음대로 조종할 수 있는 건 덤, 아니 여러분의 뇌 에너지 소모에 대한 보상입니다. 고객의 행동을 예측하고 중간중간 개입해 봅니다.

TV를 보는데 고기 굽는 장면이 나온다(소를 발골하거나 정형하는 과정에서는 전기 자극이 덜하다. 불에 굽거나 먹는 장면 등에서 자극이 강해진다) → **고기가 먹고 싶어진다**(고기 하면 우리 브랜드가 떠오를 수 있도록 그 부위에서만큼은 대명사로 자리 잡는다) → **고기 부위를 머리에 떠올린다**(우리 브랜드만의 시그니처 메뉴를 만든다. 그것도 재미까지 줄 수 있는 뼈등심, 토마호크, 꽈배기 갈비 등등) → **식육점에 가야겠다고 고민한다**(네이버 플레이스 상위에 포진한다) → **그간의 경험을 토대로 쇼핑 장소를 정한다** → **이동한다**(버스정류장과 택시정류장에 현수막 등을 배치한다) → **매장 입구의 전단지를 확인한다**(마진이 좋은 상품을 모니터와 전단지에 배치한다. 가능한 한 크게) → **구매 품목을 대략 정한다** → **매장을 쭉 둘러본다**(화분, 공기청정기, 산소발생기 설치) → **살 고기를 결정한다** → **가격이 얼마인지 본다** → **그간의 경험들을 비교한다**(부위별 좋은 고기 선택법 pop를 설치한다) → **스태프에게 확인한다**(고객에게 줄 기념품 준비) → **구매한다**(단골 할인쿠폰을 보내준다)

자, 여기까지만 행동예측을 할 수 있어도 이 식육점의 판매 성적은 달라집니다. 하지만 막판에 박을 쐐기가 필요합니다.

"고객이 여러분의 제품을 구매한 후 제일 먼저 찾는 것은 무엇일까요? 또 제품을 사용하기 위해 가장 필요한 것은 무엇일까요?"

택배 상자가 도착하면 여러분은 제일 먼저 무엇을 찾으시나요? 그렇죠. 커터 칼입니다. 이렇듯 구매 후 상품 소비 시 고객이 제일 먼저 찾는 것을 미리 찾아 세팅해 줍니다. 고객이 소름 끼쳐 하는 것이 바로 이 포인트입니다. 고통과 불편을 없애준다는 차원에서는 '친절'입니다만, 가격을 제어할 수 있다는 시각에서는 감히 '가격(加擊)'이라는 표현을 쓰고 싶을 정도입니다.

식육점에서 산 고기를 집으로 가져와 굽기 위해서 제일 먼저 찾는 것은 프라이팬이죠. 집게와 가위도 필요합니다. 그런데 정말 필요한 핵심은 소금입니다. 다 구운 고기를 먹기 직전에 간절히 필요한 방점이 바로 맛있는 소금이거든요. 이 포인트와 시점을 미리 읽고 예측하고 설계하는 판매자가 최대 다수의 소비자를 얻을 수 있습니다. 제가 대구의 식육점에 선물한 아이디어가 바로 고객이 고기를 사면 소금을 주자는 것이었습니다. 흔하디흔한 천일염이 아니라 허브도 넣고, 후추도 넣은 4종 소금 세트를 만들었고, 반응은 뜨거웠습니다. 고객은 모르는 사실이 많습니다. 정확히 뭘 원하는지도 모르고, 가격이 얼마여야 하는지도 잘 모릅니다. 따라서 이 필요와 욕구 그리고 가치를 아주 상세히 가르쳐주는 판매자라면 가격을 결정할 수 있습니다.

"아니, 어떻게 소금을 줄 생각을 다 했대요?"

"육십 평생 살면서 파채 썰어주는 집은 봤어도 소금 주는 집은 처음이네."

고객들의 칭찬이 이어졌습니다. 하나만 더 달라는 부탁이 쌓이면서 이제껏 '을' 역할만 했던 식육점 임직원들은 다소간 '갑'의 입장을 경험하게 되었습니다.

이렇듯 가격의 진화는 끝이 없습니다. 최근에는 해산물 수입업체의 대표가 제 수업을 듣고 나서 보리굴비를 통으로 팔지 않고 살을 분리해서 판매하기 시작했습니다. 그 이유를 물으니 '고객이 살과 가시를 발라 먹는 불편과 수고를 없애주고 싶어서'라고 대답하더군요.

폭풍 칭찬을 해줬습니다. 이것이 바로 제가 거창하게 표현하는 '고객 행동예측'입니다. 보리굴비를 구매한 고객은 이것을 사와서 불리고, 찌고, 구워야 하는데 이 과정을 대신 해주었더니 폭발적인 인기를 얻게 되었습니다. 관습적으로 보리굴비를 판매하는 다른 매장들에 비해 120% 더 진도가 나갔으니 만족도도 그만큼 커지고 가격도 기존보다 더 비싸게 받을 수 있었죠. 손질하면 노동력이 추가되지만 고객들이 그 가치를 인정해줍니다. 고객 행동예측과 행동설계는 하면 할수록 가치가 상승합니다. 그만큼 고객의 편익이 늘어나니까요.

자, 먹기 좋게 살을 바른 보리굴비가 상에 올라왔습니다. 입에 넣기 전 기존의 경험들을 스캔합니다. 가장 맛있게 먹었던 순간을 떠올립니다.

'순창에서는 고추장을 주던데…. 김포에서는 쌈을 주던데….'

여기에서 주목할 점은 고객들이 보편적으로 가장 많이 떠올릴 법한 행동을 찾아내는 것입니다. 조금 더 깊숙이 들어가서 보리굴비를 통해 가장 사치를 누렸을 법한 기억을 뒤져봅니다. 아무래도 보리굴비를 가장 비싸게 파는 한정식집에서 했던 경험일 가능성이 가장 큽니다.

'가장 고급스럽게 대접받았던 곳의 서비스가 뭐였지?'

이런 고가의 매장에서는 보리굴비를 먹을 때 밥에다 '어떤 행동'을 가장 많이 할까요? 그렇습니다. 녹찻물. 차가운 녹차에 밥을 말아 먹은 경험이 한 번씩은 다 있으실 겁니다. 이 행동을 예측해서 가루녹차 스틱을 보리굴비 포장에 넣었습니다. 결과는 어땠을까요? 소비자의 뇌를 가격했더니 기존 보리굴비들이 다 빠져 나가고 '녹차 가루 넣어주는 살 바른 보리 굴비'가 그 자리를 차지했습니다. 굴러온 돌이 박힌 돌을 빼내려면 3배 이상의 힘이 필요합니다. 신생 브랜드들이 고객의 머릿속에 박혀 있는 유명 브랜드들을 빼내고 그 자리를 차지하기 위해서 필요한 것이 바로 행동예측, 행동설계입니다. 그리고 이것이 바로 포지셔닝입니다.

어느 누구에게도 빼앗기지 않는 내 자리. 업종과 아이템, 메뉴를 떠올리는 순간 가장 먼저 연상되는 브랜드. **가격을 결정하는 것은 1등과 최초입니다.** 기준과 비교의 대상이 없으니까요. 큰 부자가 되고 싶다면 소비자의 행동을 예측하세요. 그래야 행동을 설계할 수 있습니다. 상품을 구매한 후 소비하기 직전에 가장 간절히 필요한 것이 무엇인지 찾아내 소비자들에게 가르쳐주면, 그들은 편익을 예측하고 가격 지불을 망설이지 않습니다. 수백 개 가맹점을 거느렸던 한 떡볶이 프랜차이즈가 최초로 선보였던 밀폐 포장 용기 비닐 제거용 빨간 플라스틱 칼을 생각해 보시면 감이 잡히실 겁니다.

경쟁자보다 20% 더 받는 특급 노하우

가격을 10% 더 올려 받는 방법은 이미 공부했으니, 이제 그 두 배인 20% 올리기에 도전해 볼까요?

"여러분은 어떻게 가격을 정하세요?"

"음, 시장에서 판매되는 가격을 보고요."

"또요?"

"전 원가를 좀 철저히 따지는 편이에요. 머리가 좀 아프긴 하지만 원가 분석이 중요해요."

"인건비랑 재료비가 오르면 가격 올리세요? 상승률 연동해서? 원가가 더 올라간 만큼?"

"그렇게 올렸다가는 손님 다 빠져요. 그 바람에 제 머리도 이렇게 다 빠졌다는…."

그간 여러분은 눈치를 너무 많이 봐왔습니다. 경쟁자 눈치 보고, 소비자 눈치 보고, 스스로 눈치 보고…. 가격이 비싸다는 이유로 고객을 빼앗기지나 않을까 노심초사하고, 어떻게 하면 가격이 착해 보이게 만들까 이 고민만 해왔지요. 또 어떻게 하면 최저가만 받을까에 씌었습니다. 제가 공개 강연장에서 이런 이야기를 하면 듣는 분들은 메모도 내려놓고 고개를 끄덕입니다.

"지금 받고 있는 가격이 정말 여러분이 팔고 싶은 가격인가요?"

이렇게 물으면 다들 고개를 젓습니다.

"좋은 재료에 노력까지 더해 만든 제품인데 얼마나 받으면 행복하시겠어요?"

이렇게 물으면 대부분은 선뜻 대답을 못 합니다. 한 번도 이런 생각을 해본 적이 없었으니까요. 이럴 때 저는 다음과 같이 추천합니다.

"세후, 즉 세금을 낸 후 최소한 20~25%는 이윤을 남길 수 있는 가격전략을 구사하세요."

그러면 대부분이 잠시 계산을 해보고는 이내 고개를 절레절레 젓습니다. "그러다 손님 다 놓치면 당신이 책임질 거요?" 하는 표정으로요.

고객은 매우 단순합니다. 가지고 싶은 것, 사고 싶은 것에는 과감하게 돈을 지불합니다. 아끼지 않아요. 애플, 나이키, 라이카, 에르메스, 샤넬 마니아들이 가격 가지고 불평하는 걸 보셨나요? 오히려 할인이 1%도 적용되지 않는 신상을 구매한 뒤 이 사실을 알리기 위해 자신의 SNS에 적극적으로 신상 쟁취의 기쁨을 뿌려대죠. 상품 발매 이후 첫 가격이고 가장 비싼 가격이지만, 가지고 싶고 사고 싶은 제품이기에 가격은 아무런 저항이 되지 못합니다. 누구보다 먼저 점유했다는 사실이 가격보다 중요합니다.

원가 따지지 마세요. 고객은 여러분의 원가에 전혀 관심이 없습니다. 롤렉스, 람보르기니, 에르메스, 애플을 사면서 원가 따지는 것 보셨나요? 고객은 본인이 지불하는 금액에만 관심이 있지 판매자의 원가에는 관심이 없다는 사실을 잊으시면 안 됩니다. 맨날 원가만 붙들고 있으니까 작아지는 겁니다. 너그럽게 내놓을 수 없고, 고객의 마음을 훔칠 수도 없고…. 무슨 소리인지는 알겠는데 어디서부터 시작해야 하는지 모르시겠다고요? 제가 응용해서 만든 공식을 하나 소개합니다. 평소 존경하는 심리학자 김지헌 교수님의 글에서 영감을 얻었습니다.

더 지불할 금액 = 내 브랜드 - 일반 브랜드

제일 먼저 착수해야 할 작업은 이기고 싶은 브랜드를 3개 고르는 겁니다. 그들과 내 브랜드를 비교 분석해서 장단점을 적고 시작합니다. 예를 들어 내가 빙수 브랜드를 가지고 있다면 국내 원탑인 D, M, S 빙수를 분석해 봅니다.

1 그들에게는 있는데 내게는 없는 것

2 내게는 있는데 그들에게는 없는 것

3 그들에게도 내게도 없는 것

내 브랜드가 훨씬 유명하면 모를까, 나보다 인지도 높은 브랜드들과의 비교이니 앞뒤를 바꿔보겠습니다.

더 지불할 금액 = D, M, S 빙수 - 나의 빙수
(인지도, 상권, 시스템, 규모, 자금, 인력, 전략…)

그들에게는 있는데 나에게는 없는 차이 때문에 그들은 더 받을 수 있고, 난 덜 받을 수밖에 없는 겁니다. 내가 진화하지 않는 이상 소비자들은 아낌없이 '다른' 브랜드들에 지갑을 엽니다. 결국 나는 이 브랜드들의 꽁무니만 보고 한없이 쫓아가야 할 처지입니다. 내게는 있는데 그들에게는 없는 것, 그리하여 내가 그들보다 500원이라도 더 받을 수 있게, 소비자들이 자발적으로 500원 더 지불하고 싶게 만드는 힘을 찾아봅니다. 혜택, 편익, 가치, 효용, 호기심, 아이디어, 선, 격, 이종 간 결합…. 이 책에 등장하는 가격전략 서너 개만 활용해도 고객을 충분히 사로잡을 수 있습니다. 아예 공식으로 만들어 볼까요?

더 지불할 금액 = 내 브랜드 - 탑3 브랜드

내 브랜드가 보유한 구성요소들에서 탑3 브랜드의 구성요소를 빼고도 브랜드 자산이 넘치도록 만들면 됩니다. 고객들이 내 브랜드에서 탑3 브랜드보다 더 많은 긍정적인 연상을 떠올리면 좋겠지만, 안타깝게도 아직은 내가 덜 받을 수밖에 없는 이유가 더 많습니다. 그들에 비해 아직 많은 부분이 부족하다면 마이크로분석으로 따져봐야 합니다. 구성요소를 늘어놓고 120%까지 끌어올려 봅니다.

더 지불할 의사	=	내 브랜드	−	탑3 브랜드
		얼음 + 우유 + 팥 + 미숫가루 + 연유 + 크림치즈 + 과일 + 시럽 + 용기		

그러면 당장 숙제가 보일 겁니다. 뭘 어떻게 해야 하는지 방향을 잡는 게 첫 번째입니다. 각 구성요소마다 1%씩만 강해지고 고급스러워져도 얼마든 가격을 더 받을 수 있습니다. 어떤 얼음을 쓰는지? 우유는 어떤 등급을 쓰는지? 팥은 직접 삶는지, 도매업체에서 가져오는지? 미숫가루는 100% 국내산인지? 연유는 어떤 브랜드인지? 크림치즈는 프랑스산인지 네덜란드산인지? 과일의 당도는 어느 정도나 되는지? 가락동에서 가져오는지, 산지에서 직거래하는지? 시럽은 C 브랜드인지, H 브랜드인지? 방짜는 맞춘 것인지, 기성품인지?

베끼라는 소리가 절대 아닙니다. 장사가 안돼 답답한 분들이 이런 노력을 뒤로하고 적당히 수배해서 그대로 가져다 씁니다. 그리고 비슷해 보이면 비슷한 가격을 받아도 된다고 착각합니다. 제가 이 공식을 왜 만들었을까요? 그분들과 비슷하면 지는 겁니다. 뺄셈으로 보여주지 않으면 대등한 위치가 됐다고 아주 심각한 오해를 합니다. "너도 팔고 나도 팔잖아. 그럼 비슷한 가격을 받아도 되잖아?" 이런 바보 같은 오해를 말입니다.

가격은 겉으로 보이는 게 다가 아닙니다. 겉으로 드러나는 '액면 가격' 외에 '이면 가격'이라는 게 있습니다. 이면 가격은 빙산의 아래 부분처럼 눈에 보이지 않는 것들, 가격과 숫자로 표현되지 않는 가치들을 말합니다. 아무리 비슷해져도 탑3 브랜드들이 가지고 있는 역사, 전통, 매스컴 출연 경력, 자본 같은 이면 가격에서 밀리면 고객이 내 브랜드에 더 지불할 의사는 0이 됩니다. 상대적으로는 마이너스가 되겠죠. 그래서 늘 지는 겁니다. 그러니까 베끼는 것은 말짱 도루묵이라고 생각하면 됩니다.

짧은 시간에 이런 이면 가격을 만들 수 없으니 알려드리는 것이 바로 20% 가격 강화 전략입니다. 고객의 눈에 탑3의 매력과 강점이 들어가지 않도록 위에 적은 구성요소들을 더도 말고 덜도 말고 1%씩 20개만, 아니면 2%씩 10개만 강화하는 방법입니다. 추격자의 자세는 이래야 합니다. 대기업이든 중대형 기업이든 공룡을 쓰러뜨리고 시장의 지배자가 되고 싶다면 고객 누구나 인정할 만한 독보적인 자산이 있어야 합니다. 이 자산의 크기와 내가 받을 수 있는 가격은 정비례합니다.

경쟁자보다 20% 더 받고 싶으면 여러분의 브랜드에 가치를 수혈

하세요. 언제든 뺄셈을 해보고 내 것을 채우세요. 잘 만들 자신은 있는데 널리 알릴 자신이 없다고요? 일단 이 숙제부터 완벽하게 해결해 보세요. 만만치 않을 겁니다. 다행인 것은 이 과정에서 여러분의 브랜드가 자연스럽게 성장한다는 사실입니다. 저는 이 사실 하나만으로도 의미가 아주 크다고 봅니다.

계란 한 판에 980원이라굽쇼?

전국에 있는 5,000여 개의 마트 중 제가 개인적으로 제일 좋아하는 곳은 충주에 있는 '홈마트'입니다. 규모가 어마어마합니다. 가격에 관심 있는 분들은 꼭 한번 방문해 보시길 추천합니다. 대기업에서 운영하는 대형마트들은 온라인 쇼핑몰과 새벽 배송으로 전쟁을 치르느라 골치를 썩이는데, 이곳은 전혀 딴 세상입니다. 쭉쭉 내지른 인테리어와 공간연출이 마치 미국의 대형마트에 온 듯한 인상을 줍니다. 가장 놀라운 것은 가격! 매일매일 가격이 바뀌는 마트의 특성상 이 책에 실린 가격과 여러분이 이곳을 방문할 때 만나게 될 가격에는 차이가 좀 있을 겁니다. 쇼핑이 목적이라면 네이버에서 꼭 가격을 확인한 후 출발해야 할 테지만, 가격 공부가 목적이라면 지금 당장 시동을 걸어도 좋습니다. 저는 2020년 초에 방문했습니다.

■ 쌈 채소 2kg 3,500원

가정집에서 쌈 채소를 한 상자씩 사는 일이 있을까 싶었는데…. 제가 그래 버렸습니다. 늘어진 제 몸에 생명을 불어넣겠다는 핑계로 말이죠. 너무 싼 가격은 과소비를 조장하기도 합니다.

■ **단호박 1개 990원**

이 가격을 보니 이전엔 없던 요리 의욕이 막 샘솟더군요. 찜이며 수프, 튀김…. 아이디어가 마구 떠올랐습니다. 가격이 용도를 만들고, 동기를 유발하다니 참 놀랍습니다.

■ **DOLE 바나나 한 송이 1,000원**

'그래, 누가 뭐래도 아침에는 바나나를 먹어줘야지. 남으면 주스 만들어 먹으면 되지 뭐.'

■ **왕고구마 국내산 10kg 한 상자 9,900원**

'헬스 트레이너들 보니까 고구마 먹으면서 살 빼던데…. 쪄서 한 개씩 가지고 다니면 되겠네. 남으면 말려야지.' 가격이 행동을 제어하기 시작합니다.

■ **양배추 3개 1망 4,980원**

'가만있자, 간만에 양배추 김치를 만들어 먹어볼까? '대도식당'처럼 고기 구울 때 생으로 먹어도 좋고, 기름에 구워 먹어도 끝내주고….' 가격이 그 상품으로 누릴 수 있는 최고의 가치를 가르쳐줍니다.

이렇게 주워 담다 보니, 업소를 운영하는 것도 아닌데 제 카트는 순식간에 한가득 차버리고 말았습니다. 그리고 이내 짧은 탄식과 함께 폭풍 쇼핑이 이어졌습니다.

■ **파스퇴르 우유 500원**

이런 감동적인 가격을 만나면 생각이고 뭐고 없습니다. '일단 담지 않으면 손해겠군….' 이 생각만 듭니다. 가격에서 가장 중요한 포인트가 이겁니다. 안 사면 손해라고 판단하게 만드는 일. 이것만 가능하다면 소비자를 구매에 중독시킬 수 있습니다. 우유를 담고 나서 본능적으로 일대를 살핍니다. 혹시 이런 섹시한 가격의 제품이 또 있지 않을까? 그 순간 제 눈에 바로 옆 냉장고의 안내문이 포착됩니다.

1인당 2판만 구매 가능

신선란 (대란) 30구　　980원

이른 시간에 방문했음에도 딱 네 판 남아있었습니다. 제가 수업 시간에도 자주 이야기하는 내용입니다만 소비자 입에서 "이렇게 팔고도 남아요, 사장님?" 이 소리만 나오면 됩니다. 그런데 홈마트에서는 이 소리조차 나오지 않았습니다. 도저히 궁금해서 견딜 수가 없었습니다. 사장님과 지인 사이인 제 비즈니스 파트너에게 부탁해서 비밀을 알아냈다가 입이 쩍 벌어지고 말았습니다.

마트의 연간 총매출은 약 700억 원. 쇼핑하러 오는 분이 계산하는 평균 금액은 약 20만 원. 연간 35만 명 정도가 이곳을 방문합니다. 정말 놀라운 사실은 달걀의 원가였습니다. 이곳에서 980원에 팔리고 있는 신선란의 원가는 3,000원. 세상에, 무려 2,020원이나 손해를 보며 달걀을 팔고 있습니다. 뭔가 대단한 비밀이 숨어있다는 걸 간파한 저는 집요하게 물었습니다.

"평균적으로 약 20만 원 정도 구매하는 고객을 통해 얻는 이익이 20%, 그럼 40,000원. 달걀 한 판에 2,000원 정도 손해를 본다…. 아니 투자를 한다! 이런 의도 맞으시죠?"

물끄러미 저를 바라보던 사장님이 씩 웃으시더군요. 식사하러 가자고 내민 손에 이끌려 나가는 동안 머리가 멍해졌습니다.

'그간 너무 안일하게들 비즈니스를 해왔구나. 상품과 서비스를 제공할 수 있는 시설과 설비만 마련하면 된다고, 이게 투자의 전부라고 생각했는데 완전히 틀렸구나. 투자는 한번 하고 끝내는 것이 아니라 비즈니스가 살아있는 동안 끊임없이 이어나가야만 하는 가장 중요한 핵심이구나. 판매자가 먼저 줘야 소비자가 찾아오고, 제시한 가격을 보고 감탄하고, 예상에도 없던 것을 구매하면서 사야 할 핑계까지 대고 용도를 만들어 내야 하는구나. 소비자가 한가득 구매한 제품들을 트렁크에 옮기며 전장에서 이긴 장수가 포획물들을 바라보듯 의기양양한 기분을 느끼게 해줘야 재방문, 재구매도 할 것이고 아끼는 지인들과 정보도 공유하겠구나….'

참 놀라운 가격입니다. 단서는 숫자가 전부였지만 분명 그 숫자 안에는 고객의 행동을 예측하고 설계한 기획 의도가 담겨 있었습니다. 생각 없이 퍼주면 쫄딱 망합니다. 하지만 평균 이익률을 약간만 조종한다면 충분히 고객을 흥분시킬 수 있습니다. 체리피커cherry picker 처럼 얄밉게 달걀만 사가면 어떻게 하느냐고요? 음, 그 문제는 이렇게 풀면 어떨까요?

"20만 원 이상 구매하신 고객들에게 달걀 한 판을 900원에 드립니다."

18만 원 정도 구매한 고객이 20,000원을 채울까요, 그렇지 않을까요? 없는 수요도 만들어 낼 수 있어야 가격의 신이 될 수 있습니다. 여러분도 고객이 구매하고 싶어 핑계와 용도를 만들어 낼 미끼 상품들을 좀 준비해 보시는 건 어떠세요?

가격 마법사 '디코이'

가격의 마법사 '디코이decoy'를 주제로 한 이번 챕터에 들어가기 전에 먼저 디코이가 무엇인지부터 알려드리겠습니다. '디코이'는 사냥감을 유인하기 위한 유인용 새, 물건, 사람 등을 뜻하는 단어로, 여러분에게 고객을 유인해 줄 마법 같은 존재입니다.

〈내셔널 지오그래픽〉에서 영화관을 찾은 고객들을 대상으로 실험을 진행했습니다. 영화관 팝콘 판매대에 몰래카메라를 설치하고 고객들에게 가격이 다른 두 팝콘을 판매했죠.

LARGE 7달러　　SMALL 3달러

대부분은 SMALL을 주문했습니다. 굳이 팝콘에 7달러까지 내야 하나? 이런 생각들이었던 것 같습니다. 저라도 작은 크기의 3달러 팝콘을 주문했을 겁니다. 이 실험을 지켜보면서 이런 생각이 들었습니다. 중간에 가격을 하나만 더 배치하면 훨씬 매출이 많이 오를 텐데…. 판매 비율이 같다고 치면 관객 100명을 대상으로 올릴 수 있는 매출은 500달러가 됩니다. 가격에 밝은 분들은 아래 가격으로 쏠리는 것을 막기 위해 '중간 가격'을 하나 더 배치할 겁니다.

7, 5, 3달러라는 세 가지 선택지에서 가장 많이 팔리는 것은 5달러입니다. 당연합니다. 그런데 중간 가격을 바꾼 두 번째 실험에서 정말 재미있는 결론이 나옵니다.

같은 극장, 같은 팝콘입니다. LARGE와 SMALL 사이의 중간 가격이 6.5달러로 바뀌었습니다. 여러분이 관객이라면 어떤 제품을 선택하시겠습니까? 오른쪽, 왼쪽 자꾸 쳐다보게 됩니다. '어떤 선택이 가장 만족도가 높을까?'를 따지며 머릿속 계산 속도도 빨라집니다. 팝콘 그릇 크기와 가격표를 번갈아 바라보던 고객 대부분은 머뭇거리다 이내 LARGE를 선택합니다. 최고가를 구매했음에도 손해를 봤다는 인상은 전혀 찾아볼 수 없습니다. MEDIUM과 가격 차이가 아주 적기 때문이죠. 이렇게 고객의 의심을 없애주고, 더 큰 만족을 선물하고, 후회를 없애주는 마법, 이게 바로 디코이 효과입니다.

"두 가지 옵션 중 하나를 결정하는 상황에서
매력적이지 않은 세 번째 옵션을 끼워 넣으면
두 가지 옵션에서 인식된 선호도를 변경할 수 있다."

즉, 판매자가 원하는 옵션을 선택하도록 유도하기 위해 추가로 제공하는 옵션을 '디코이 옵션'이라고 하고, 이 옵션을 통해 발생하는 긍정적인 효과를 '디코이 효과'라고 부릅니다. 디코이를 이용하면 팔기 원하는 제품을 얼마든지 팔 수 있습니다. 위의 팝콘 사례를 잘 살펴보면 결정적 힌트를 얻을 수 있죠. 크기는 LARGE와 MEDIUM으로 확연히 차이가 나지만 가격은 겨우 0.5달러밖에 차이가 나지 않습니다. 디코이 역할을 하는 '덜 떨어진' 중간 크기 팝콘이 나서서 최고가 팝콘의 판매를 부추깁니다. 왠지 LARGE를 사지 않으면 손해 보는 것 같아 과소비하게 됩니다. 매출 차이도 상당합니다. 그래서 저희는 디코이를 효자라고 부릅니다. 계산해볼까요? 1일 관객 2,000명 중 30%인 600명이 팝콘을 산다고 할 때, LARGE와 SMALL 두 개의 선택지만 있을 때의 팝콘 매출액은 다음과 같습니다.

SMALL 3달러 × 500명 = 1,500달러
LARGE 7달러 × 100명 = 700달러

2,200달러

디코이를 넣어 LARGE, MEDIUM, SMALL을 선택하게 한 경우에는 다음과 같습니다.

LARGE 7달러 × 400명 = 4,200달러
MEDIUM 6.5달러 × 0명 = 0달러
SMALL 3달러 × 200명 = 600달러

4,800달러

여기에서 원래 매출인 2,200달러를 빼면 2,400달러의 추가 매출이 일어납니다. 만약 여러분의 가격표에 두 개의 선택지밖에 없다면 '디코이'를 반드시 추가하시길 추천합니다. 상/중/하, 대/중/소, 300g/250g/100g, 1시간/50분/10분….

특 300g 20,000원　　보통 150g 10,000원

만약 위와 같은 두 가지 선택지가 있을 때는 다음과 같이 디코이를 심어야 낮은 가격으로 구매가 쏠리는 현상을 막을 수 있습니다.

특 300g 20,000원　　중 250g 18,000원　　보통 150g 10,000원

서비스의 경우에도 마찬가지입니다.

상 20,000원 (1시간)　　하 10,000원 (30분)

여기에 다음과 같이 디코이를 심으면 됩니다.

상 20,000원 (1시간)　　중 18,000원 (50분)　　하 10,000원 (30분)

이제껏 중간 가격을 '최고가 + 최저가 ÷ 2'로 무의식중에 결정했다면, 앞으로는 중간 가격이 '덜 떨어진' 녀석처럼 보이게 가격은 올리고 가치는 내리면 됩니다. 매출과 이익을 극대화하고 최저가 선택을 막아주는 데 디코이만 한 효자가 없습니다. 이 디코이 덕분에 올린 추가 매출과 이익은 고스란히 고객에게 다시 투자하시기를 바랍니다. 경쟁업체들과의 격차가 벌어질수록 내 브랜드에 대한 고객의 선호도는 높아지니까요.

비즈니스를 하는 동안, 아니 인생을 사는 동안 디코이는 절대로 잊지 마세요. 꼭 가격이 아니어도 상관없습니다. 두 가지 선택으로 고민하는 사람에게 '야무지지 못한' 중간 선택지를 하나 더 제시해서 최고, 최상, 최장, 최강, 최애를 선택하도록 만들어주는 것이 바로 디코이의 임무입니다. 이 친구야말로 판매자와 구매자가 동시에 행복해지는 몇 안 되는 희귀 전략이랍니다.

예측 가능한 비합리성

듀크 대학교 경제학과 교수이자 《상식 밖의 경제학》, 《경제심리학》 등을 쓴 댄 애리얼리. 행동경제학의 새로운 열풍을 불러일으킨 그의 연구 중에 가격과 관련된 재미난 내용이 있어 소개합니다. 다음은 어느 경제잡지사가 실제로 낸 광고입니다.

1년간 온라인 정기구독 59달러

1년간 오프라인 정기구독 125달러

1년간 온라인 + 오프라인 정기구독 125달러

이 광고 내용을 가지고 미국 MIT 경영대학원생 100명에게 물었습니다. 과연 어느 서비스를 구매할 것인지? 아마도 쭉 훑어본 분들이라면 제일 먼저 이런 생각을 하셨을 겁니다.

'아니 가운데 옵션은 도대체 왜 넣은 거지? 온라인과 오프라인 정기구독이 125달러인데 같은 가격으로 오프라인 구독만 할 멍청이가 어디 있어?

네, 여러분이 예상한 것처럼 대다수 학생은 온라인 + 오프라인 서비스를 택했습니다. 물론 온라인만 구독하겠다는 학생들도 있었습니다. 하지만 100명 중 단 한 명도 오프라인 정기구독만은 선택하지 않았습니다. 아무도 선택하지 않았으니 별 의미가 없는 옵션이라 생각할 수 있겠지만 댄은 달랐습니다. 가운데 항목을 제외하고 다시 학생들의 의견을 물었습니다.

1년간 온라인 정기구독 59달러

1년간 온라인 + 오프라인 정기구독 125달러

어차피 선택하지 않은 옵션을 뺀 게 전부인데 대답은 완전히 달라졌습니다. 온라인 정기구독은 크게 늘고, 온라인 + 오프라인 정기구독을 선택한 숫자는 큰 폭으로 줄었습니다. 댄 교수는 사람들이 선택하지는 않았지만, 결정에 상당히 큰 역할을 한 중간 옵션이 아주 궁금해졌습니다.

'도대체 인간의 무엇이 이런 변덕(?)을 만들어내는 것일까?'

댄은 인간이 가진 비합리성을 예측할 수 있고, 이를 잘 활용하면 선택에 영향을 미칠 수 있다고 주장했습니다. 이성적이고 합리적이라고 여겨져 왔던 인간이 저지르는 비합리적인 결정들. 한국판의 제목은 《상식 밖의 경제학》이지만 원제는 PREDICTABLY

IRRATIONAL, 즉 '예측 가능한 비합리성'입니다. 조금만 더 진지하고 치밀하게 고민해서 선택지를 만들면 비합리적인 선택을 끌어낼 수 있다는 게 그의 주장이었죠. 세계적인 학자이자 노벨경제학상까지 받은 권위자의 연구 내용을 그저 읽고 끝내서는 안 되겠지요? 내 상황에, 비즈니스에 적용할 수 있어야 합니다. 조건이 확 달라지면 혼돈이 올지 모르니 잡지 구독 모델을 그대로 응용해 보겠습니다.

복국	**5,900원**
복국 + 복전	**12,500원**

해장을 자주 하다 보니 저는 복국을 참 좋아합니다. 그런데 대부분의 복집 메뉴판은 복국, 복 튀김, 복찜, 복 불고기…로 구성되어 있고, 이것들을 2~3개씩 묶어서 세트로 판매합니다. 아주 익숙한 메뉴임에도 매번 선택하느라 고민하게 됩니다.

'어떻게 먹어야 잘 먹었다고 소문이 날까? 가장 큰 혜택을 얻는 방법은 무엇일까?'

내려갔다 올라갔다 시선이 바빠집니다. 차마 계산기를 꺼내 두드려 볼 순 없으니 재빨리 암산을 시작합니다. 판매자가 그냥 만든 가격이 아니란 걸 알기 때문에 일순간 보이지 않는 심리전이 펼쳐집니다. 만약 댄 교수의 수업을 한 번이라도 들어본 분들이라면 다음과 같이 전혀 다른 제안을 했을 것입니다.

복국	**5,900원**
복전	**12,500원**
복국 + 복전	**12,500원**

복전은 제가 만든 메뉴입니다. 가격유전자가 노출된 메뉴는 가늠이 쉬워지기 때문에 일부러 그럴싸한 메뉴를 하나 만들었습니다. 원칙! 원가는 적게 들되 판매가는 있어 보이게. 그래서 선택한 것이 전입니다. 여러분도 중간 옵션을 만들 때는 주의해야 합니다. 달걀찜처럼 엉성해 보이는 옵션을 배치했다가는 오히려 고객이 아주 차갑고 냉정하며 합리적인 선택을 할 수 있으니까요. 그래서 이왕이면 최초나 이종 간 결합값이 희소성 있는 옵션이 들어가야 판매자에게 유리해집니다.

먼저 제시한 가격표에서는 복국이 고객들에게 더 인기 있는 결정이었을 겁니다. 복국+복전 세트가 상대적으로 비싸게 느껴졌으니까요. 더 지불하는 것은 고객에게 아주 심한 고통입니다. 큰 혜택이 있는 것도 아닌데 12,500원을 선택하려니 손해 보는 기분입니다. 이때 복전이 등장합니다. 징검다리처럼 가운데 자리 잡고 복국 + 복전의 선택을 돕습니다.

복국	**5,900원**
복전	**12,500원**
복국 + 복전	**12,500원**

"복국 + 복전이 12,500원이라고? 세상에, 이걸 안 사면 바보지…." 라거나 "이런 큰 혜택은 누리지 않으면 손해야."라고 판단하면 고객은 결국 과소비(?)를 하게 됩니다. 없는 수요를 만들어내는 데 이만한 효자가 없습니다. 이 전략은 그 어느 업종, 업태에서도 활용할 수 있습니다.

필라테스	**199,000원**
필라테스 + PT	**399,000원**

여기에 중간 옵션을 하나 더 만들어줍니다.

필라테스	199,000원
PT	399,000원
필라테스 + PT	399,000원

고객들이 손가락질하면 어떻게 하느냐고요? 그러면 당당하게 이야기하세요.

"저희 매장 입장에서는 PT 받으시는 분들이 너무 감사하죠. 임대료, 인건비, 시설유지비를 생각하면 저희에게는 너무 감사한 고객들이라, PT를 선택하시면 필라테스를 서비스로 해드린다고 보시면 됩니다."

미니(MINI)에 빅(BIG)을 넣자

"미니(MINI)에 빅(BIG)을 넣자."

이것이야말로 이제껏 없었던 가격을 창조하고, 노력보다 큰 가격을 만들어낼 수 있는 최고의 노하우라고 확신합니다. 그 어떤 무기도 이 녀석을 이길 수는 없습니다. 작으면 작을수록 좋습니다. 메뉴든, 상품이든, 서비스든 모두가 동의하는 상식적인 크기에 상상도 할 수 없는 개념, 철학, 기술, 생각, 의식, 문화 등을 넣을 수만 있다면 가격은 여러분의 것이 됩니다.

"냉정하게 분석해서 작은 것에 큰 것을 넣어주세요."

"미니에 빅을 끼워 넣어주세요."

"들어가지 않겠다 싶은 것에 아주 커다란 '다른 생각'을 심어주세요."

혹시 〈지구촌 리포트〉 같은 프로그램을 통해 '호망조각'을 본 적이 있으신가요? 미니조각으로도 불리는 호망조각은 중국의 전통 세공 기술을 말합니다. 초미세 조각 기술로 문자나 그림을 그리는 예술이죠. 쌀알, 성냥대, 씨앗 등이 주로 캔버스로 활용됩니다. 현미경으로 확대해야 겨우 보일 정도의 공간에 자연과 인물, 역사 등을 새겨 넣습니다.

이 분야의 최고는 대만의 '진봉형' 선생입니다. 작품 하나에 수백, 수천만 원을 받을 정도로 몸값이 비쌉니다. 국제 올림픽위원회 인증을 받아 '올림픽 예술가'로도 불립니다. 핀셋으로 겨우 잡을 정도의 쌀 한 톨에 삼라만상을 새겨 넣다니, 참으로 경이로운 일입니다. 가격이요? 말 그대로 부르는 게 값입니다. 가지고 싶고, 사고 싶은 사람이 등장하면 가격이 탄생합니다.

'쌀 한 톨 + 조각 = 얼마'로 정해지는 것이 아니라 '생각'으로 가격을 받게 됩니다. 이 생각의 크기가 크면 클수록, 즉 넣어야겠다고 마음먹은 대상이 클수록 가격은 치솟습니다. 쌀 한 톨에 그려진 용 한 마리, 쌀 한 톨에 조각된 벤츠 자동차, 쌀 한 톨에 새겨진 유명인물의 초상화를 보면 인간의 뇌는 크게 자극 받습니다. 와! 소리가 절로 납니다. 이 순간을 기록하고 싶어지고, 누군가에게 자랑하고 싶어집니다.

이것이 바로 전기자극의 매력입니다. 작은 것에 큰 것을 넣을 때만 전기자극이 발생하는 건 아닙니다. 초자연스러운 현상을 만나거나, 경이로운 풍광을 접하거나, 신기에 가까운 테크닉 앞에서도 전기자극이 생깁니다. 그중에서도 압도적인 자극은 미니에 빅을 넣을 때 발생합니다. 이 자극은 놀라움만 주는 것이 아니라 제품, 작품, 상품, 서비스의 가치도 올려줍니다. 유·무형의 자산 모두에 해당합니다. 소설이나 영화, 드라마의 예를 들어볼까요? 아역에서 출발한 주인공이 시련과 갈등을 거치며 어른으로 성장하고 부와 성공을 거머쥐며 나이 들어갑니다. 70~80년의 인생이 10여 편의 드라마 시리즈나 두 시간짜리 영화에 담깁니다. 짧은 시간과 그다지 크지 않은 영상에 주인공의 평생을 담았습니다. 활자 매체는 더욱 강한 자극을 선사합니다. 한 인물의 평생 정도가 아니라 시대를, 역사를, 우주를, 외계를 담아냅니다. 어찌나 전기자극이 강한지 울다가, 웃다가, 소리 지르고, 안쓰러워하고, 격려하고…. 나도 모르게 주인공을 사랑하고 이해하게 됩니다. 이것이 바로 집어넣는 힘입니다.

"해무와 함께 100만 대군이 몰려오고 있었다."

"은하계를 1만 광년 동안 비행 중이던 아스라 함대가 돌아오는 날이다."

"1000년을 살아도 죽지 않는 올드 가드."

영상으로 보면 폭이 한정되지만 글로 적힌 내용은 상상에 제한을 받지 않습니다. 종이 몇 장에, 문장 몇 줄에 담을 수 있는 내용이 무궁무진합니다. 이 타이밍에 종교 이야기를 안 할 수 없겠죠? 성경, 불경, 코란 등은 우주 탄생부터 수백만 년의 시간을 종이와 활자 속에 넣었습니다. 신자들은 찌릿찌릿한 경이로움을 만끽합니다. 가격은 이 전기자극과 아주 밀접한 연관이 있습니다. 이미 눈치채신 분들도 계실 겁니다.

“미니(매장, 브랜드, 상품)에 빅(아주 큰 생각)을 넣어 고객에게 전기자극을 주고, 가치를 올려, 가격에 반영하자.”

그럼 우리는 “어떤 미니를 찾아, 어떤 빅을 넣을 것인가?”를 고민해야 합니다. 가장 쉬운 예가 수족관을 설치한 횟집입니다. 횟집에 바다를 넣어놨으니까요. 작은 것에 큰 것을 넣는다는 건 이런 겁니다. 일반적인 횟집에서는 접시 위에 생선을 썰어 내줍니다. 고객 입장에서 볼 수 있는 건 가지런히 놓인 속살이 전부입니다. 보이지 않는 것이 너무 많습니다. 힌트 하나 드릴까요? 단서를 잡아내기 위해서, 내 상품에 빅을 넣기 위해 테이프를 거꾸로 돌려봅니다. 지금 여기서부터 시간과 공간을 거슬러 올라가 더듬어 보는 겁니다.

접시 → **테이블** → **복도** → **주방** → **활어차** → **고속도로** → **어판장** → **배** → **바다**

이 중에서 제일 큰 바다가 좋겠습니다. 그래야 자극이 세지니까요. 그간 보이지 않았던 바다를 고객이 연상할 수 있도록 수족관에 담아냅니다. 아주 훌륭한 장치입니다. 바다를 넣는다? 일본 오사카를 여행해 본 분들은 보셨을 텐데, 바다는 물론이고 배까지 끌고 들어온 매장도 있습니다. 문을 열고 들어서는 순간, ‘미쳤구나!’ 하는 생각이 듭니다. 커다란 배가 놓여 있고 주위는 온통 물입니다. 고객들은 자리에 앉아 선원이 된 기분으로 낚시를 합니다. 일본뿐 아니라

전 세계 매스컴에 등장했던 식당입니다. 전기자극은 국가와 인종을 떠나 동일하게 영향을 미치는 모양입니다.

아, 그러고 보니 어릴 적 막내아들이 쓰던 침대가 떠오르네요. 누우면 천장에 별이 반짝입니다. 작은 기계의 전원을 켜면 천장이 우주로 변합니다. 입이 떡 벌어집니다. 최근에 컨설팅한 한정식 식당 입구에 유리로 된 스마트팜을 넣었습니다. 말 그대로 유리 케이스 안에 밭을 넣었더니 반응이 뜨겁습니다. 고객들은 이렇게 생각하는 모양입니다.

"와, 채소를 여기서 직접 키우나 봐."

네, 이런 반응을 의도했습니다. 그렇게 연상하도록 세팅한 거죠. 이 사실을 알고 나니 이제 큰일(?)이 일어납니다. 작은 것 안에 큰 것을 막 넣어보고 싶어집니다. 각 카테고리에서 이것을 처음 시작한 사람들은 엄청난 부를 차지했습니다. 원래 개척자가 큰돈을 버는 법입니다. 한번 살펴볼까요? 실내 낚시터에는 바다를 집어넣고, 식물원에는 숲을 넣었습니다. 실내 암벽장에는 산을 넣고, 어항에는 강을, 박물관에는 역사를 넣었습니다. 영화관에는 세계를 넣고, 음식에는 칼로리, 즉 생존을 넣었습니다. 스크린 골프에는 광활한 골프 코스를 넣고, 게임에는 미지의 세계를 통째로 넣었습니다. 자동 돌솥밥 기계에는 아궁이와 가마솥을 넣고, 와인에는 포도밭과 역사를 넣었습니다. 납골당에는 공동묘지를 넣고 아파트 단지에는 숲을 넣었습니다.

이러면 가치가 올라갑니다. 비싸집니다. 아주 커다란 것을 소유하는 데 들어가는 비용은 줄이면서 혜택은 키웠기에 가치가 올라가죠. 고압축률은 언제나 최고가를 받을 준비가 되어 있습니다. 50마리의 동물이 있는 동물원보다 200마리의 동물이 있는 동물원의 입장료가 비싼 것도 다 이 때문입니다. 믿으셔도 좋습니다. 그냥 홍차지만 이름에 '오후'를 넣으면 '오후의 홍차'가 되어 더 비싸게 받을 수 있습니다. 아침과 점심을 한데 묶어 브런치를 만들면 더 고급스러워집니다.

마지막으로 힘들게 욱여넣지 않고도 미니에서 빅을 즐기는 노하우가 있습니다. 바로 뷰입니다. 일출, 일몰, 바다, 산, 들…. 가지고 들어올 필요가 없습니다. 시선을 바꾸어 미니에서 빅을 바라보게 만들면 됩니다. 소(小)에서 대(大)를 향유할 수 있도록 도와만 주어도 가격은 올라갑니다. 아파트나 상가, 빌딩, 펜션 등에 한강이나 야경을 볼 수 있는 뷰를 넣으면 가격이 얼마나 치솟는지 다들 아시죠? 한강뷰, 리버뷰, 도심뷰, 나이트뷰, 스카이라운지뷰…. 굳이 기호나 상징을 물리적으로 가져오지 않아도 됩니다. 미니에서 빅을 즐길 수 있으면 되고, 이것이 고객을 행복하게 해주면 그걸로 충분합니다.

그럼 이제 우리는 우리 매장과 브랜드에 어떤 빅을 넣어볼까요? 스토리, 권위, 아이덴티티, 철학은 물론이고 자연, 우주, 하늘, 기후를 넣어야 합니다. 제가 매니지먼트하는 브랜드들에 유난히 제철, 절기, 축제 등을 끌어다 쓰는 이유가 바로 이것 때문입니다. 브랜딩? 마케팅? 복잡하게 멀리서 찾을 필요 없습니다. 가치와 혜택 그리고 가격을 올리기 위해 내 브랜드, 내 제품 그리고 나의 서비스에 '아주 큰 생각'을 넣으면 됩니다. 경쟁자는 상상조차 할 수 없는…. 사진이든 그림이든 소품이든 동영상이든 그 무엇이든 좋습니다. 미니에 빅을 넣어보세요.

고객에게 절대 잊을 수 없는 전기자극을 선물해야
여러분이 원하는 가격을 받을 수 있습니다.

최대 가격을 이끌어내는 '필요 욕구 그래프'

예전에 국립중앙박물관의 식음료 총괄 컨설턴트를 맡은 적이 있습니다. 한 국가를 대표하는 박물관을 맡는 일은 그리 간단치 않았습니다. 심사, 면접, 제안…. 가장 민감한 가격까지. 가문의 영광이라는 생각으로 참 신나게 일했던 기억이 납니다. 평생 한 번 올까 말까 한 기회라고 생각했는데, 몇 해가 지나 이번에는 평창 동계 올림픽 친절 콘서트의 주인공이 되었습니다. 전국에서 활동 중인 문화해설사, 숙박업계, 외식업계, 관광업계 2,000여 명의 대표님들에게 4차례에 걸쳐 특강 형식의 컨설팅을 해드렸습니다.

이때 저는 '친절'의 개념을 확 바꿨습니다. 제 인생 모토가 '하나는 바꾸고, 하나는 남기자'이다 보니 친절에 대한 전혀 다른 해석을 만들어냈습니다. "친절은 입술을 펴가며 미소 짓고, 양손을 배꼽 위에 올린 채 고개 숙이는 게 아니라, 고객의 머릿속에 들어가 그들이 느낄지도 모르는 불편과 불안 그리고 위험을 미리 잘라주는 것이다. 의심을 안심으로 바꿔주는 것이다. 손해 볼지도 모른다고 생각하는 고객들에게 그 어느 브랜드보다 큰 혜택과 행복을 약속할 수 있어야 친절이다."라고 재규정해 버렸습니다.

신음하는 자영업 오너분들을 도와드렸더니 금감원장님이 감사장을 주시더군요. 많은 분이 제게 감사를 전달해 주신 덕분에 좋은 기운이 몰려와서인지 최근에는 관광공사와 일을 하게 되었습니다. 참 행복한 일이 아닐 수 없습니다. 전국의 관광지에 흩어져 있는 음식들을 관광 상품으로 만드는 일인데 한창 뜨고 있는 라이브커머스를 통해 전국 각지의 유명 탕, 전골, 볶음, 국, 고기, 해산물, 음료 등을 밀키트로 만들어 판매하는 프로젝트입니다.

서론이 좀 길었습니다. 저는 어떤 프로젝트를 맡게 되면 가장 먼저 290쪽에 있는 것과 같은 그래프를 꺼냅니다. 앞에서 언급한 모든 프로젝트도 이 그래프에서 시작됐습니다. 성공도 성공이지만 제가 이 그래프를 꺼내는 이유는 사실 가격 때문입니다. 지금 여러분이 받는 가격보다 적게는 10%, 많게는 200%까지 더 받을 수 있는 특급 비밀을 지금부터 전격 공개합니다.

먼저 needs와 wants가 필요합니다. 이 책에서 needs와 wants의 해석은 학자분들과 다름을 미리 말씀드립니다. 여기에서만큼은 'needs는 반드시 있어야 할 꼭 필요한 것, wants는 없어도 그만이지만 있으면 더 행복한 것 그리고 상식적인 차원보다 더 원하는 것'으로 부를 작정입니다. 삼겹살집에 고기, 불, 불판, 소금, 밥, 쌈, 장, 찌개, 냉면, 조명, 환풍기, 수저, 물, 소주, 맥주 등은 needs. 공기청정기, 산소발생기, 일회용 앞치마, 고기 싸 먹는 또르띠야, 소주병에 붙여주는 밀크시슬, 스타일러 등은 wants. 이렇게 재정의하는 이유는 여러분의 머릿속 공간을 둘로 나누기 위함입니다. needs 쪽은 경쟁자에

니즈

needs

원츠

wants

옷

멋진 옷

게 절대로 밀리지 않을 아이템들을 넣어두는 곳, wants 쪽은 고객이 제대로 대접받는다는 기분이 들도록 세팅하면 좋은 것들을 모아두는 곳. 이제 그림을 보면서 좀 더 상세히 설명하겠습니다.

이 그래프 하나면 가격 인상은 물론이고 관습적인 사고 패턴으로는 도저히 만들어낼 수 없는 크리에이티브한 아이디어까지 얻을 수 있습니다. 워밍업하는 기분으로 여기에 아주 간단한 아이템을 하나 넣어보겠습니다. 줄넘기 어떠세요? 여러분이 줄넘기 줄 회사의 사장님이라고 생각하면 됩니다. 고객의 머릿속에 이미 자리 잡은 경쟁자의 줄넘기 브랜드를 뽑아내야 하는 상황입니다. 그 자리를 차지하기 위해 '반드시 있어야 할 필요'와 '가지고 싶고, 사고 싶게 만드는 욕구'를 단계별로 업그레이드합니다. 여기에서 잠깐! 가지고 싶고 사고 싶은 제품은 어떤 걸 말할까요? 이 질문에 대한 대답만 할 수 있다면 고객은 여러분과 여러분이 만든 제품을 간절히 원하게 됩니다.

시간이 없으니 정답부터 말씀드리자면 바로 '없는 것'입니다. 지금 내가 가지고 있지 않기 때문에 가지고 싶고, 사고 싶어집니다. 그러니 앞으로 제품이나 서비스를 구상할 때는 고객에게 '없는 것', 고객이 '이제껏 경험해 보지 못했던 것'에 주목하세요. 세상의 이목을 끌기 위해서는 여러분 브랜드가 '약' 같아야 합니다. 지금 당장 없으면 머리가 깨질 것 같고, 속이 타들어 가고, 내장이 꼬일 것만 같은 그런 '약 같은 존재'가요. 그럼 당장 팔립니다.

자, 다시 그래프로 가볼까요? 위로 올라갈수록 점점 더 필요한 제품, 그리고 오른쪽으로 갈수록 인간이 가진 욕구를 채워주는 제품.

매슬로우의 욕구 단계 이론을 응용해 보겠습니다.

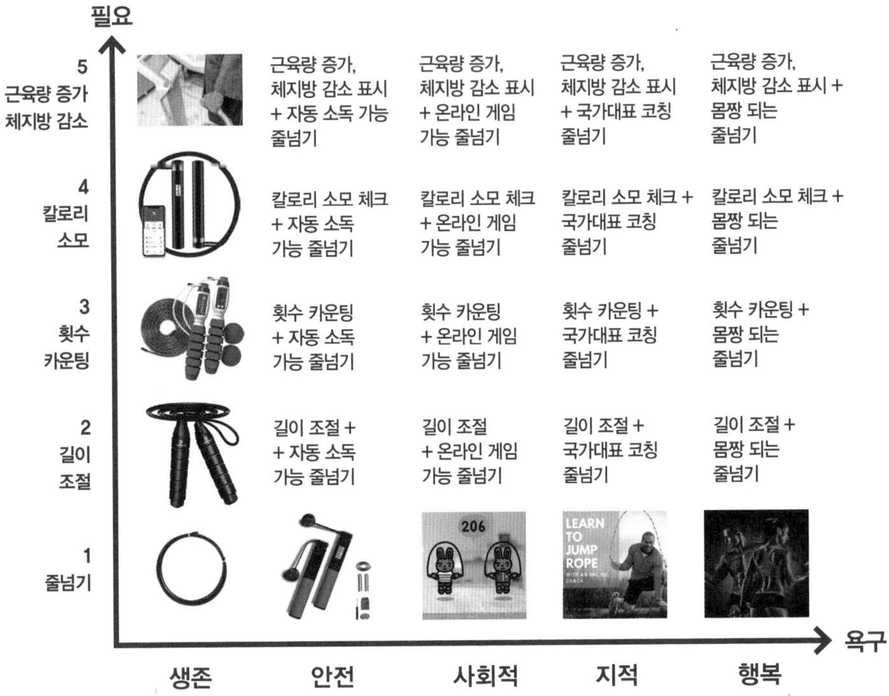

먼저 세로축은 '필요' 축입니다. 1단계부터 점점 더 필요를 더해 갑니다.

- 1단계 **그냥 줄넘기**
- 2단계 **길이 조절이 가능한 줄넘기**
- 3단계 **횟수 카운팅이 되는 줄넘기**
- 4단계 **칼로리 소모가 계산되는 줄넘기**
- 5단계 **체지방 감소량 및 증가 근육량 측정이 가능한 줄넘기**

단계가 높아질수록 '용도'가 명확해집니다. 저는 '용도가 명확해진다'는 표현을 참 좋아하는데 그 이유는 '누구에게 팔아야 하는지'가 점점 더 선명해지기 때문입니다. 길이 조절이 가능한 줄넘기는 가족에게 안성맞춤이고, 횟수 카운팅이 되는 줄넘기는 경쟁이나 시험 상황에서 더 빛이 납니다. 다이어트가 필요한 분은 칼로리 소모나 체지방 감소를 눈으로 확인하고 싶어 할 것입니다. 필요가 용도를 만든다는 사실을 잊지 마세요. 지금 예로 든 '필요' 축을 가로축인 '욕구' 축과 결합하면 꿈만 같은 일이 벌어집니다. 제품과 서비스에 신세계가 열립니다.

안전　사회적　지적　행복

1 (안전) 이 줄넘기는 무조건 안전해야 합니다. 그리고 위생적이어야 합니다.

2 (사회적) 지인들과 온라인 게임을 하듯 애플리케이션으로 연동해 서로 성적을 체크합니다.

3 (지적) 건강 정보는 물론이고 셀프 트레이닝을 유튜브로 배워 갑니다.

4 (행복) 살을 빼는 차원에서 선택한 줄넘기가 친구도 만들어 주고, 근육도 만들어 줍니다. 이젠 자신 있게 벗을 수 있습니다. 여름이 두렵지 않습니다. 누가 바닷가로 여행 가자고 제안해 주면 좋겠습니다.

필요와 욕구가 만나면 행복이 만들어집니다. 한낱 줄넘기로 행복해질 줄 상상도 못 했는데 말입니다. 일반 줄넘기의 가격이 10,000원이러면 2단계 3단계 4단계 5단계 줄넘기 가격은 각각 얼마나 더 받을 수 있을까요? 그리고 만약 5단계에 이 모든 기능을 넣었다면 얼마까지 받아야 할까요? 필요와 욕구를 씨실과 날실처럼 촘촘하고 치밀하게 엮을 수만 있다면 가격 결정자는 여러분이 됩니다. 그냥 줄넘기를 사려고 온라인 몰에 들어간 소비자는 여러 가지 기능을 살펴보고 자신에게 필요한 것을 선택합니다. 여기에 중요한 포인트가 있습니다.

"필요하면 산다."

소비자는 필요하지 않은 건 사지 않습니다. 대신 반드시 필요한 건 가격이 얼마건 삽니다. 그러니 고객이 필요를 느끼도록 하는 게 가장 중요합니다. 고객은 무엇이 필요한지 잘 모릅니다. 재미난 제품들이 등장하기 전까지 그들은 새로운 필요를 느끼지 않았습니다. 어디선가 정보를 접하면 그제야 '필요해집니다.' 새로운 필요를 만들 수 있으면 새로운 가격도 만들 수 있습니다. 이 노하우가 그래프 안에 다 들어 있습니다. 제가 한참 작업 중인, 집에서 간단하게 즐길 수 있는 '전국 관광지의 맛집' 밀키트를 필요와 욕구 그래프에 응용해 보겠습니다. 이번에는 가격에 집중해 보세요.

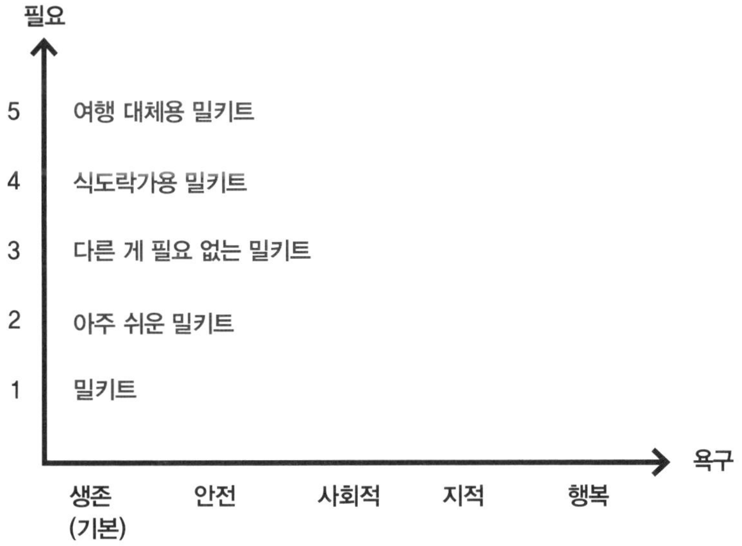

1. 가장 기본 단계는 그리고 가장 저렴한 단계는 누구나 다 아는 그냥 밀키트입니다. 재료들을 각각 포장하고 담아서 택배로 보내주는 평범한 것이죠.
2. 다음 단계는 아주 쉬운 밀키트입니다. 대부분의 밀키트가 설명서에 의존합니다. 만드는 과정이 복잡하니 요리가 갑자기 미워집니다. 게다가 50대를 넘어서 노안이 온 고객이라면 돋보기도 찾아야 합니다. 그래서 각 구성품에 아주 크게 숫자를 붙였습니다. 번호 순서대로만 넣으라고요.
3. 다른 게 필요 없는 밀키트입니다. 여기에서부터 슬슬 용도가 생깁니다. 바닥을 알루미늄으로 만든 포장 용기에 간이 받침대와 미니 촛불을 넣었습니다. 언제 어디서든 라이터만

있으면 내용물을 데우거나 끓일 수 있게요.

4. 미식을 즐기는 소비자들을 위해 좀 더 높은 수준의 식재료와 이색 조합을 만들었습니다. 삼계탕에 거북손을 넣고, 깨와 기름, 소금 등을 갈고 배합해 스스로 맛을 창조할 수 있도록 도전적이고 차원이 다른 키트를 만들었습니다.
5. 여행지 음식만 가져오는 게 아니라 이 음식을 먹으면서 관광지를 둘러볼 수 있게 드론으로 촬영한 풍광을 큐알코드로 함께 넣은 제품입니다. 굳이 현지까지 가지 않아도 오감을 만족할 수 있게 동영상, 낙엽, 모래, 돌, 향도 넣었습니다.

1단계와 5단계의 밀키트 사이에는 가격 차이를 무려 200%까지 만들 수 있습니다. 이유요? 가지고 싶은 제품, 사고 싶은 제품이니까요. 이런 제품은 처음이니까요. 내가 필요를 느끼게 만들어 준 최초의 상품이니까요. 갑자기 캠핑이 가고 싶어지게 만드는 밀키트니까요. 사랑하는 지인들에게 알리고 싶어 입이 근질근질해지는 그런 제품이니까요. 필요와 욕구, 차원, 가격…. 위 그래프만 잘 채워 넣으면 여러분의 제품만이 가진 특별한 용도가 생깁니다. 그 용도를 인정하고 구매하는 고객들이 여러분의 편이 되고 팬이 됩니다. 생각을 바꾸는 데는 돈이 들지 않습니다. 지금 바로 볼펜으로 적어 보세요. 시작이 반입니다.

KICK!

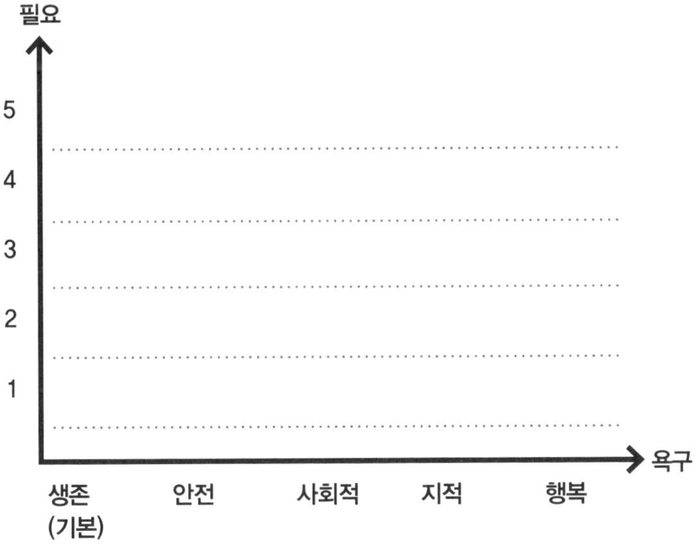

여러분의 상품과 서비스에

1. 기능, 성능을 점층적으로 추가하시고
2. 욕구단계에 맞는 아이디어를 적어 보세요.

"제발 저한테 파시면 안 될까요?"

"1박 2일을 매장 앞에서 텐트까지 쳐가며 사려는 상품이 있는가 하면 애걸복걸 빌어도 팔리지 않는 제품이 있습니다."

전자는 고객이 미치도록 가지고 싶고 사고 싶은 걸 만들어 파는 브랜드이고, 후자는 1초의 관심조차 아까울 정도로 흔하거나 '후진' 회사일 겁니다. 가격의 핵심이 바로 여기 있습니다. 만약 어떤 제품을 고객이 가지고 싶게, 사고 싶게 만들 수 있다면 고객을 줄 서게 만들 수 있습니다. 제품, 서비스, 인재, 지식재산권…. 그 어느 장르, 업종, 아이템에서도 통용되는 진리입니다. 그럼 도대체 인간이 가지고 싶고 사고 싶은 건 뭘까요? 이것만 알아낼 수 있다면 큰 부를 누릴 수 있을 텐데요.

"사장님 부탁이 있는데요…. 그 제품 저한테 파시면 안 될까요? 네?"

여러분은 인생을 사시면서 몇 차례나 이런 훌륭한 제품과 서비스를 만나셨나요? 저는 몇 차례 이런 경험이 있는데 이런 것들에는 공통점이 있었습니다.

아무나 가질 수 없는 것

만약 가지게 된다면 부러움의 대상이 될 만한 것

내 인생이 더 편리하고 행복해지는 것

이런 제품이나 서비스에 대해서는 제품이 들어오면 반드시 연락달라고, 신신당부했던 기억이 있습니다.

그런데 왜 우린 매일 이런 제품을 만들어내지 못할까요? 틈만 나면 연락을 취해 제품의 재고를 확인하게 만드는 그런 섹시한 제품들 말입니다. 슬슬 정답을 공개해 볼까요?

"가지고 싶다."

"사고 싶다."

이 두 문장에는 '싶다'라는 단어가 공통으로 들어갑니다. 뭔가를 하고 싶다는 건 '욕구'를 말합니다.

지금 내게 없는 것, 있으면 더 좋은 것, 그리고 가지게 되면 더 성장할 수 있는 것. 무언가 얻거나 하고 '싶은' 일. 이런 게 바로 욕구의 대상입니다.

소유 욕구, 과시 욕구, 애정 욕구…. 지금 내가 보유하고 있지 않아 더욱 가지고 싶고, 누리고 싶은 심정이 강렬해지는 대상들. 욕구 이야기를 할 때면 어김없이 등장하는 인물이 있습니다. 인본주의 심리학자 에이브러햄 매슬로입니다. 자아실현self-actualization이라는 개념을 앞세워 인간이 어떻게 하면 자신의 잠재성을 발현할 수 있는지를 연구한 학자로, '동기화 이론'과 '욕구 단계 이론'이 가장 대표적입니다. 매슬로에 따르면 인간의 행동은 기본적 '욕구'에 의해 동기를 부여받는데, 여기에는 두 가지 원칙이 있습니다.

'욕구가 충족되면 더 이상 행위하지 않는다. 그리고 욕구는 위계를 가지고 있다. 생리적 욕구, 안정의 욕구, 그리고 사랑과 소속의 욕구, 존중의 욕구 마지막으로 자아실현의 욕구.'

아주 쉽게 설명하자면 1단계 먹고, 자고, 배설하는 욕구가 해결되면, 2단계 위생, 안전 등 안정의 욕구가 생기고, 3단계 '인간은 사회적 동물이다'를 입증이라도 하듯 사랑하고 또 준거 집단에 들고 싶은 욕구가 생깁니다. 여기까지의 욕구가 해결되면 4단계 존중도 받고 싶고, 5단계 최종적으로 만족과 행복을 누리는 '나'가 되고 싶어 한다는 주장입니다. 아주 많은 곳에서 이 욕구 단계 이론이 활용되고 있습니다.

이러한 인간의 5단계 욕구를 이해하면 비즈니스에 활용할 방법들이 사정없이 떠오릅니다. 하고 싶은 ○○○을 만들어 줄 수 있습니다. 이 욕구를 응용해 소비자들에게 제공하면 현재는 없지만 필요도

매슬로(A. H. Maslow, 1908~1970)

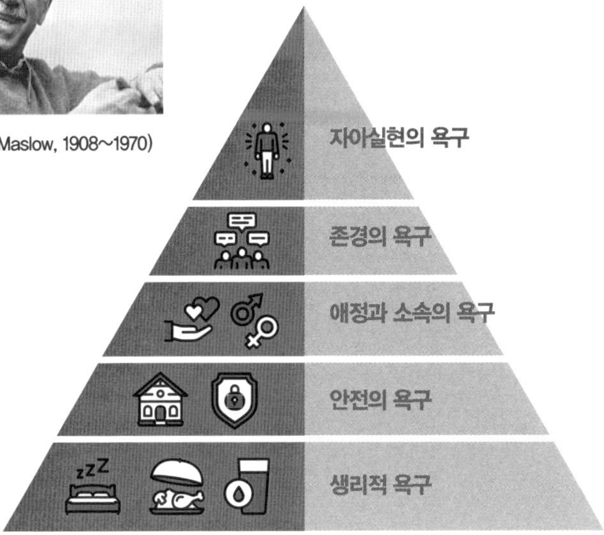

욕구 단계 이론

생기고, 가지고 싶고 사고 싶은 욕구도 채워줄 수 있습니다. 여러 장르에서 다양하게 재해석되고 있는 매슬로 욕구 단계 이론을 여러분의 비즈니스에 최대한 응용해 보시길 추천합니다.

자, 이제 식당으로 자리를 옮겨보겠습니다. 자본주의 사회에서 이루어지는 거래인 만큼 욕구와 더불어 가치 개념을 동시에 적용할 겁니다. 지불한 만큼 충분히, 가장 기본적인 욕구가 해결되어야 합니다. 양, 온도, 편안함 등 기본 구성요소가 이에 해당합니다.

양은 넉넉해야 하고, 뜨거운 건 뜨겁게 차가운 건 차갑게 제공해야 합니다. 쫄깃해야 할 면이 퉁퉁 불거나, 고슬고슬해야 할 밥이 질척

하면 안 됩니다. 누군가에게 방해받아서도 안 되고, 최소한 서로 약속한 시간과 공간만큼은 지켜줘야 합니다. 이것이 가장 기본적인 첫 번째 단계입니다. 왜 고객들이 컴플레인이라는 것을 하는지 이해가 되실 겁니다. 판매자와 구매자 상호간에 암묵적으로 계약한 사항을 어기면 언성을 높이고, 카드를 한 손으로 내밀고, 평점을 최저로 주고, 악플을 답니다.

가장 밑바닥에 있는 이 기본적인 욕구가 해결되어야 위생, 안전에 대한 욕구가 생깁니다. 먹고살 만해져야 위생도 따진다고 이해하시면 편하실 겁니다. 가게 현관 앞에 자동 분사 소독기가 있고, 손잡이 발판 모두 항바이러스성 재질로 만들어졌고, 테이블과 바닥은 하루 4번 살균 소독을 하고, 숟가락도 그냥 서랍이 아닌 1회용 수저 봉투에 들어 있는, 이런 식당이 맛있고 푸짐한 욕구가 해결되고 난 뒤 찾는 곳이란 소리입니다.

이 두 욕구가 해결되고 나면 좀 더 높은 수준의 욕구로 관심이 옮겨 갑니다. 관계와 애정 그리고 소속감입니다. 거래에 대한 충분한 가치와 안전 등이 해결되면 '공유'하고 싶어집니다. 사장님과 친분도 쌓고 싶어지고, 아끼는 사람에게 이 식당에 대한 정보도 넘겨주고 싶어집니다. 그간의 경험을 되돌려 보면 쉽게 납득이 가실 겁니다. 양도 푸짐하고, 아주 깨끗하고, 친절한 사장님을 보면 가족, 지인 등과 이 집에 대한 정보를 나누어 갖고 싶은 게 인지상정이니까요.

이 단계를 넘어서면 좀 색다른 욕구가 등장합니다. 준거 집단 내에서 인정받고 싶고, 존경받고 싶고. 남들보다 우월한 유전자를 가졌다는 사실을 은근히 드러내고 싶어집니다. 지식, 재산, 경험 등이 이에 해당하겠죠. 좀 더 비싼 아파트, 차, 핸드백, 옷, 구두, 그림 등을 사기도 하고, 책을 쓰거나 여타 문화예술 활동에 집중하고, 남을 돕기 위해 팔을 걷어붙이기도 합니다. 식당도 마찬가지입니다. 이왕이면 미슐랭 가이드에 등재되었고, 와인과 요리를 배울 수도 있고, 오마카세처럼 최고 수준의 요리를 제공하는 곳이 간절해집니다. 그리고 이왕이면 이타심을 가지고 이웃과 사회를 위해 애쓰는 오너의 레스토랑에 가길 원합니다.

여기까지 채워지고 나면 최종 단계에 다다릅니다. 바로 '자아실현' 단계인데, 간단히 설명하면 더 이상 필요하거나 가지고 싶은 대상이 없어지는 최종 단계입니다. 행복이라고 할까요? 아니면 만족? 내가 나로서 완성이 되는 상태. 여러분이 머릿속으로 그릴 수 있는 최고의 상태라고 생각하시면 됩니다.

이제 욕구 단계 이론을 각 업종과 업태에 맞게 응용해서 다음 페이지에 나오는 것과 같이 근사한 설계도를 그려 볼 차례입니다. 소주를 예로 들어 생리, 안정, 사랑, 존경의 4단계에 적용해 보겠습니다.

매슬로의 원래 주장과 약간 다를 수 있겠지만 찬찬히 뜯어보면 기본 소주보다 훨씬 더 가지고 싶고, 사고 싶은 소주가 됩니다. '없이 사는' 소비자(가난한 소비자가 아닙니다. 지금 광고하는 상품을 사용해 본 적이 없는 소비자를 말합니다)의 욕구를 기가 막히게 활용하는 곳이 바로 광고업계입니다. 인간의 욕구를 하나둘 건드리고, 제품에 녹여 '가지고 있지 않은' 고객들을 자극합니다.

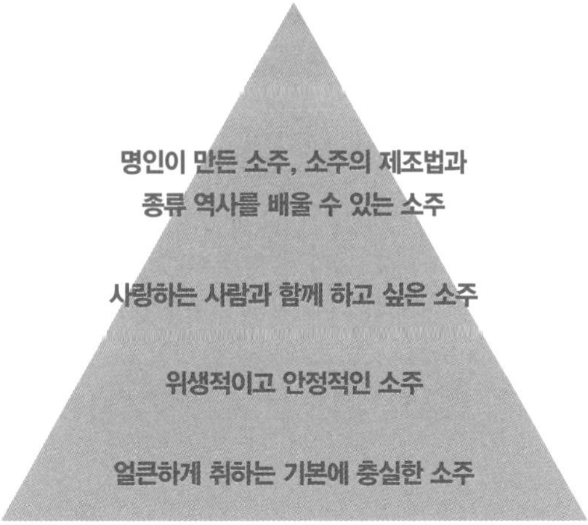

"지금 보고 있는 제품을 구매하면 '없이 사는' 당신이 이렇게 변한다. 이렇게 편해진다. 이렇게 즐길 수 있다. 이렇게 행복해진다…."

시청자가 혜택을 누릴 수 있다는 사실을 적극적으로 어필합니다. 유명인, 권위자, 호감 가는 모델을 고용해 '구매하고 사용함으로써 달라질 고객의 미래'를 대놓고 보여줍니다.

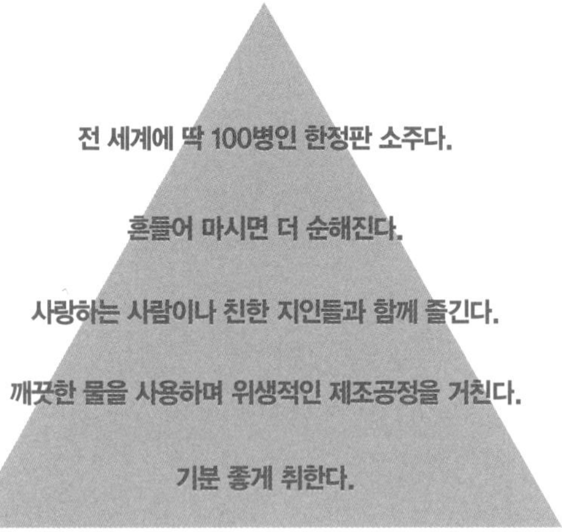

거의 모든 광고는 매슬로의 욕구 단계 이론에 충실하면서도 상황에 맞게 자신들의 상품을 포장합니다. 가지고 싶고, 사고 싶고, 누리고 싶게 말입니다. 시원한 탄산음료를 마시면 놀라운 즐거움을 누릴 수 있고, 맥주를 마시면 그 자리가 파티가 되고, 운동화를 사면 당장 철인 3종 경기에 출전해도 될 것 같고, 알약 하나만 먹으면 지긋지긋한 통증도 가라앉힐 수 있다고 주장합니다.

가야 할 이유, 가지 말아야 할 이유. 사야 할 이유. 사지 말아야 할 이유. 가지고 싶고, 사고 싶은 브랜드는 욕구 해결사 역할을 톡톡히 해냅니다. 욕구가 해결되어야 더 지불할 의사도 생깁니다. 그저 그런 비슷한 제품과 서비스로는 어림 반 푼어치도 없는 이야기입니다. 더 당당하게 원하는 가격을 받고 싶으세요? 그럼 딱 4가지만 잊지 않으시면 됩니다.

생리 + 안정 + 사랑 + 존경

잠을 자는 숙소 → 위생적인 숙소 → 사랑하는 사람에게 가르쳐주고 싶은 숙소 → 부러움을 살 수 있는 숙소

의술이 좋은 치과 → 위생적이고 안전한 치과 → 어머니를 모시고 오고 싶은 치과 → 환자라는 사실이 뿌듯해지는 치과

기념 꽃을 파는 화원 → 입구에서부터 주차장까지 위생적인 화원 → 단톡방에 올리고 싶은 화원 → 꽃에 대한 지식을 가르쳐주어 뽐낼 수 있게 해주는 화원

수리를 잘하는 공업사 → 카페 같은 공업사 → 누리는 혜택이 10개 더 많은 공업사 → 자동차 전문가냐는 소리를 듣게 만드는 사장님의 팁

싱싱한 고기를 파는 정육점 → 대한민국에서 가장 위생적인 정육점 → 구매하는 고기마다 잘 어울리는 소금을 선물하는 정육점 → 고기 전문가가 되게 만들어주는 정육점

고객 만족으로는 부족합니다

참 희한합니다. 수요와 공급까지는 쉽게 받아들이는데 효용이라는 단어가 등장하면 머리가 굳어집니다. 효용의 사전적 정의는 다음과 같습니다.

효용
인간의 욕망을 만족시킬 수 있는 재화의 효능

아주 쉽게 설명하면 '물건을 소비함으로써 얻는 주관적 만족 정도'를 '효용'이라고 할 수 있습니다. 같은 제품이나 서비스도 개인에 따라 만족하는 정도가 다르기에 효용도 그때그때 다릅니다. 결국 정리하자면 '내가 느끼는 만족이 효용'입니다. 이걸 다시 둘로 나눠 플러스 효용, 마이너스 효용이라고 부릅니다. 플러스 효용은 그야말로 만족이 플러스가 되는 것을 말하고, 마이너스 효용은 손해 보는 것처럼 만족이 마이너스가 되는 것을 말합니다.

카메라 삼각대를 하나 삽니다. 덕분에 셀프 카메라도 더 안정적으로 촬영할 수 있고, 동영상 녹화도 쉬워집니다. 이렇게 이전에는 없었던 만족, 제품과 서비스를 통해 얻게 되는 만족이 플러스 효용입니다. 반면 이 구매 행위를 통해 마이너스가 되는 만족이 있습니다. 만족이 마이너스가 된다? 불만족스러워지는 걸 말합니다. 바로 지불입니다. 돈을 지불한다는 건 '내가 가지고 있던 것이 사라지는 것'을 뜻하니 손해, 즉 마이너스 효용입니다. 대체로 인간은 플러스 효용보다 마이너스 효용을 더 강하게 받아들입니다. 불편함을 넘어 고통스럽게 느끼는 경우도 있습니다. 그러니 고객이 여러분과 거래할 때 '플러스 효용이 더 크다'고 느끼게 설계하는 것이 중요합니다. 플러스 효용이 크면 클수록 여러분 브랜드의 팬이 늘어나고 지속 성장이 가능해지니까요.

삼각대 ······························ 10,000원

편리, 완성도, 안전

(플러스 효용) (마이너스 효용)

앞서 말씀드렸지요? 플러스 효용은 크게! 마이너스 효용은 작게! 삼각대의 만족도가 높아지려면 그냥 삼각대로는 어림도 없습니다. 누릴 수 있는 혜택이 많다고 느껴야 합니다.

티타늄으로 만들어 2배 더 강하고, 블루투스 리모컨이 있어

언제 어디서나 자유롭게 촬영이 가능한 삼각대 ······························ 10,000원

플러스 효용을 늘리는 법은 이제 감을 잡으셨을 텐데 어떻게 해야 마이너스 효용이 적다고 느낄까요? 무조건 깎아줄 수도 없는 노릇이고. 이럴 때 반드시 끌어들여야 하는 요소가 바로 '(원래 가격) 원가 전략'입니다. 깎아줄 수 없다면 덜 지불한다고 느끼게 만들어 주는 전략입니다.

티타늄으로 만들어 2배 더 강하고, 블루투스 리모컨이 있어
언제 어디서나 자유롭게 촬영이 가능한 삼각대 ………………………… ~~14,000원~~
10,000원 (한정 특가)

붉은 글씨로 된 가격이 보이시죠? "원래 받아야 하는 가격이 있는데, 이 불경기에 여러분을 위해 저의 이익을 줄여가면서까지 원래보다 싼 가격으로 판매하고 있습니다."라는 표시입니다. 여러분 제품의 퀄리티가 그 어떤 것보다 좋다는 사실과 동시에 여러분이 고객을 무지하게 사랑하고 있다는 증거까지 대놓고 보여주는 거죠. 그러면 고객은 14,000원을 지불했을지도 모르는 마이너스 효용을 10,000원까지 줄일 수 있어 좋고, 4,000원이나 혜택을 본다는 추가적인 플러스 효용까지 얻게 됩니다. 이렇게 되면 만족도는 '원래 가격'을 보여주지 않는 쪽보다 무조건 높아집니다.

다른 방법도 여럿 있습니다. 커피를 사면 쿠폰 도장을 찍어주거나, 화장품을 사면 마일리지를 적립해주거나, 카드를 긁으면 캐시백을 해주는 것도 다 고객이 느낄 마이너스 효용을 줄여주기 위한 애틋한 전략입니다. 그리고 정말 중요한 사실 한 가지. 10,000원짜리 삼각대아 14,000원짜리 산가데는 누가 봐도 퀄리티가 다릅니다. 원래 가격을 제시함으로써 효용도 키우고, 제품 질에 대한 평가도 높일 수 있습니다. 괜히 원래 가격을 보여주는 게 아닙니다.

이제 플러스 효용, 마이너스 효용까지 마스터했으니 내일부터 대한민국의 가격표가 바뀔 겁니다.

- **헤어 커트** ~~40,000원~~ 30,000원
- **모텔 1박** ~~80,000원~~ 55,000원
- **고어텍스 트레이닝복** ~~20,000원~~ 16,000원
- **비타민 주사** ~~70,000원~~ 40,000원

단, 여기에서 잊지 말아야 할 아주 중요한 포인트가 있습니다. 고객이 납득할 수 없는 허무맹랑한 가격을 제시했다가는 도덕적이지 못한 판매자로 몰려 구매 거절은 물론이고 고약한 여론이 만들어지기도 한다는 점입니다. 그러니 '원래 가격'을 책정할 때는 진심을 담아 진정으로 받고 싶었던 가격을 적어야 합니다. 그리고 고객이 충분한 플러스 효용을 느끼도록 상세하고 치밀하게 정보를 제공해야 합니다.

고객은 척 보면 압니다. 하도 많은 정보와 경험 덕분에 부풀려진 가격인지 합당한 가격인지 동물적으로 알아차립니다. 제가 여러 번 이야기했잖아요. 인간은 비교의 동물이라고. 플러스 효용과 마이너스 효용만 제대로 활용하면 고객의 만족도를 높여주는 것은 물론이

고 꼬리에 꼬리를 무는 구매 행렬을 만나게 되실 겁니다.

“여보, 완전 싸게 파는 트레이닝복 있는데 당신 거랑 애들 거 사갈까?”

PART8

얼마나 더 벌고 싶으세요?

이익방정식이 내 가족을 살립니다

누군가 여러분에게 “비즈니스를 왜 하세요?”라고 묻는다면 백이면 백 “돈 벌려고요.”라고 대답하실 겁니다. 그런데 돈을 많이 벌면 행복해질까요? 뼈가 빠지게 일을 해도 늘 남는 게 없다면 어떨까요? 지금 여러분 상황이 딱 그 상황이라고요? 자, 제가 가이드를 좀 해드리겠습니다. 장사든 사업이든 이윤을 남기기 위해서 합니다. 가장 중요한 본질 중의 본질이죠. 이윤도 남지 않는 일을 하고 있다면, 여러분의 미래를 위해 정말 안타까운 일이 아닐 수 없습니다. 그렇다면 이윤을 남긴다는 건 정확히 어떤 의미일까요? 단순히 매출을 올리는 일과는 차원이 다릅니다. 남기기 위해서는 치열하게 이익에 집중해야 합니다. 그래야 원하는 행복을 얻을 수 있으니까요.

이익과 아주 밀접한 관련이 있는 행복 이야기를 잠깐 해보겠습니다. 언제까지 돈을 벌어야 할까요? 참 많이 물어본 질문입니다. 대부분 “힘닿는 데까지요.”라고 답합니다. 여러분은 어떠세요? 저는 더 이상 필요 없을 때까지 벌면 된다고 늘 이야기합니다. 가지고 싶고, 사고 싶은 걸 다 소유할 정도가 되면 더 이상 돈을 벌지 않아도 되지 않을까요? 전 60세에 은퇴한 뒤 세계를 여행하고, 학교를 짓는 게 꿈입니다. 80세까지 20년간 매달 1,000만 원씩 소득 없이 쓸 수 있으려면 약 24억 원 정도가 필요합니다. 제 나이가 이세 53세이니 이제 남은 7년 동안 이 금액보다 훨씬 큰돈을 벌어 24억 원을 이익으로 남겨야 가능해집니다. 얼추 계산해 보니 1년 365일 거의 매일 쉬지 않고 500만 원 정도를 매출로 올려야 가능합니다. 이게 제 미션입니다. 그래서 강의를 최대한 열심히 하고 없는 날에는 글을 씁니다. 그리고 '내 곁에 김사부' 동영상을 촬영합니다. 사실 이 계산을 하기 전까지는 이렇게 빡빡하게 살지 않았습니다. 그런데 어느 날 목표를 세우고 나니 시간이 아까워졌습니다. 결국 저 스스로 시간을 최대한 활용해 이익을 극대화하는 방법을 찾게 되더군요. 비즈니스나 인생이나 이익은 참 중요합니다. 이익…. 단순해 보이지만 참 복잡한 녀석이 바로 이익입니다. 따져야 할 게 하나둘이 아닙니다. 여러분과 제가 행복하게 살기 위해 이 공식 하나쯤은 머릿속에 넣어둘 필요가 있습니다.

이익 = (판매 가격 - 원가) × 판매량

판매가격이 10,000원인 제품의 원가가 대략 8,000원 정도 든다고 가정해보죠. 원가 안에는 원자재 + 인건비 + 임대료 + 운영비 등이 포함되어 있습니다. 남은 2,000원 곱하기 판매량이 이익이 됩니다. 판매량은 하루 평균 100개로 잡아보겠습니다(주 1회 휴무).

(10.000원 - 8,000원)

= 2,000원 × 100개 × 310일 = 62,000,000원

이익을 극대화하기 위해서는 3가지를 건드려야 합니다.

1 **판매가격을 올린다.**

2 **원가를 낮춘다.**

3 **판매수량을 늘린다.**

먼저 이 책에서 주로 다루는 내용인 가격 추측 단서를 잔뜩 채워 넣고, 가격유전자를 구성하는 분자를 변형해서 판매 가격을 올립니다. 너무 많이 올리면 고객이 떠날지도 모르니 딱 500원만 올려볼까요?

(10.500원 - 8,000원)

= 2,500원 × 100개 × 310일 = 77,500,000원

인상 전 금액인 6,200만 원과 비교해 보니 무려 1,550만 원이 더 남습니다. 이익률이 25%나 올랐습니다. 가격표에서 500원을 올렸을 뿐인데…. 1,500만 원이면 이 책을 700권쯤 살 수 있는 돈이고, 100만 원짜리 양복을 15벌, 경차 한 대, 롤렉스 시계도 하나 살 수 있는 액수입니다. 가장 비싼 가격이든, 중간 가격이든, 아니면 최저 가격이든 여러분 가격표에 있는 가격 중 하나를 골라 딱 500원만 올리면 벌어질 일들입니다. 제게 '장사는 가격이다' 수업을 듣는 수강생들이 첫 수업이 끝나자마자 "1,500만 원 벌었다!"라며 박수를 치는 것도 이 때문입니다.

이번에는 원가를 낮춰볼까요? 무조건 싸구려 재료를 쓰자는 소리가 아닙니다. 늘 말씀드리는 거지만 생각 없이 원가를 빼면 고객도 같이 빠집니다. 대신 질 좋은 재료를 저렴하게 살 수 있는 방법을 찾습니다. 공동구매, 협동조합, 대량 구매 등을 통해 수단과 방법을 가리지 않고 매입 단가를 낮춰보자는 말입니다. 원가를 딱 400원만 줄여보겠습니다. "두드려라, 그러면 열릴 것이다."라는 말이 떠오르네요. 나와 내 가족의 미래를 위한 일이니 손품, 발품 다 팔아야 합니다.

(10,500원 - 7,600원)

= 2,900원 × 100개 × 310일 = 89,900,000원

최초 이익인 6,200만 원보다 무려 2,790만 원이 늘어납니다. 닭살이 돋습니다. 가격, 원가 모두 딱 5%씩만 건드렸는데 가격 인상 전보다 이익이 50% 가까이 상승했습니다. 그런데 더 놀라운 건 여기서 끝이 아닙니다. 고객관리 프로그램, 이벤트, 초대행사 등을 통해 기존 고객을 더도 덜도 말고 딱 10%만 늘리자 각오를 다지면 신세계가 열립니다. 하루 방문객이 10명이었다면 1명, 100명이었다면 딱 10명만 더 모시자 이겁니다.

(10,500원 - 7,600원)

= 2,900원 × 110개 × 310일 = 98,890,000원

세상에 이런 일이! 처음 이익보다 무려 3,689만 원이 더 남습니다. 상승한 이익률을 계산해 보는 것이 이제는 무의미할 정도입니다. 만약 금, 은, 크리스털, 찬합 등 가격 추측 단서를 활용해 500원이 아니라 1,000원을 올렸다면? 이익이… 이익이 1억 1,594만 원! 또 구매 협동조합을 가지고 있는 비즈니스 커뮤니티에 가입하고, 초당 노동생산성까지 개선해서 원가를 400원이 아니라 800원으로 낮췄더라면? 이익은 1억 2,958만 원까지 올라갑니다. 자, 이번에는 행인이 손님이 되고, 손님이 단골이 되고, 단골들이 VVIP가 되어 고객이 20%쯤 늘어난다면? 그야말로 "억!" 소리 납니다. 이익이 1억 4,136만 원으로 사정없이 커지죠. 제가 1,000여 명의 제자들과 2019년 한 해에 1조 원이 넘는 매출을 올리고 이익을 극대화한 것도 다 이 설계도에서 출발했습니다. 처음 가격을 공부하는 분들은 아마 당황스러울 정도로 소름이 돋을 겁니다. "나는 이제껏 혼자서 외롭게 뭘 하고 살았나?" 가슴을 치실 테죠. 하지만 얼마나 행운인가요. 지금이라도 이 사실을 알게 되었으니 말입니다.

앞에서 말씀드린 두 가지 소원 말고 제 소원은 사실 한 가지가 더 있습니다. 여러분이 저를 알게 된 후 아주 큰 부자가 되는 겁니다. 궁리 끝에 이미 선보인 전략과 콘텐츠를 잇는 가격의 특급 노하우를 털어놓게 되었습니다. 믿어보세요. 저 말고 여러분 자신을요. 할 수 있다는 자신에 대한 믿음이 없으면 이익은 절대로 커지지 않습니다. 제가 가격에 가장 감사해하는 대목이 이겁니다.

"이익은 너그러움을 가져다줍니다. 늘어가는 이익을 보고 있으면 사장은 점점 더 따뜻해지고 너그러워집니다. 고객에게도, 가족에게도."

잘 팔리는 가격들의 비밀

디코이 효과까지 마스터했으니 여러분은 이제 자유롭게 고가 정책을 펼치실 수 있게 됐습니다. 고가와 저가 사이에 중가를 배치하되 이왕이면 가격은 고가에 가깝고 퀄리티는 그에 미치지 못하는 제품과 서비스를 제시하시면 됩니다. 개인적인 생각입니다만 이 전략을 가장 유연하게 구사하는 브랜드가 애플입니다. 아이폰에도 맥북에도 디코이가 빠지는 일이 없습니다.

출처: Quora.com, Andres Joya

맥북 프로의 가격과 사양

애플 공식 홈페이지에서 판매 중인 맥북 프로의 가격과 사양서입니다. 두 제품은 50만 원이나 차이가 납니다. 여유가 있는 분들은 최고사양의 제품을 선뜻 구매하겠지만 경제적 여건이 그리 좋지 않은 고객들은 스펙 차이를 비교하고 또 비교할 겁니다. 오른쪽의 고가제품은 거의 모든 전자제품이 그러하듯 압도적인 기술 차이를 제일 먼저 내세웁니다. 시그니처라고 할 수 있는 기능이 돋보입니다. 터치바와 터치 아이디. 차원이 다른 제품이라는 걸 의미합니다. 이제껏 등장했던 노트북들과 진하고 굵게 선을 긋는 압도적 기술력. 게다가 컴퓨터를 움직이는 프로세서가 2.0에서 2.9로 상향되었고, 저장 공간도 256GB에서 512GB로 2배 늘었습니다.

500달러의 차이는 예산 편성자에게 상당히 큽니다. 1,999달러의 고가제품을 살 능력이 있는 사람에게 500달러는 25%의 비용이지만 1,499달러짜리 저가를 염두에 둔 고객에게는 33%나 늘어나는 부담입니다. 판매자 입장에서는 고가를 파는 것이 유리합니다. 그러나 아무리 성능을 강조해도 예산을 초과하는 소비는 구매 저항을 불러옵니다. 이때 가장 유용하게 쓸 수 있는 요소가 디코이입니다. 디코이는 고가와 가격이 비슷하되 어느 시점에서 성능이 확 떨어져 보여야 효과적이라는 사실, 기억나시죠? 중간 제품의 경우 가격은 1,999달러에 가깝되 성능은 훅 떨어지게 세팅합니다.

애플이 판매 대수에 비해 상대적으로 매출과 이익이 좋은 이유가 바로 여기에 있습니다. 경쟁 브랜드들은 대부분 중간 가격이나 저가를 선택하는 반면, 애플은 '이왕이면' 하고 고가를 많이 선택합니다.

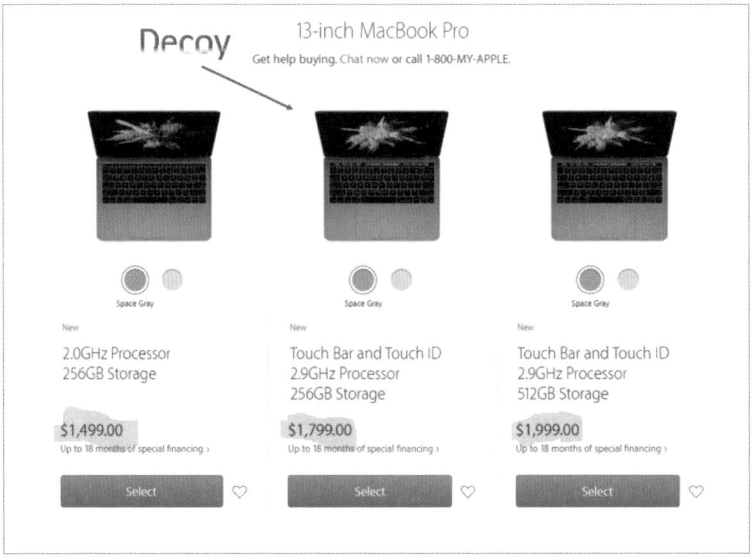

출처: Quora.com, Andres Joya

디코이를 적용한 맥북 프로의 가격과 사양

잘 보셔야 합니다. 새롭게 등장한 디코이는 기가 막힙니다. 고가와 터치 + 프로세스는 같은데…. 한 녀석이 발목을 잡습니다. 저장 공간이 무려 2배나 차이 납니다. 256기가와 512기가의 차이는 큽니다. 게다가 이 가격 책정이 성공적인 이유는 디코이의 저장공간이 저가 모델과 같다는 겁니다. 눈치채셨죠? 저가와 같은 사양이 있습니다. 이건 구매자에게 치명타입니다. 세상에 300달러나 더 비싼데 저장 공간이 같다고? 뇌에서 좀처럼 받아들이려 하지 않습니다. 결국 세 번째 옵션 덕분에 과감한 '과소비'를 선택합니다.

이런 애플의 전략을 눈치채면 다른 브랜드들과는 가격 전략의 차원이 다름을 금세 알아차릴 수 있습니다. 점점 좋아지고는 있지만,

국내에는 가격 전문가가 거의 없다 보니 아직도 각각의 상품이 가진 매력만을 늘어놓기에 바쁩니다. 비교하고 비교하다 결국 소위 말하는 '가성비' 제품을 선택하게 만듭니다. 최고 퀄리티의 제품이 아니라….

국내 노트북 제조사들의 가격표

고객이 고가를 선택하게 만들기 위해서는 좀 덜떨어져 보이고, 상대적으로 손해를 보는 듯한 느낌을 주는 친구들도 있어야 내 의도대로 고객을 움직일 수 있습니다. 더 큰 이익을 볼 수 있도록 말이죠. 옷, 세탁, 병·의원, 학원, 편의점, 마트…. 어디에든 디코이를 심어보세요. 가격은 고가 제품과 비슷하지만 스펙 중 하나는 저가 제품과 동일하게. 구매저항이라는 단단하고 두꺼운 벽이 무너질 겁니다.

특	**15,000원**
보통	**10,000원**

이 두 가격 사이에 디코이를 삽입하기에 앞서, 제일 먼저 채워야 하는 것이 있습니다. 무엇인지 감이 잡히시나요?

"가격은 숫자가 아닙니다. 정보입니다."

이 타이밍에 기가 막히게 들어맞는 표현이라 생각돼서 가져왔습니다. 특과 보통에 명확한 정보의 차이가 있어야 합니다. 디코이가 근사하다고 재미있다고 해서 그냥 중간 가격만 넣었다가는 절대로 목적을 달성할 수 없습니다.

특	**15,000원**	**(오소리감투, 뽈테기, 머리고기, 순대, 무한리필 국물)**
상	**13,500원**	**(머리고기, 순대, 무한리필 국물)**
보통	**10,000원**	**(머리고기, 순대, 국물)**

피트니스 클럽도 가볼까요?

VIP	100,000원	(요가, 명상, PT, G.X, 헬스, 건습식 사우나, 샐러드 제공)
일반	50,000원	(G.X, 헬스, 건습식 사우나)

대부분 둘로 나뉘어 있는 옵션의 가지 수를 하나 더 늘리되 디코이 역할을 충실히 해낼 중간 가격이 필요합니다. 아마도 디코이를 배우지 않았다면 제공할 가치를 따지기 전에 중간 가격을 무조건 75,000원으로 결정했을지도 모릅니다.

VIP	100,000원	(요가, 명상, PT, G.X, 헬스, 건습식 사우나, 샐러드 제공)
스페셜	85,000원	(PT, G.X, 헬스, 건습식 사우나, 샐러드 제공)
일반	50,000원	(G.X, 헬스, 건습식 사우나)

디코이까지 마스터한 여러분은 이제 가격의 신으로 불려도 지나침이 없습니다.

KICK!

언젠가 생맥주 잔을 기울이던 호프집에서 마른안주로 디코이 만드는 법을 설명한 일이 있습니다. 결국은 디코이가 최고가 선택을 도와줍니다.

프리미엄 마른안주 25,000원

VIP 마른안주 20,000원(안 팔겠다는 굳은 각오가 엿보임)

마른안주 10,000원

에르메스 립스틱은 88,000원

머리를 짧게 자른 흑인 여성이 입에 오렌지색 스틱(?)을 대고 있습니다. 에르메스 특유의 그 홍분되는 오렌지색입니다. 장면이 바뀌고 머리가 긴 백인 여성도 작은 오렌지색 상자를 하나 들고 있습니다. 손가락 3개를 합친 정도의 크기입니다. 이어서 등장한 동양인 여성도 비슷한 포즈를 취하고 있습니다. 그 뒤로 광고는 이 세 명의 여성이 아주 작은 에르메스 상자로 자신들의 입술을 가리고 있는 모습을 여러 각도에서 교차해 보여줍니다. 그러면서 점점 오렌지색 작은 상자를 클로즈업합니다. 입술을 가리고 있던 오렌지색 상자 뒤로 빨간색 입술이 서서히 등장합니다. 속도가 빨라지면서 점점 더 입술을 크게 잡습니다. 새빨간 립스틱을 바른 모델의 입술 위로 광고 카피가 나타납니다.

HERMES
ORANGE TURNS RED

"오렌지가 레드로 바뀐다." 굉장히 함축적인 의미를 지니는 문장입니다. 대표 컬러 변화에 대한 예고일까요? 최신 트렌드였던 오렌지 컬러가 에르메스로 인해 레드로 바뀐다는 뜻일까요? 저는 한참을 이 문장에서 빠져나오지 못했습니다. 다름 아닌 에르메스의 립스틱 광고에 나온 문구입니다. 하이엔드 브랜드인 에르메스가 183년 만에 선보인 립스틱, '루즈 에르메스'의 가격은 한 개에 88,000원, 한정판은 95,000원입니다. 가죽으로 만든 립스틱 케이스 가격만 2,000달러 성도 합니다. 10,000~20,000원대의 국내 브랜드 립스틱에 비하면 상상을 초월한 가격입니다. 그런데도 루즈 에르메스를 사기 위한 행렬은 끝이 없습니다. 에르메스의 립스틱은 가격 측면에서 우리에게 시사하는 바가 큽니다.

에르메스 제품 중 최고가는 2억 5,000만 원짜리 백입니다. '에르메스의 가격'은 립스틱 가격에도 반영되어 있습니다. 최고급 명품 자동차 가격과 맞먹는 핸드백을 만드는 회사에서 론칭한 립스틱입니다. 그래서인지 에르메스 브랜드를 좋아하는 고객들은 다들 88,000원이라는 가격을 그리 부담스럽게 느끼지 않습니다. 반대로 최고가 제품이 50만 원인 브랜드에서 만든 립스틱이 이 가격을 받기는 어렵습니다. 가격은 철저하게 주관적이고 상대적입니다.

에르메스 립스틱　88,000원

국내 S사 립스틱　88,000원

선택지가 딱 두 가지밖에 없다면 여러분은 어느 제품을 구매하시겠습니까? 아마 열에 아홉은 에르메스를 선택할 겁니다. 가격이 같다면 고객이 선택하는 것은 권위, 전통, 인정, 우월, 과시, 정보, 품질, 기능, 성능이니까요. 조건을 살짝 바꾸어볼까요?

에르메스 립스틱 88,000원
국내 S사 립스틱 22,000원

이러면 결과는 달라질 겁니다. 소득 수준에 따라 그리고 브랜드 선호도에 따라 결과가 나뉘겠죠. 기존 질문인 '어느 쪽을 구매하시겠습니까?'를 '어느 쪽 퀄리티가 뛰어날까요?'로 바꿔보겠습니다. 눈치들 채셨나요? 인간은 고가의 제품을 고퀄리티로 인식합니다. 고퀄리티인데 가격이 저렴하다? 혹은 가격이 비싼데 저퀄리티다? 이런 모순된 정보에 대해서는 언제든 의심합니다. 모순된 두 정보의 입력은 고객에게 혼란을 주기 때문입니다.

제가 '프리미엄 제품'을 만들자는 것도 이런 이유에서입니다. 언제든 내 매장의 문을 열고 유명 여배우 혹은 대기업 회장님이 들어올 수 있도록. 상당히 높은 가격에도 불구하고 고퀄리티를 중시하는 고객들은 항상 더 지불할 준비가 되어 있습니다. 이런 고수익 고객들을 모셔야 효율이 삽니다. 기존보다 덜 팔았는데도 더 남는 기현상을 만끽할 수 있습니다.

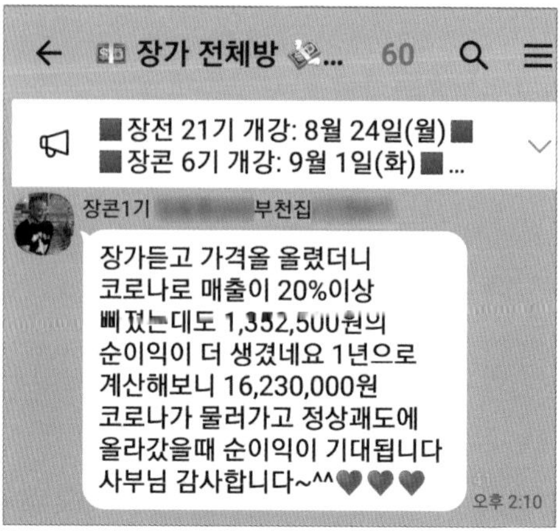

청담동 삼겹살	**13,000원**
압구정 삼겹살	**13,000원**

가격이 같으면 구성요소를 비교하는 게 고객입니다. 얼마나 푸짐한지? 얼마나 정성을 들였는지? 또 어떤 재미 요소가 있는지? 그런데 여러분의 제품과 서비스를 고객에게 아주 강력하게 심는 방법이 하나 더 있습니다. '더 지불할 의사가 있는 고객들'까지 충분하게 만족시킬 수 있는 기술력과 노하우 그리고 품격을 가지고 있다는 사실을 적나라하게 보여주는 겁니다. 가격표를 바꿔보겠습니다.

청담동 프리미엄 삼겹살	**25,000원**
삼겹살	**13,000원**
압구정 삼겹살	**13,000원**

구매의사는 묻지 않겠습니다. 대신 '두 집 중 어느 쪽이 더 비싼 고기를 사용하고 있을지? 누가 더 뛰어난 기술력을 가지고 있을지? 어느 매장의 분위기가 더 좋을지?'로 질문을 바꿔보겠습니다. 네, 바로 그겁니다. 무조건 생각 없이 가격을 올리자는 소리가 아닙니다. 만약 여러분에게 그럴 정도의 능력이 있다면 망설이지 않으셨으면 좋겠습니다. 이 글을 읽는 동안 여러분의 뇌 절반은 찬동하는데 나머지 절반은 계속 질문을 던질 겁니다.

"고객들한테 너무 비싼 집으로 찍히면 안 되는데…."

만약 13,000원에 판매하는 청담동 '그냥' 삼겹살의 퀄리티나 양, 위생 등이 압구정 삼겹살보다 떨어진다면 우려가 현실이 될 겁니다. 하지만 현재 내가 사용하고 있는 재료, 지금까지 쌓아온 노하우, 고객을 대하는 마인드가 경쟁자들보다 단 1%라도 더 뛰어나다고 생각하시는 분들이라면 프리미엄 가격의 명품을 꼭 만들어주시면 좋겠습니다.

전 제 독자 여러분이 그저 그런 장사꾼으로 보이는 게 정말 싫습니다. 고객들 입에서 "이 사장님이라면 충분히 저 가격 받으실 자격이 있어." 이런 소리가 나오면 좋겠습니다. "좀 비싸긴 해도 제대로 대접받는 기분이 들어. 귀한 손님 모시고 가기 딱 좋은 집이야. 언제까지 싼 것만 찾을 거야. 오늘 기분 좀 내보자고." 제 식구들이 이런 소리만 듣고 사셨으면 소원이 없겠습니다.

받으세요, 당당하게.

만드세요, 자신 있게.

웃으세요, 보란 듯이.

아무리 비싸도 여러분의 땀과 노력이 담긴 제품을 살 고객은 반드시 있습니다. 믿으셔도 좋습니다. 이미 검증된 내용이니까요.

KICK!

"저 집 가격이 세.
그런데 비싼 값을 해."

이런 브랜드를 만들어야 비즈니스가 편해집니다.
아셨죠?

고객은 이기적이고 소비자는 잔인합니다

"평소 가격을 어떻게 책정하세요?"

대부분의 경우, 이 질문에 대한 답은 둘로 나뉩니다.

1 **"경쟁사 가격 많이 참고하는 편이에요."**

2 **"원가 따져서 합산하고 거기에 마진 더하는데요…."**

2번처럼 대답한 분들에게 다시 여쭙니다.

"마진은 얼마나 잡으세요?"

당당하게 대답하시던 분들이 약간 망설이십니다. 그럼 고쳐 묻습니다. 20%? 15%? 업종에 따라 다르지만, 세후 이익이라고 여쭈면 보통 이 언저리에서 답이 나옵니다. 물론 시간이 갈수록 이 숫자는 점점 떨어지고 있습니다. 연간 10억 원 정도의 매출을 올리면 세금 내고 연 1억 5,000만 원 남기기도 빠듯한 게 자영업의 현실입니다.

이번 장에서는 좀 냉정한 이야기를 드리려고 합니다. 가격 책정에 있어 가장 주의할 점 하나가 바로 원가입니다. 물론 원가에 대한 개념이 없다면 앞으로 남기고 뒤로 밑지는 일이 발생할 수도 있습니다. 하지만 비즈니스는 손해를 보지 않기 위해 하는 게 아닙니다. 냉정히 생각해보세요. 더 많이 팔고, 더 많이 남겨서 가족이 행복해지는 게 원래 우리의 생각 아니었나요? 그래서 이 고생 다 감내하며 버티고 있는 거 아닌가요? 그런데 시간이 갈수록 소극적으로 변해가면서 '손해를 보지 않기 위해' 애를 쓰게 되는 우리를 자주 발견합니다. 가격은 우리가 매깁니다. 하지만 그 가격은 누가 사주나요? 네, 고객입니다. 고객이 납득할 수 있느냐 없느냐에 따라 가격의 생존이 달려 있습니다.

다음은 첫 번째 가격 책정의 원칙입니다.

"가격은 내가 제품을 만드는 데 들어간 원가의 합이 아닌 고객이 누릴 가치의 합이어야 합니다."

세상 그 어느 고객도 자신이 지불하는 금액에만 관심이 있지, 여러분이나 저와 같은 판매자가 원가에 얼마를 투자하고 있는지 알려고 하지 않습니다. 아, 물론 "이 제품의 원가는 얼마나 들까?" 하고 가끔 궁금해할 수는 있지만 결국 최종 관심은 자신의 보유 자산, 즉 자신의 돈이 사라지는 것으로 귀결됩니다.

"얼마를 주고 얼마만큼의 가치를 받아올 수 있을까?"

그러니 여러분이 이미 사용한 원가를 내세워 가격을 책정한다는 것 자체가 어불성설입니다. 제품을 구매하는 입장에서는 전혀 관심이 없는데 원가, 원가 하다 보면 주판알과 엑셀 붙잡고 씨름하고 있는 처절한 자신과 마주해야 할 겁니다. 상식을 뒤엎는 이야기라 당황스러우실지 모르겠지만 이게 바로 가격의 불편한 진실입니다.

여러분이 지금 당장 나가서 식사를 하거나, 헬스클럽을 찾거나, 머리를 자르거나, 기름을 넣을 때, 늘 고민하는 건 '내가 지불한 금액만큼 돌려받을 수 있는가'입니다. 여러분 집 앞에는 리터당 1,500원으로 가격이 같은 주유소 두 곳이 있습니다. 그럼 고객은 자연스럽게 휴지라도 한 통 더 주는 집으로 향할 수밖에 없습니다. 그런데 어느 날 A 주유소는 1,000원에, B 주유소는 980원에 휘발유를 납품받는다는 사실을 알게 되었습니다. 그렇다고 해서 휴지 주는 집을 포기하고 20원 원가가 더 들어가는 주유소를 찾을 분은 안 계실 겁니다. 이건 고객의 관심 영역 밖이기 때문입니다.

"2021년 물가상승률로 인하여 제품 가격을 올리게 되었습니다. 양해 바랍니다."

이런 안내의 글이 씨알도 안 먹히는 이유가 바로 여기에 있습니다. 고객은 본인 돈에만 관심이 있지, 여러분 돈에는 정말 1도 관심이 없습니다. 정말 어쩔 수 없이 가격 인상을 해야 한다면 혜택을 늘려야 고객이 돌아서지 않습니다.

"2021년 물가상승률로 인하여 제품 가격을 올리게 되었습니다. 죄송하고 감사한 마음에 달콤한 바나나를 준비했습니다."

고객이 느낄 때 사라지는 것보다 얻는 것이 많다고 느끼게 만들어 주면 관계가 돈독해집니다. 다들 가격 올린다고 난리인데 이 사장님은 생각이 다르네. 바나나를 준다고? 재미있는 양반이네…. 이런 생각이 결국 구매를 결정하게 만듭니다. 팬이 되게 하죠.

A 삼겹살 13,000원	**B 삼겹살 13,000**

같은 조건이라면 고민할 수 있지만,

A 삼겹살 13,000원	**B 삼겹살 13,000**
제주 애월 흑돼지	
최고급 비장탄	
전국 최우수상 전남미	
100% 해남 배추로 만든 김치	

이렇게 가격 안에 정보를 입혀보세요. 한 단어, 한 문구, 한 문장… 금액만 숫자로 제시하는 것이 아니라 혜택까지 덧입히면 고객은 고민하지 않습니다. 돌려받을 가치가 더 많은 쪽으로 쏠리게 됩니다. 여러분이 채워 넣은 정보가 곧 고객에게는 누리게 될 혜택이 되니까요.

지난 27년간 참 많이 안타까웠습니다. 어느 곳을 가나 가격표가 똑같았거든요. 고객이 지불한 금액으로 무엇을 얼마나 어떻게 바꿀 수 있는지 아무도 가르쳐주지 않습니다. 의심하고 비교하는 고객들에게 신뢰를 주려면, 그리고 그들이 안심하고 구매하게 도와주려면, 원가의 합산이 아닌 혜택의 합산으로 만들어야 진정으로 '행복한 가격'을 만들 수 있습니다. 사소한 것도 적어서 알려주세요. '에이, 뭐 이런 것까지' 하는 항목도 꼭 적으세요. 인간은 보이는 것만 믿습니다.

아주 간단한 예를 하나 보여드릴까요?

헤어 커트 30,000원	헤어 커트 30,000
최고급 미용의자 알렉스 스틸	
리미티드 버전	
명품 히까리 미용 가위	
비달 사순 올인원 샴푸	
유메 180도 샴푸 베드	
음이온 발생 헤어드라이어	

이미 여러분은 다 가지고 있습니다. 단지 고객들이 그 사실을 모를 뿐입니다. 가격표는 최대한 단출하게 적어야 고객에게 부담이 되지 않을 거라는 건 여러분의 생각입니다. 고객 입장에서는 끊임없이 내는 금액과 돌려받는 가치만 생각합니다.

같은 가격이면 가치를 입히고, 더 높은 가격을 받고 싶다면 더 큰 가치를 입히세요. 고객이 원하는 건 싼 가격이 아닙니다. 더 큰 가치입니다.

고객과 여러분이 함께 행복해지는 방법은 생각보다 쉽습니다. 이 책의 독자들이 대한민국 가격 혁명을 만드는 선구자들이 되셨으면 하는 마음입니다.

가격은 이렇게 올리는 겁니다

고객과 경쟁자의 눈치를 보지 않아도 되는 '최고 가격 책정법'을 만들어 보았습니다. 가격을 올리고는 싶은데 정확히 얼마를 올려야 할지 모르는 분들을 위한 가이드입니다. 앞에서 나온 가격유전자 기억나시죠? 고객이 뇌 속에 가지고 있는 "그 정도 받지 않을까?" 하는 가격. 이 가격이 기준이 됩니다. 시중 판매 평균 가격 정도라고 말씀드릴 수 있습니다. 이제껏 우리는 물가상승률, 최저임금 상승 등을 언급하며 500원, 1,000원씩 가격을 올려왔습니다. 그러다 보니 경쟁자들과 상품 구성도, 내세우는 주장도, 그리고 가격도 서로 비슷하게 닮아갔고 결국 끊임없이 비교하는 고객들에 의해 여러분의 매장은 뒷전으로 밀려나는 결과가 되었습니다. 앞으로는 누구의 눈치도 보지 않고 여러분이 받고 싶은 가격을 받을 차례입니다. 단, 다음의 조건들을 꼭 만족시켜야 합니다. 자, 가격 인상 기준은 1%입니다. 다음 질문에 답할 수 있다면 한 질문당 1%씩 올려 받으시면 됩니다.

"여러분의 제품이나 서비스에 대한민국 최초,
업계 최초가 단 하나라도 있나요?"

족발로 꽃을 만든 최초, 쌀국수에 육수를 따로 가져다 부어주는 시스템 최초, 꽃다발에 큐알코드 스티커를 붙여 제작과정을 보여준 최초, 피트니스 클럽에서 샐러드를 팔기 시작한 최초, 황금 가위를 헤어커트에 도입한 최초, 욕실 스팀 청소하는 동영상을 예약자들에게 보내준 최초, 스카프를 산 고객에게 매듭법과 코디법을 동영상으로 선물한 최초. 고객이 이제껏 단 한 번도 겪어보지 못한 경험을 선물한 최초라면 1% 올릴 수 있습니다.

제 아카데미에는 '네이버학개론'이라는 과목이 있습니다. 그 누구보다도 1. 먼저 2. 빨리 3. 계속 선택당하기 위해 네이버를 어떻게 활용하고 공략할 것인가를 배우는 과정입니다. 소위 '상위 노출'이라고 하는 노하우를 적나라하게 전수하고 있습니다. 재미있는 사실 하나를 말씀드리자면 의식주 생로병사 희로애락 그 어느 업종과 업태에도 적용되는 원칙이 있습니다.

"네이버 플레이스의 리뷰 숫자와 매출은 정비례합니다."

무슨 소리인고 하니…. 블로그 리뷰나 예약자 리뷰의 수가 많으면 많을수록 그렇지 않은 브랜드에 비해 매출도 높다는 이야기입니다. 지금 당장 네이버에 들어가 여러분의 브랜드를 검색해 보세요. 방문자 리뷰, 블로그 리뷰가 10여 개인 곳도 있고 2,000개가 넘는 분도 계실 겁니다. 온라인 마케팅이 아직 낯선 분들은 그 숫자가 작을 것이고, 나름 공부도 하고 전략을 구사한 분들은 상상도 하지 못할 정도의 리뷰 수를 가지고 계실 겁니다. 2016년 10월부터 1,000여 명의 자영업 오너들을 대상으로 분석하고 연구해서 도출한 데이터입니다.

200개 이상이면 1%, 500개 이상이면 2%, 1,000개 이상이면 3%, 2,000개 이상이면 5% 가격을 인상하면 됩니다.

리뷰는 그냥 남기는 게 아닙니다. 뭔가 이유가 있어야 리뷰가 붙습니다. 볼거리와 즐길 거리가 많은 브랜드일수록 리뷰 수가 많고, 아름답고 재미있는 곳일수록 리뷰가 더 많이 붙습니다. 무엇인가를 구매하거나 소비하려는 고객들이 확신이 없을 때 자연스럽게 방문하는 곳이 바로 네이버입니다. 연령대에 따라 인스타그램, 페이스북으로 나뉘기도 하지만 그래도 아직까지 검색은 단연코 네이버입니다. 네이버 블로그에는 방대한 정보가 담겨 있어서 비교가 필요한 사람이라면 구매 전 꼭 한 번은 들릅니다. 선배 고객'들이 남긴 리뷰를 본 '예비 고객'들의 방문과 구매가 순환 고리를 이루는 곳이죠.

네이버 플레이스를 관리하는 건 홍보 전략이라기보다 판매 전략에 가깝습니다. 구매가 결정되는 곳이니까요. "방문할까 말까? 구매할까 말까?" 고민하는 이유는 혹시 손해 볼지도 모른다는 의심 때문입니다. 그런데 이렇게 믿음이 가는 배경을 가지고 있다면 1%, 2%, 3% 더 지불하는 데 절대로 망설임이 없습니다. 같은 가격이라면 리뷰가 10개인 곳과 1,000개인 곳 중 어느 곳에 높은 점수를 주고 찾아가시겠습니까? 그리고 더욱 무서운 건 리뷰가 10개인 곳은 쉽게 찾을 수도 없다는 점입니다. 전체 목록에서 한 10~20페이지쯤 넘겨봐야 겨우 나올까 말까 하니까요.

앞에서 몇 번이고 말씀드렸습니다. 고객의 구매 저항을 없애고 가격을 더 받기 위해서는 그들이 느끼는 고통과 불편을 당장 없애줘야 합니다. 업계 경쟁자들과 달리 고통을 없애주는 만큼 더 높은 가격을 받을 수 있습니다. 고객의 생각은 다 거기서 거기입니다. 잘 차려 입은 여자 친구에게 돼지막창을 먹으러 가자고 제안하면 아무리 이 메뉴를 사랑하는 그녀도 당신의 이야기를 듣자마자 이런 고민이 생길 겁니다.

'옷에 냄새가 배지 않을까?'
'기름이 튀지 않을까?'
'칼로리가 너무 높지 않나?'
'화장실이 더러울 것 같은데?'

돼지막창이라는 단어를 듣자마자 머릿속에 이런 이미지가 연쇄적으로 떠오릅니다. 긍정적 연상이 많으면 모를까 부정적 연상이 많은 곳이라면 남자친구의 제안을 거절할 게 뻔합니다. 이렇게 고객들이 공통적으로 떠올릴 만한 불편과 고통을 줄여주는 것과 비례해서 가격을 올릴 수 있습니다.

- **냄새 → 스타일러**
- **기름 → 기름 튐 방지용 불판**
- **칼로리 → 식사 전 칼로 커트 제공**
- **화장실 → 대한민국에서 가장 깨끗한 화장실(방향제, 가글, 칫솔, 비데, 손 세정제…)**

이렇게 4가지 불편을 편리와 행복으로 바꿨다면 4% 인상. 10개를 바꿨다면 10% 인상. 20개를 바꿨다면 20% 인상하는 겁니다.

이제 마지막입니다. 역사와 전통은 칭찬받아 마땅합니다. 노포(老鋪)라는 권위에는 자격이 충분합니다. 저는 창업일 기준 5년마다 1%씩 가격을 올리라고 권합니다. 10년이면 2%, 20년이면 4%, 50년이면 10%.

우래옥, 진주회관, 하동관, 한일관, 이문설농탕, 하얀집…. 평균 판매 가격보다 10~20% 비싼 가격을 받는데도 왜 손님들이 줄을 서는지 이해가 가실 겁니다. 물론 잘 압니다. 더 오래됐지만 덜 받는 집도 있다는 사실을요. 그래서 그 '억울함'을 없애 드리기 위해 감히 제안합니다. 이제 막 시작한 '초짜' 브랜드가 40년 업력의 선배와 비슷한 가격을 받으려고 생각을 짜는 자체가 안쓰럽고, 충분한 역사와 전통이 녹아 있는 노포인데도 지나치게 착한 가격을 받는 그분들의 노고가 안타까워 드리는 제안입니다. 그럼 제 의도를 이해하셨으리라 믿고 다음의 예를 볼까요?

희망 가격 = 시장 평균 가격 + 최초 + 리뷰 + 고통 제거 + 욕구 + 전통

여기에 적용해 보겠습니다. 저는 8년 차 만둣집 사장입니다.

1 **치즈 만두 최초로 개발(1%)**
2 **리뷰 수 200개(1%)**
3 **생수, 산소발생기, 스팀 청소(3%)**
4 **사진 촬영해서 SNS에 올리고 싶을 정도로 예쁜 플레이팅(1%)**
5 **8년(1%)**

현재 시중에서 판매 중인 만둣국의 평균 가격이 8,000원이고 저희도 8,000원을 받고 있습니다. 평균 가격은 최고가로 팔리는 만둣국의 가격과 학교 앞 최저가를 제외한 나머지 가격들의 평균입니다. 이 공식대로라면 우리 만둣국의 가격을 얼마까지 올릴 수 있을까요? 계산해보니 7% 가격 인상이 가능합니다.

8,000원 + 560원 = 8,560원

여러분이 위 기준을 완벽하게 맞출 수 있다면 560원은 아무런 문제가 되지 않습니다. 시장 평균가에 비해 한참 더 윗길에 있으니까요. 고객은 다 압니다. 평균보다 그리고 상식보다 얼마나 더 디테일이 살아있는지. 고객이 높은 가격을 지불하는 건 이런 '격'을 눈으로 확인한 장소라는 사실을 잊으시면 안 됩니다. 같은 조건에서 가격 인상(가격표의 숫자만 바꿉니다)으로 인한 이익을 계산해 봅니다. 하루 평균 구매 고객이 150명이라고 하면 다음과 같은 추가 이익이 발생합니다.

8,000원 x 150인 x 310일	=	372,000,000원
8,560원 x 150인 x 310일	=	398,040,000원
	(차액)	26,040,000원

추가 이익으로 시트로엥 DS3나 피아트 500 같은 수입 소형차 한 대 금액이 고스란히 생기는 겁니다. 저희 매장에서는 남들이 하지 않는 최초도 만들었고, 좋은 평가도 받고 있고, 다른 만둣국 집에서는 당연히 받아들였던 고통과 불편도 제거했습니다. 고객의 욕구까지 분석해 배려했고, 장인 정신으로 8년이라는 시간을 보냈습니다. 그러니 더 받고 더 남길 자격이 충분합니다. 이제껏 간과했던 가격과 이익을 챙겨 단 1%라도 더 행복해지셨으면 좋겠습니다. 제가 이 책을 쓴 이유이기도 합니다. 여러분의 그 아름다운 노동과 노력이 제대로 평가받으실 수 있도록 제가 도와드리겠습니다.

정확히 얼마나 더 벌고 싶으세요?

지금까지 가격에 관한 전반적인 이야기를 들려드렸습니다. 구불 가격, 가치와 격, 편익, 행동 예측, 가격유전자, 정보, 감가상각, 성가비, 120%, 선 넘기, 프리미엄 가격 전략, 디코이 효과, 가격 포지셔닝, 앵커링, 공짜 가격, 가격 희소성, 플러스 마이너스 효용, 심적 회계, 이익방정식….

또 가능하면 가격을 올리자고 주장했고, 그간 잘못된 설계도 때문에 챙기지 못했던 이익을 돌려받자는 제안도 드렸습니다. 가격을 올릴 때 저항감이 생길지도 모르니 최초를 만들거나, 신메뉴 개발 시 할인 전략을 구사하고, 양을 늘리거나, 포장 패키지를 바꾸고, 세트나 패키지 구성을 변경하는 노하우도 알려드렸습니다.

그런데… 도대체 얼마나 올려야 할까요? "가격 인상 가이드 라인을 보니 감은 잡히는데 확 용기를 내지 못하겠다."라고 하는 가족분들을 위해 마지막으로 간단하고 명확한 '가격 인상 공식'을 선물하려고 합니다. 이미 감가상각을 통해 500원 정도, 중간 가격을 통해 2,000원 정도 올릴 작정은 하셨을 겁니다. 또 디코이를 내세워 작게는 3,000~4,000원에서 많게는 10만 원까지도 가격 인상을 염두에 두셨을 겁니다. 자, 가격은 고통을 줄여주고 쾌락을 얻는 데서 진가를 발휘한다는 이야기를 차용하세요. 결국 가격 인상은 나의 고통을 줄이고 쾌락을 극대화하기 위해 설계하는 겁니다.

"1년에 얼마나 더 벌고 싶으세요? 아니 얼마나 더 이익을 남기고 싶으세요?"

이 질문에 대해 많으면 많을수록 좋겠다고 대답하시겠지만 그래서는 정확한 가격 추론이 어렵습니다. 숫자가 명확할수록 구체적인 행동 설계가 가능합니다.

"더도 덜도 말고 5,000만 원만 더 남았으면 좋겠어요."

현재의 이익보다 더 남기는 전략입니다. 영업 일수와 판매 수량은 매장마다 다르겠지만 직접 숫자를 적어 넣으면 얼마든 응용할 수 있으니 아래의 등식을 한번 봐 주세요.

희망 추가이익 = 영업일 수 × 판매 개수 × 인상 금액 (?)

더 남기고 싶은 이익금은 5,000만 원, 일주일에 하루 쉬면 영업일 수 310일, 판매 개수는 평균을 내면 되고…. 이제 문제의 인상 금액이 나옵니다.

50,000,000원 = 310일 × 평균 판매 개수 200개 × ?

약 807원이란 구체적인 숫자를 얻을 수 있습니다. 고가든 중가든 저가든 하루에 200개 정도 판매되는 제품의 가격을 약 800원 정도만 건드리면 추가이익이 발생합니다. 깊게 들어가면 따질 게 한두 가지가 아닙니다. 추가 매출에 따른 세금, 가격을 올리기 위해서 투자하는 시설, 집기 등의 감가상각비….

제가 이 공식을 과감하게 단순화한 이유는 '용기' 때문입니다. 이 공식은 고객과 경쟁자 눈치 보느라 이제껏 비슷비슷한 가격을 받아왔던 제 선후배들이 가격 인상이라는 커다란 장벽 앞에서 '담대한 용기'를 가지셨으면 하는 마음에서 드리는 나침반과 같은 선물입니다. 이 간단한 공식을 통해 800원이라는 숫자를 얻게 되면 생각이 달라집니다.

'어느 제품에 800원을 인상할까? 그냥 가격만 올릴까? 이왕이면 포장, 패키지, 용기, 플레이팅, 세팅 등을 바꿔서 고객들 뇌 속에 자리잡은 가격 유전자를 흔들어 놓을까? 또 이 유전자를 구성하고 있는 하나하나의 분자 중 어느 녀석을 건드려야 고객의 구매 저항을 없앨 수 있을까?'

간단해 보이지만 아주 든든한 여러분의 가격 안내자 역할을 톡톡히 해낼 겁니다. 살짝 욕심을 내 볼까요? 1억을 더 남겨서 내년에는 가족 해외여행도 가고, 차도 바꾸고, 아이들 교육도 좀 더 신경쓰고 싶은 분들은 계산기 위에 손가락을 올리고, 310을 누르고, 곱하기 버튼 누르고 300을 입력합니다. 93,000이라는 숫자가 나옵니다. 여기에 얼마나 곱해야 1억이 될까요?

100,000,000원 = 310일 × 300개 × ?

수학을 못 하시는 분들도 크게 고민할 필요가 없습니다. 아주 작은 숫자부터 넣어보는 겁니다. 10을 눌렀습니다. 93만이 됩니다. 0을 한 번 더 눌러 100으로 변하니 930만. 한 번 더 눌러볼까요? 1,000이 되자 9,300만이란 숫자가 등장합니다. 1억 원에 근접했으니 끝자리부터 하나하나 숫자를 바꾸다 보면 1,076이라는 숫자에 다가갑니다. 1억 원이 조금 넘는 금액이 나오는군요. 다음으로 여러분이 할 일은 1,076원을 어느 메뉴, 어느 가격표에 추가할 것인지를 정하는 것입니다.

이제 가격을 바라보는 시각이 180도 달라졌을 겁니다. 남들이 올리니까, 물가가 인상되었으니까 하는 식으로 늘 외부의 상황 변화에 따라 가격을 조정했다면 이제는 주도적으로 가격을 올릴 수 있습니다. 가격 때문에 손님이 줄어들면 어떻게 하냐고요? 아직도 그 질문을 하시다니…. 진짜 마지막으로 한 번만 더 알려드립니다. 대신 이 책을 꼼꼼하게 다시 읽는다고 약속하세요! 가격 인상으로 손님이 줄어들까 봐 걱정되신다면, 기존 가격의 제품은 그대로 놔두고 인상한 가격의 제품을 하나 더 만들면 됩니다.

신메뉴	**15,000원 + 1,076원 =**	**16,076원(차별화 정보, 격 있는 정보)**
기존 메뉴		**15,000원**

그간 여러분의 퀄리티를 믿고 신뢰했던 고객이라면 신메뉴에 호기심을 가질 수밖에 없습니다. 만약 그렇지 않다면 신메뉴 구매를 유도하는 데 시간이 좀 걸리겠죠. 이번 신메뉴는 뭔가 좀 다릅니다. 명사만 달랑 적어놓은 게 아니라 동사를 동원해 수준 있는 정보, 고객에게 혜택이 되는 정보를 적었습니다. 어떤 정보를 생산해 가득 채울 것이냐에 따라 고객의 구매 의사는 변합니다. 이왕이면 신메뉴는 사진도 큼직하게 붙이고 가격표에 박스도 쳤으면 좋겠습니다. 그러면 무조건 팔리게 되어있습니다.

언제나 어디에나 여러분의 제품과 서비스에 더 지불할 의사를 가진 고객들은 있게 마련이니까요.

끊임없이 격을 올리고
치밀하게 정보를 채우고
가능하면 남들이 가지 않은 길을 가고
가격 추측 단서들을 배치하고
과학적으로 관여하게 만들고
고객의 고통과 불편을 없애주고

고객이 좀 더 편리하고 행복하도록 만들기 위해 고민하는 것

이것이 바로 가격 전략입니다. 가격은 숫자가 아니라 철학이고 심리학입니다. 이 책이 여러분의 고민과 힘듦을 더는 데 큰 힘이 되었으면 하는 바람입니다.

더 많은 사람에게 더 빨리 내 가격을 알리는 방법

제일 처음 말씀드렸던 '격' 이야기로 돌아가겠습니다. 가격 = 가치 + 격(格)이라고 했습니다. 마지막으로 완벽한 가격을 만들기 위해서는 두 개의 격이 더 필요합니다. 바로 격(隔)과 격(檄)입니다. 첫 번째 격은 떨어짐을 말합니다. 간격, 이격 할 때 쓰는 그 격 맞습니다. 참 재미있죠? 가격 안에 비즈니스의 모든 철학이 다 들어 있으니 말입니다. 그래서 "가격은 숫자가 아닌 예술이고 심리다."라고 말씀드린 겁니다.

가능한 한 기존의 것들과 멀리 떨어져야 합니다. 상품과 서비스가 기존의 것들과 멀어지면 멀어질수록 가격은 오릅니다. 더 정확히 말씀드리면 가격을 올려 받아도 아무 지장이 없습니다. 왜? 비교 대상이 없으니까요. 인간은 생각하는 동물입니다. 이 생각의 상당 부분은 비교입니다. 품질도 구성도 가격도 비교당합니다. 판매자 입장에서는 심히 불편하지만 별다른 방도가 없습니다. 판매가 되어야 살아남을 수 있으니 언제든 어디서든 비교당할 각오를 해야 합니다. 현명한 오너라면 이 프로세스를 분석할 필요가 있습니다. 도대체 어떤 방법을 동원해야 비교당하지 않을까?

해답은 의외로 간단합니다. 멀리 달아나는 겁니다. 카테고리에서 벗어나고, 중복되는 아이템은 싹 다 버리고, 경쟁자와 정반대의 길을 가는 거죠. 여러분이 원하는 완벽한 가격을 받고 싶다면 격이 중요하다고 말씀드린 이유도 바로 여기에 있습니다.

"올려야 살고, 떨어져야 삽니다."

다음 '격'은 아주 의미심장합니다. 홍보 마케팅의 핵심이 다 들어 있는 격입니다.

격(檄)

1 (명사) 어떤 일을 여러 사람에게 알리어 부추기는 글

2 (명사) 급히 사람들에게 알리려고 각처로 보내는 글

사전을 뒤지며 저는 소스라치게 놀랐습니다. 세 가지 '격'에 인생이, 그리고 사업이 담겨 있었기 때문입니다. 어지간한 수준들과는 비교할 수 없을 정도로 높은 차원의 '격(格)'을 만들고, 가능한 한 멀리 '이격(離隔)'한 뒤 해야 할 가장 중요한 일이 바로 '격(檄)'하게 알리는 겁니다. 격문이라고 들어보셨죠? 급하게 돌리고 붙이는 글이 격문입니다. '격(檄)'은 가격의 '격'이 맡아야 할 마지막 임무입니다. 여러분이 이 책을 마스터하고 가격을 올렸습니다. 하지만 널리 알리지 않으면 아무 소용이 없습니다.

“제가 만든 상품은 이런 차별적 요소를 가지고 있고, 여러분이 가지고 있는 불편과 고통을 이만큼 줄였고, 이런 뛰어난 성능과 가치에도 불구하고 가격은 이 정도만 받고 있습니다.”

목숨 걸고 이 사실을 알려야만 살 수 있습니다. 그럼 제일 먼저 어디로 가야 할까요? 나의 고객들이 가장 많이 찾는 곳은 어디일까요? 네이버? 배민? 인스타그램? 페이스북? ‘검단일진(劍短一進)’, 검이 짧으면 일 보 전진하자. 그들이 오기 전에 우리가 먼저 찾아가는 겁니다. 어렵지 않습니다. 어디 포진하고 있는지만 그리고 그들의 주 활동무대가 어딘지만 알면 그 뒤는 쉽습니다.

#강남맛집 #부산헤어숍 #광주모텔 #대구사우나 #제주해수욕장

일단 해시태그를 활용해 내 아이템에 관심이 있는 사람들과 만납니다. 하루에 20분이면 충분합니다. 가격에서 가장 핵심은 ‘가지고 싶은, 사고 싶은’입니다. 이분들이 가지고 싶어 하고, 사고 싶어 하는 상품은 과연 어떤 형태일까? 그리고 이 상품과 서비스에 대해 보고, 말하고, 생각하고, 느끼고, 불편해하고, 행동하는 구체적인 내용은 무엇일까? 해시태그 하나면 찾아갈 수 있습니다. 영업에 지친 우리는 우물 안 개구리 같습니다. 대부분 업장을 지키느라 정신이 없습니다. 이래서는 고객들의 생각을 파악하기 어렵습니다. 그들이 기꺼이 돈을 지불하고 싶은 제품을 만들려면 그들의 생각을 완전히 분석해야 합니다.

해시태그로 찾아 들어가면 내용이 두 가지로 나뉩니다. 선플 그리고 악플. 각오 단단히 하셔야 합니다. 네이버 플레이스나 SNS에서 활동한다면 고객들의 직접적인 반응을 확인할 수 있습니다. 반면 이런 활동이 거의 없었다면 나와 가장 비슷한 브랜드를 통해 나를 비춰보는 수밖에 없습니다.

저는 개인적으로 리뷰를 분석하는 게 브랜드 발전에 가장 큰 도움이 된다고 믿는 사람입니다. 귀찮아하지 마시고 긍정적, 부정적 리뷰를 다 긁어모으세요. 리스트를 만들면 더 도움이 됩니다. 열흘 정도만 해보시면 감이 잡힙니다. 대개 비슷한 반응들이 올라오니까 이 기간에 외우듯 꼼꼼히 살피세요. 한 100개 정도 읽으면 우리 매장에 찾아올지도 모르는 고객들의 성향을 파악할 수 있습니다. 좋아하는 것, 싫어하는 것, 불편해하는 것, 흥분하는 것, 사진 찍는 것, 무시하는 것.

기준이 생기면 내가 가야 할 방향이 잡힙니다. 사업은 속도가 아니라 방향이라는 소리는 이럴 때 하는 겁니다. 이 과정에서 아무리 섹시한 아이템을 만나도 카피하면 안 됩니다. 그러면 비교당합니다. 참고만 하고 정반대로 갈 방법이 없을까 고민하세요. 그리고 반드시 해야 하는 숙제가 있습니다. 글 잘 읽었다는 댓글을 달아야 합니다. 이렇게 인연의 끈을 이어서 관계가 만들어져야 소통할 수 있고, 의견을 주고받아야 그들의 생각을 읽고 구매 행동을 예측할 수 있습니다. '좋아요' 누르고, 공유하고, 댓글 달고 하는 사이에 친분이 생깁니다.

온라인 마케팅의 핵심이죠. 자, 작성한 글에 댓글들이 달리기 시작합니다. 이때 조급해하면 끝입니다. 섣부른 행동이 차단을 불러옵니다. 이렇게 맺어진 관계를 통해 여러분이 보여주어야 하는 건 다음과 같은 덕목입니다.

1. 전문성　　2. 열정　　3. 공부　　4. 이타심 등

글을 올리되 내 자랑은 안 됩니다. 이건 나중에 나와야 합니다. 진정성을 먼저 보여주어야 합니다. 이때도 두 가지 전략이 있습니다. 불특정 다수라고는 하지만 이미 관계를 맺은 분들은 여러분의 아이템에 꽤 많은 관심이 있는 분들입니다. 이분들에게 묻되 그냥 묻는 게 아니라 동의를 구하듯 묻습니다.

"그동안 주꾸미 집에서 많이 불편하셨죠?"
"저희가 매일 시장에 나가는 이유요?"

첫 번째는 그분들 생각에 동조해서 이미 겪고 있는 불편과 고통을 제거했다는 이야기가 하고 싶어서 쓴 글이고, 두 번째는 여러분이 그 누구보다 뛰어난 전문가임을 입증하기 위해서입니다. 이렇게 여러분의 블로그에, 페이스북에, 인스타그램에 글을 올려보세요. 이 글을 접한 여러분의 랜선 친구(?)들은 당연히 반할 수밖에 없습니다. 이미 그들의 생각을 읽고 마련한 대안들이니까요. 고객은 이렇게 만드는 겁니다. 가만히 있으면 찾아오지 않습니다. 여러분이 매장에서 어떤 일을 하고 계시는지 아무도 궁금해하지 않죠. 그래서 일단 먼저 찾아가야 합니다. 여러분이 대안이다, 여러분 브랜드가 고객의 고통과 불편을 제거하려 노력하고 있다, 가능하면 고객들의 쾌락과 욕구까지 책임지려고 애쓰고 있다는 걸 입증해야 합니다. 그래야 우리 제품이 우수하다고 전단지 수만 장을 뿌리는 것보다 고객이 내 집을 찾을 확률이 높아집니다.

자, 이제 다음 단계로 넘어가야 할 때입니다. 생각을 읽은 걸로 끝내면 딱 그 정도 숫자만 옵니다. 기하급수적으로 늘리기 위해서는 강력한 전기자극이 필요합니다. 이런저런 루트를 통해 관계를 맺은 분들과 그 게시판에서 만난 잠재고객들을 깜짝 놀라게 할 강력한 한 방이 필요하죠. 고객들의 행동을 예측하면서 각 단계를 구분합니다. 마치 영화나 드라마의 시나리오처럼요.

사무실 → **공복** → **고민** → **상의** → **이동** → **동선** → **대기** → **입장** → **식사** → **퇴장** → **복귀**

단계가 구체적이면 구체적일수록 효과가 큽니다. 각 단계에 어떻게 하면 관여할 수 있을까? 또 어떻게 하면 '와!' 감탄하게 할 수 있게 만들까? 이 고민까지 가면 입신의 경지에 올랐다 해도 과언이 아닙니다. 전국 각 상권에서 귀신처럼 벌고 있는 분들의 공통적인 특징이 바로 이 시나리오를 잘 짠다는 겁니다.

"이때쯤이면 손님이 물을 달라고 할 거야. 그 이야기가 나오기 전에 미리 선수를 치는 거지. 바로 웰컴 드링크!"

5성급 호텔에서나 볼 법한 웰컴 드링크를 동네 고깃집에서, 세탁소에서, 학원에서, 병원에서, 쉐이닝 숍에서, 경찰서에서, 버스에서 내놓는 겁니다. 고객에게 허를 찌르는 재미와 행복을 선사하기 위해서 말입니다. 이렇게 단계마다 고객의 탄성이 이어지도록 시나리오를 짜면 바이러스는 아주 빠른 속도로 고객들을 비집고 들어갑니다. 이제껏 경험해 보지 못한 디테일이기 때문에, 너무나 간절히 필요했던 배려이기 때문에, 이왕이면 20~30% 비싸더라도 누리고 싶기 때문에, 또래 집단에 자랑할 수 있기 때문에….

이 정도만 되면 고객들 입에서 저절로 이런 소리가 나옵니다.

"제발 부탁인데 저한테 파시면 안 될까요?"

"언제 오면 안 기다릴 수 있어요?"

"1시간 기다리는 건 문제가 아닌데…. 재료가 떨어질까 봐 걱정이에요."

"사장님 매장 덕분에 행복해요. 이 자리에서 장사해 주셔서 정말 고맙습니다."

가격의 최종 임무는 고객을 행복하게 해주는 겁니다. 저는 여러분이 제안한 가격에 관해 고객이 묻지도 따지지도 않게 만들고 싶었습니다. 이 한 권의 책이 여러분 나머지 비즈니스 인생에 내비게이션이 되었으면 좋겠습니다. 여러분은 이미 세계적인 권위의 가격 공학자랑 맞붙어도 지지 않을 정도의 내공을 길렀습니다. 여러분은 이제 가격을 창조할 수 있는 가격 아티스트입니다.

EPILOGUE

더도 덜도 말고 딱 100원만 받으세요

《당신의 가격은 틀렸습니다》라는 이 책은 3년 전에 기획한 것입니다. 대한민국을 대표하는 장사 신들의 이야기, 지금 당장 내 브랜드에 적용할 수 있는 전략들 그리고 그 어렵다는 나만의 콘텐츠 만들기까지 써놓고 보니 마지막으로 정말 하고 싶은 이야기가 생기더군요. 네, '가격'입니다. 남들이 다 제시하는 고만고만한 가격으로 똑같이 팔면 세상 쉽고 편한 친구가 바로 가격입니다. 그런데 문득 궁금해졌습니다.

"가격을 올리면 정말 고객이 사라질까? 우리 브랜드를 애지중지 아껴주던 단골들이 500원, 1,000원 인상했다고 발길을 뚝 끊을까? 어떻게 해야 손님도 나도 불편하지 않게 가격을 올릴 수 있을까? 가격을 올려도 고객이 돌아서지 않게 만드는 방법은 정말 없는 걸까?"

1,000일 가까이 가격에 푹 빠져서 지냈습니다. 세계적인 석학들의

가격 관련 책은 거의 다 섭렵했습니다. 그런데 안타깝게도 답을 얻지 못했습니다. 한참 글을 읽다가도… 그래서? 뭘? 어떻게? 최고의 가격을 만들 수 있는 필살기들이 책과 연구 논문에 다 들어 있지 않은 까닭에 매 챕터마다 벽에 부딪히는 느낌이었습니다. 이것이 가격 책을 내겠다고 작정한 이유입니다.

어떻게 가격을 결정해야 할까? 무슨 기준으로 가격을 결정할까? 특별한 노하우가 있는 것일까? 경쟁자와 다르게 가격을 결정하는 방법은 무엇일까? 대부분의 고객이 고개를 끄덕이는 가격 책정법은? 그렇게 한 줄 한 줄 써내려갔습니다. 어느덧 2년 가까운 시간이 지났고, 나름 자신이 생긴 저는 장가(=장사는 가격이다)라는 커리큘럼을 통해 수백 명의 자영업 오너들을 만났습니다. 코로나로 인해 어려움을 겪고 계신 독자들에게는 참 죄송한 말씀이지만, 이분들 대부분은 코로나로 인한 피해가 거의 없었습니다. 이유는 간단합니다. 가격을 올렸으니까요.

매출 = 객 수×객단가

코로나 이전에 비하면 고객 수가 강제적으로 줄었습니다. 그럼 도대체 어떤 방법으로 예전의 매출을 유지하거나 조금이라도 더 올릴 수 있을까요? 길은 하나밖에 없습니다. 영업시간이 줄고, 객 수가 줄었으면 죽어도 객단가를 올려야 합니다. 올리는 방법은 이 책 안에

다 적어놓았으니 이제 안심하셔도 됩니다. 제가 마지막까지 키보드를 놓지 못하고 안간힘을 쓰는 이유는 바로 100원 때문입니다. 저에게 가격 수업을 들은 상당수의 자영업 오너들은 이제 상당한 수준의 가격 전략을 구사하고 있습니다. 가격에 관한 한 아주 뚜렷하고 명확한 철학으로 무장하고 있죠.

"고객에게 혜택은 늘려주고, 비용은 줄여주자."

덜 받자는 소리가 절대 아닙니다. 덜 내는 것 같은 기분을 심어줄 수 있게 가격 전략을 짜자는 이야기입니다. 이제 마지막 킥을 선물할 시간이 왔습니다. 오른쪽에 있는 것은 월미도에 있는 '달쭈'의 가격표입니다. 기획 → 실행 → 반응 체크 → 수정 → 보완을 거쳐 여기까지 왔습니다.

"가격이 작품이 되려면 표현 기법과 방식이 달라야 합니다."

일반적인 세트메뉴처럼 쭈꾸미 시키고, 연포탕 주문하고, 왕새우튀김 2마리 추가하고, 셀프볶음밥까지 먹으면 총액이 40,700원인데 위 가격표처럼 38,900원에 주겠다고 적으면 할인금액이 적어 보입니다. 대한민국 자영업 오너 열에 아홉은 이렇게 세트메뉴를 만들고 가격을 제시합니다. 하지만 이미 가격을 공부한 선배(?)들은 표현 방식이 다릅니다. '어떻게 하면 고객이 더 많은 혜택을 누리는 것처럼 분

위기를 만들어드릴까?' 이 고민만 합니다. 아래 가격표에 적힌 멘트를 잘 보세요.

"커플이 쭈꾸미 2인분과 새우튀김 2마리를 드시면,"

조건입니다. 그냥 쭈꾸미만 드시지 말고 추가로 새우튀김까지 드시면

"셀프 볶음밥이 100원!"

'1,900원짜리 볶음밥을 세트에 묶어서 할인해드립니다.' 가 아닙니다.

1,900원짜리 볶음밥을 100원에 드실 수 있습니다.

자, 여러분이라면 어떤 선택을 하시겠습니까? 세트메뉴가 주문 총액보다 약간 싸다는 사실은 초등학생들도 압니다. 하지만 고객이 얻게 될 행복을 어떤 방식으로 표현하느냐에 따라 우리가 얻는 결과는 하늘

과 땅 차이만큼 벌어집니다. 아주 조금만 손보면 고객이 행복해지는 가격을 얼마든지 만들 수 있습니다. 100원 볶음밥처럼요. 이제 마지막 글을 선물로 드리면서 저는 다시 강연장으로 돌아가야겠습니다.

가격에 생각을 담으면 얼마든지 올릴 수 있습니다.

이 생각을 바탕으로 정보를 채우면 신나게 올릴 수 있습니다.

공들인 정보로 고객을 안심시킬 수 있다면 마음껏 올릴 수 있습니다.

그리고 고객이 지불하는 금액보다 더 큰 혜택을 직접적으로 느끼게 만들어줄 수 있다면 여러분은 대한민국 최고의 가격을 받을 수 있습니다.

《당신의 가격은 틀렸습니다》라는 제목이 처음에는 좀 거슬리셨을 겁니다. 하지만 여러분의 가격을 꼭 바꾸어 드리고 싶었기에 조금 과격한(?) 표현을 제목으로 정했습니다. 사실 원래 제목은 조금 더 자극적이었습니다.

"당신의 '생각하지 않은' 가격은 틀렸습니다."

주장이 바뀌면 가격이 바뀌고

가격이 바뀌면 고객이 바뀌고

고객이 바뀌어야 나와 내 가족의 인생이 바뀝니다.

참고문헌

대니얼 카너먼, 《생각에 관한 생각》, 이창신 옮김, 김영사, 2018.

댄 애리얼리, 《상식 밖의 경제학》, 장석훈 옮김, 청림출판, 2018.

댄 애리얼리 · 제프 크라이슬러, 《댄 애리얼리 부의 감각》, 이경식 옮김, 청림출판, 2018.

도모노 노리오, 《행동경제학》, 이명희 옮김, 이진용 · 안서원 감수, 지형, 2019.

러셀 로버츠, 《가격의 비밀》, 김태훈 옮김, 연암사, 2020.

리처드 탈러, 《행동경제학》, 박세연 옮김, 웅진지식하우스, 2021.

에두아르도 포터, 《모든 것의 가격》, 손민중 · 김흥래 옮김, 김영사, 2011.

엘렌 레펠 셸, 《완벽한 가격》, 정준희 옮김, 우석훈 감수, 알에이치코리아, 2010.

윌리엄 파운드스톤, 《가격은 없다》, 최정규 · 하승아 옮김, 동녘사이언스, 2011.

찰스 윌런, 《돈의 정석》, 김희정 옮김, 부키, 2020.

크리스 앤더슨, 《Free 프리》, 정준희 옮김, 랜덤하우스코리아, 2009.

헤르만 지몬, 《프라이싱》, 서종민 옮김, 유필화 감수, 쌤앤파커스, 2017.